风云中国

雄霸四方的大元王朝

史海渔夫◎著

中国铁道出版社有限公司
CHINA RAILWAY PUBLISHING HOUSE CO., LTD.

图书在版编目（CIP）数据

风云中国史：雄霸四方的大元王朝 / 史海渔夫著 .– 北京：中国铁道出版社有限公司，2024.8

ISBN 978–7–113–31213–8

Ⅰ．①风… Ⅱ．①史… Ⅲ．①中国历史 – 元代 – 通俗读物 Ⅳ．① K209

中国国家版本馆 CIP 数据核字（2024）第 088441 号

书　　名：**风云中国史：雄霸四方的大元王朝**
FENGYUN ZHONGGUOSHI：XIONG BA SIFANG DE DA YUAN WANGCHAO

作　　者：史海渔夫

责任编辑：荆然子　马慧君　　　　**电　　话**：（010）51873005

封面设计：尚明龙

责任校对：安海燕

责任印制：赵星辰

出版发行：中国铁道出版社有限公司（100054，北京市西城区右安门西街 8 号）

网　　址：http://www.tdpress.com

印　　刷：河北燕山印务有限公司

版　　次：2024 年 8 月第 1 版　2024 年 8 月第 1 次印刷

开　　本：710 mm × 1 000 mm　1/16　**印张**：14　**字数**：195 千

书　　号：ISBN 978–7–113–31213–8

定　　价：88.00 元

序

元朝是中国历史上一个独树一帜的朝代。

疆域广大是元朝最显著特征。自 1279 年元世祖忽必烈一统南宋地区后，当时的疆域是：北到西伯利亚南部，越过贝加尔湖；南到南海；西南包括今西藏、云南；西北至今新疆东部；东北至外兴安岭、鄂霍次克海、日本海，包括库页岛。总面积超过 1200 万平方公里（不包括藩属国）。元武宗时期，元朝和察合台汗国先后攻灭窝阔台汗国，元朝取得窝阔台汗国东部部分领土，领土达 1400 万平方公里以上。这样一个庞大的疆域，足以傲视汉唐，雄冠中国历朝历代。

然而，国土面积空前绝后的大元朝却又是一个短命王朝。从 1271 年忽必烈改国号为“元”开始，到 1368 年朱元璋建立明朝，明军攻占大都，元顺帝北逃，元朝退出中原为止，元朝竟然没有能够经受住一个世纪的风霜。在游牧民族与农耕民族的文化冲突中，在大自然给予的无情灾害中，在内部不断的争权夺利中，在统治者的腐化堕落中，元朝迅速退出了历史舞台，消失在岁月的长河之中。真可谓“来也匆匆，去也匆匆”。

本书以纵横捭阖的笔法，讲述了元王朝短暂而又充满矛盾与纠结的历史，内容涵盖元朝时期政治、经济、军事、艺术、科技、社会生活等方方面面。全书通俗易懂，雅俗共赏，既没有正史的艰深枯燥，又不似野史的信口开河，而是以生动幽默的文笔叙述严肃的历史故事，全面详细地剖析历史事件，解读历史人物，研读历史智慧，力图给读者还原一个直观而又贴近生活的元代历史。

衷心感谢您对本书的关注，希望本书能带给您不一样的感受。

目录

第四章　辉煌大宋成为历史的尘埃

第五章　整顿朝纲定乾坤

第六章　仍然东征西讨

第七章　走马灯似的换皇帝

第八章　王朝的幻灭

第九章　短命王朝的世俗百态

第一章 “一代天骄”雄姿初现

“草原雄鹰”降临世上

“狂风吹，云低垂，射雕英雄何时归。马蹄催，我心碎，苍狼大地，主沉浮是谁……”每当听到这首苍茫遒劲的名叫《一代天骄》的流行歌曲时，许多人的脑海里都会浮现出一位草原英雄的雄姿……

郭靖接过弓箭，右膝跪地，左手稳稳托住铁弓，更无丝毫颤动，右手运劲，将一张二百来斤的硬弓拉了开来。眼见两头黑雕比翼从左首飞过，左臂微挪，瞄准了黑雕项颈，右手五指松开，正是：弓弯有若满月，箭去恰如流星。黑雕待要闪避，箭杆已从颈对穿而过。这一箭劲力未衰，接着又射进了第二头黑雕腹内，一箭贯着双雕，自空急坠。

这是金庸名作《射雕英雄传》里的一段描写。

这段绘声绘色的描写，不折不扣地勾勒出了一位草原英雄射大雕的精彩场面。当然小说中的人物是虚构的，但射大雕的英雄却是真实存在于历史之中的，只不过他的名字叫孛儿只斤·铁木真——也就是后来的“一代天骄”成吉思汗。

铁木真的父亲是孛儿只斤部酋长也速该。

“蒙古”这一名称较早记载于中国《旧唐书》和《契丹国志》，其意为“永恒之火”或“永不熄灭的火”，别称“马背上的民族”，史称“蒙兀室韦”“蒙古”等。

关于蒙古族的起源，说法很多，有出于鞑靼、室韦、匈奴、吐蕃、

东胡等不同的看法，到目前为止，还没有定论。对他们祖先的居地，也有不同的说法，也没有结论。根据历史记载，我们可以看到，蒙古人的祖先是由别处渡过腾吉思海，来到斡难（鄂嫩）河源的不儿罕（肯特）山下，生了巴塔赤罕，从此就开始了以后的各代传承。腾吉思海，蒙古文的意思是指“大海”，目前还不能确定是指哪里，因此渡过腾吉思海以前的蒙古族，更无法知道了。

从巴塔赤罕以后的蒙古世系，在蒙古文记载的历史中，都有详细的交代，这些都是铁木真本族的先世。至于铁木真这一氏族的直系祖先，重要的要从前十一代的朵奔·蔑儿干和阿兰·豁阿开始。

朵奔·蔑儿干在历史上并没有什么建树，然而他的妻子阿兰·豁阿却鼎鼎有名。历史上她被当成“有政治见解的可尊敬的妇女”而写入史册。在《蒙古秘史》第一卷里，共用了六十八节文字简述成吉思汗的祖源二十二代人的历史，关于阿兰·豁阿居然就有十八节的文字记载，她还有蒙古人的“始祖母”之称。

历史上关于阿兰·豁阿的传说很多，其中她用五支箭作比喻，教育其五子要“同一友和”的训言，寓意深刻，教益颇深，千百年来一直流传在蒙古民族当中。

根据史书记载，阿兰·豁阿与朵奔·蔑儿干结婚后，原本生有二子，但丈夫死后，她却莫名其妙地又生了三个儿子。

老大、老二年纪较大，明白事理较多，认为寡母生子一定是“作风”出了问题。因此，二人不但对另外三个兄弟横眉竖目，对母亲也颇有微词。

阿兰·豁阿对此高度重视。一天，她把五个儿子叫到一起，郑重其事地对老大、老二说，三个小儿子是她与梦中的一位金色神人所生。每当夜幕降临，这位神人就会从天而降，来到她的卧榻前，天一亮，就又飞走了。而且，她还明确告诉老大、老二，由于他们的父亲只是一位常人，因此他们的后代也不会有什么大的出息；老三、老四和老五的父亲则不同，是天上的神，因此在他们的后代中将会出现天子（此后，这三个儿子的后代因为是“神的后人”，就被称为“尼而伦”，意思是“纯洁”

的。另外的二子之后，就称被为“塔立斤”，意思是“常人”）。

老大、老二是否相信了母亲的话，不得而知，但二人当时都哑然无语。接着，阿兰·豁阿给每个儿子各发一支箭，叫五个儿子折，五人咔嚓咔嚓都折断了。阿兰·豁阿又拿来五支箭，这次她把五支箭捆在一起，再让五个儿子折，结果五个儿子谁也没折断。

于是，阿兰·豁阿教导儿子们说，兄弟之间不可相互猜疑，应当团结在一起，才能有所作为。五个儿子从此握手言和。

后来，阿兰·豁阿去世，五子分家。由于老五长得憨厚老实，言语不多，时常呆若木鸡，因此只分得一匹青白马，还被老大逐出家园。

老五倒也有志气，他没有争执，没有怨天尤人，而是化悲痛为力量，结草为庐，驯鹰扑猎，用马尾套鸟，将日子过得红红火火。

或许是良心发现，或许还有别的什么原因，不久后老大决定去请回老五。然而“士别三日，当刮目相看”，此时的老五早已不是当时那个任人宰割的小羔羊了。他坦率地告诉老大说，身必有首，衣必有领，回去可以，我得说了算。

正所谓“经济基础决定上层建筑”，此时老五的经济实力最强，老大和其他三个兄弟只得选举他当一把手。

此后，老五带领四个兄长，以武力征服了一批逐水草迁徙而来的牧民，使自己的家族逐渐壮大起来，最终经历数代形成了蒙古的四十八部、七十二姓氏。

这位老五名叫孛端察儿，是史书有确切记载的成吉思汗（铁木真）的十世祖。

不过，那个时期的蒙古人，并没有形成统一的大部族，也没有一个政权中心，有时是整个部族共同生活，有时是其中的三两个氏族一起生活，也有一个氏族甚至一个家族单独生活的。那个年代的北方草原，也是一个弱肉强食的世界，蒙古人没有团结在一个组织或政权之中，常受到外族的欺凌，而他们本族之间，也常彼此争战排斥。直到成吉思汗的六世祖海都横空出世后，才在今贝加尔湖东部，开创了一片基业。海都

被当地的一些部族拥立为领袖，这就是蒙古人最早称“汗”的英雄。他打败敌人，收服附近诸部，开始为蒙古的民族统一运动奠下基础。

到了 12 世纪初的时候，在中国北部的辽阔草原上，以女真人建立的金国势力最强，但金的实际控制之地，北方只能达到今俄罗斯外兴安岭南博罗达河上游一带，西北到河套地区。在今蒙古草原、戈壁以及贝加尔湖周边的广阔地带，则生活着蒙古等大小不一、强弱不等的部落。在蒙古部落的四周，分布着塔塔儿部落、弘吉剌部落、克烈部落、乃蛮部落、篾儿乞部落、斡亦剌部落、吉利吉思部落和汪古部落等。这些部落内部又分为若干个小部落。

在蒙古部落中有一个小部落叫孛儿只斤，就是铁木真家族所在的部落。在孛儿只斤内部有两个比较强大的分部，一个是乞颜部，一个是泰赤乌部。那时候在各部落之间经常发生争夺地盘、牲畜、人口的战争。

大约在 12 世纪中叶，铁木真的父亲也速该的叔叔忽图剌当上了乞颜部的首领。忽图剌是继他叔叔俺巴孩之位而当上部落首领的。在俺巴孩当首领时，有一次，乞颜部和塔塔儿部发生了战争，塔塔儿部被打得大败，连首领都被杀死了。从此，这两个部落就结下了深仇大恨。塔塔儿部人无时无刻不在想着报仇雪恨，但又自知其力不支，打不过乞颜部。于是他们就设下了一个圈套，把俺巴孩和他的大侄子，也就是忽图剌的大哥干勤巴儿哈合骗去逮起来送给了金国。

塔塔儿部人为什么将俺巴孩叔侄送给金国呢？原来金国和乞颜部仇恨甚深。早年间，合不勒（也速该的祖父、铁木真的曾祖父）成为斡难河及克鲁伦河一带蒙古人的领袖，他领导蒙古本部（指尼而伦）反抗金人，并且致力于蒙古民族的统一，势力渐强，与金人发生过几次战争。南宋绍兴十七年（1147 年），合不勒率领蒙古人大败金国军队，使得金人除承认蒙古在克鲁伦河以北的领导权之外，每年还给予其牛、羊、米、豆、绢等物，合不勒因而被推为“可汗”（又称大汗，或简称为可汗，原意王朝、神灵和上天，为阿尔泰语系民族对首领的尊称），统一了蒙古的本部。

由此，金国人深恨蒙古部落。

这次塔塔儿部人就是想借金兵的手来杀俺巴孩叔侄。结果，果然不出塔塔儿部人所料，金国人一见俺巴孩，分外眼红。这可是一个不费吹灰之力就能报仇的良机。于是将俺巴孩残忍地钉在木驴上，把他活活地折磨致死，同时又把干勤巴儿哈合也杀死了。

俺巴孩死后，忽图剌被推选为可汗，开始了对塔塔儿人的复仇战争。忽图剌共对塔塔儿人进行了十三次复仇性的战争，但成效并不是很大。倒是忽图剌的侄儿——乞颜部的也速该在这场复仇战中崭露头角，他于1162年率领部众击败塔塔儿人，并活捉了一个叫铁木真兀格的塔塔儿勇士。

就在也速该兴高采烈地班师回返的途中，接到妻子诃额仑给他生了一个儿子的喜讯。也速该大喜过望，策马狂奔。到得帐房前，他忙不迭地滚鞍落马，三步并作两步，跑到襁褓中的儿子面前一看——啊！好一个不同寻常的大胖小子。只见他生得头角峥嵘，奇伟异常。双眼初睁就炯炯放光，眉目之间透出一股在寻常小孩脸上很难见到的英武之气。更兼他哭声洪亮，声震云天，远非一般婴儿可比。

这让也速该欣喜无比，于是他按照当时蒙古人取名的习惯，用刚刚擒获的敌将的名字为自己的爱子命名。

就这样，后来纵横天下、所向披靡的“一代天骄”——成吉思汗在东方大地上诞生了。

自古英雄多磨难

古人云：“自古英雄多磨难，从来纨绔少伟男。”纵观成吉思汗的一生，确实为这句话作了最好的注解……

“铁木真”，在蒙古语中有“铁匠”“铁匠炉”的意思，引申为“像铁一样坚强”，“成吉思”一词也有坚强之意，铁木真后来被尊为“成吉思汗”，可能就是由“铁匠”一词演化而来。后来蒙古人还有在春节期

间祭祀铁匠的习俗。

虽然铁木真的性格真的是“坚强如铁”，但青少年时期的他还是吃了不少苦头。

当然，一开始，他也像别的孩子一样，生活在父爱与母爱的关怀中，享受着童年的无忧无虑。然而命运很快就被改写。

转折发生在他九岁那年。

按照蒙古当时的习俗，九岁的男孩子就需要物色妻室了。由于蒙古人有族外通婚的传统，于是在一个艳阳高照的日子，父亲也速该带着九岁的铁木真去自己的岳父家，想在那边给他找一个对象。路上，他们遇到了弘吉剌部的一个首领特薛禅。弘吉剌部也位于额尔古纳河流域，也速该的妻子诃额伦家族所在的斡勒忽讷兀惕部实际上是弘吉剌部的一个分支。特薛禅看中了铁木真这个眼睛明亮、面上有光的少年，决定将自己十岁的女儿孛儿帖许配给他。

按照蒙古部落当时的习惯，许婚后，男方要在女方家住一段时间，帮助女方家劳作，以补偿日后女方家嫁人后的损失。也速该就把铁木真留在弘吉剌部，自己回家了。路上，经过塔塔儿人的地段，他看到一帮人在草原上举行宴会，因为口渴，就过去向他们讨水喝。宴会中的塔塔儿人认出了他就是杀死他们无数族人的仇人也速该，就悄悄在给他的饮食里下了毒药。也速该回家后，身体很难受，赶紧让人去弘吉剌部叫铁木真回来。但未等见到铁木真，他就去世了。

父亲一死，铁木真的苦日子从此开始。早先，俺巴孩死后，忽图剌继位，联盟首领位置由泰赤乌部回到乞颜部，泰赤乌部人对此非常不满。忽图剌死后，蒙古部落联盟也就随之解体。也速该的死，又为嫉妒乞颜势力的泰赤乌人提供了一个反目的机会。他们夺走了乞颜人的大部分部众，撇下铁木真母子而去。年轻的寡母诃额伦只得带着自己的几个儿女自谋生路，他们靠捕鱼、打土拨鼠和拾果子、撅草根维持生计。

艰苦贫寒的日子和动乱不安的环境练就了铁木真冷漠、残酷和刚毅果决的性格。当时，他们一共有兄弟六人，四人是诃额伦所生（铁木真是长子），另二人是也速该的别妻所生。有一天，铁木真和同母弟弟合撒尔以及两位异母弟弟别古帖儿、别勒古台一起钓鱼。铁木真钓到了一条，却被力气比他大的两个异母弟弟抢走了。铁木真、合撒尔回家向母亲告状，母亲却叫他们兄弟要和睦相处。

铁木真和合撒尔对母亲的说教不以为然，因为他们认为，别古帖儿恃强凌弱，这已不是偶然为之了，实在是已经成了习惯，不教训教训他是不行的了。原来在不久之前，铁木真和合撒尔射下一只云雀，也被别古帖儿夺了去。所以，铁木真和合撒尔听了母亲的训斥后，心中感到十分委屈，兄弟二人噘着嘴，满肚子不服气，推门而出，向野外跑去。

也许是艰难困苦的生活使这两个年轻人养成了火暴脾气，悲剧很快就发生了。当时，别古帖儿正坐在一座小山上看守全家仅有的九匹马，其中有一匹骟马，银灰色，膘肥体壮，煞是漂亮。铁木真和合撒尔经过一番策划，便立即开始行动。铁木真从后面蹑手蹑脚地接近别古帖儿，合撒尔则从前面接近别古帖儿。两人在茂密的草莽中匍匐前进着，悄悄地接近目标，就像高明的猎人猎取猎物一样。

别古帖儿丝毫没有意识到危险的临近，还一边放着牧一边唱着蒙古人高亢的歌曲。直到铁木真和合撒尔突然从他身前身后站起来弯弓搭箭瞄准他时，他才猛然醒悟过来。

然而一切都迟了……

铁木真和合撒尔的箭准确地射向别古贴儿的胸前胸后，他应声倒地，一命呜呼。

诃额伦很快知道了事情的真相。她冲出蒙古包，扬起皮鞭狠狠地朝铁木真抽去，恨不得将他活活打死！据《蒙古秘史》记载，她一边打一边怒不可遏地骂："杀人魔鬼！汝等如下山之猛虎焉；如难抑其怒之狮焉；如欲生吞猎物之莽魔焉；如自冲其影之海青焉；如窃吞其他鱼类之狗鱼焉；如食其羔之雄驼焉；如乘风雪而袭之狼焉；如难控其仔而食之狠骼焉；如护其卧巢之豺焉；如捕物不贰之虎焉；如狂奔驰冲之猛兽焉……"

一口气用了十几种禽兽来大骂自己的儿子，可见母亲已经气到极点！

铁木真伤心地哭了，因为他知道自己彻底让最心疼自己的人伤透了心。在众人的劝拦下，诃额伦伤心地扔下了血迹斑斑的皮鞭，头也不回地进了蒙古包。她的心在流血，此时自己多么想不顾一切紧紧抱住儿子的头，母子俩痛痛快快地大哭一场啊！可是她知道此时绝不能这样做。

铁木真趴在地上，任凭泪水混着泥沙伤痛地哭个不休。到了后半夜，他擦干泪痕，仰望夜空，想了很多很多。

此后，铁木真和其他几个弟弟们终于重归于好。大家一起放牧，一起打猎，一起嬉戏，日子倒也过得下去。

然而灾难很快又降临……

一晃几年过去了，泰赤乌人又回到了当年遗弃铁木真母子的地方。当他们发现也速该六个儿子活了五个下来并将要长大成人时，害怕将来遭到报复，便以铁木真不顾亲情打死同父异母的弟弟为借口，包围了诃额伦的营帐，要求交出长子铁木真，由他们管教，也许是想将他作为人质。

那时的铁木真十四五岁，他的另一个同父异母的弟弟别勒古台不计前嫌，帮助他逃入了一片密林。在那里铁木真隐藏了九天，最后为了寻找食物还是被泰赤乌人发现并抓住，戴上了枷具，成了一名小囚犯。

在被泰赤乌人关押的那段时间，每天晚上都由不同的人看守铁木真。一天夜晚，泰赤乌人举行宴会，看守铁木真的是一个没有经验的年轻人，铁木真瞅准机会用木枷砸晕了他，然后也不问东南西北，没命地飞跑起来……

也不知跑了多长时间，眼前出现了一片小树林，铁木真已精疲力竭，便躲在浓密的树丛里歇息。但他明白不能在这里久留，泰赤乌部人早晚会发现自己逃跑，肯定要追来，自己必须找个安全的藏身之处。可这里除了树林旁有一条不大的河流过以外，没有任何可以藏身的地方。

就在铁木真焦急地想寻觅一个藏身之所时，他听见人声嘈杂，看见远处火把闪烁，知道泰赤乌部的人已经追来。怎么办？情急之下，他跳进河里，仰面藏在水中，只露出鼻子呼吸。

铁木真在水中泡了一天，肚子饿得咕咕叫。第二天天黑后他爬上岸，依稀认出自己刚才藏身的河是斡难河。他猛然记起以前曾经帮过自己的锁儿罕失剌的家就在这条河旁，便悄悄摸进了他家的营帐。

锁儿罕失剌虽是泰赤乌人，但他为人忠厚老实，平日对本部不顾亲族之情背弃铁木真母子的做法看不惯，对铁木真母子的遭遇很是同情，于是收留了铁木真，还帮他取下了脖子上的木枷，并决定帮助他逃走。

再说铁木真逃走以后，泰赤乌人搜捕了两天一无所获，但他们并不死心。

“一个带着枷具，没有马匹，十四五岁的孩子能逃多远呢？”他们决定一个营帐一个营帐地搜，并鬼使神差地很快来到了锁儿罕失剌的家中搜查。

泰赤乌人搜遍了锁儿罕失剌家的每一个角落，最后把目光盯在了一辆盛满羊毛的马车上。铁木真确实就躲藏在羊毛堆里。这一刻应该说是铁木真一生中最危险的时刻。幸运的是，机智的锁儿罕失剌用他的愤怒解决了这一危机。

就在泰赤乌人准备用马叉拼命刺击羊毛堆的一刻，锁儿罕失剌瞪圆了眼睛怒吼道：“这样热的天气，什么人能够藏在新剪的羊毛里面而不闷坏呢？你们这样不就弄坏了我的马车吗？是故意跟我过不去吗？”

由于平日里锁儿罕失剌待人不错，与那些搜查的人关系也都很好，加之也没有什么证据，于是众人放下马叉，在一片讪笑声中离开了锁儿罕失剌的家。

危险虽然解除，但锁儿罕失剌明白，“恶狼盯上了兔子是不会轻易撒手的”，他送给铁木真一匹雌马，一些煮熟的羊肉，一张弓和几支箭，让他赶快回到母亲和兄弟身边，离开这块是非之地。

就这样，在锁儿罕失剌的帮助下，铁木真死里逃生。他找到母亲和兄弟，恐泰赤乌人再来寻衅，就全家辗转迁到了不儿罕山前的古连勒古

山中（肯特山脉外延的部分）。

踏上逐鹿草原的征程

虽然铁木真的青少年时期是不幸的，但他并没有屈服于命运的安排。结婚，交友，合作……逐渐地，随着力量的壮大，他开始了逐鹿蒙古草原的征程……

举家迁往古连勒古山中后，铁木真一家一如既往过着渔猎畜牧的生活。当时，他们仍然有九匹马。然而有一天，这九匹马中的八匹被一伙盗马贼偷去了！马是草原人的命根子，没有了马，就失去了基本的生存能力。对于铁木真一家来说，这简直是致命一击！

既绝望又愤怒的铁木真，骑着最后一匹马沿河去追赶被盗走的马群。马过之处都有痕迹，他就顺着这些踪迹寻找，一连走了三天还是没有找到。第四天清早，他来到了一座蒙古包前，见一个少年正忙活着，便上前询问他是否见到过有人赶着八匹马路过。少年回答说："早晨确实有几个人赶着一群马从这经过。"

说完，他抬起头来看了铁木真一眼，问起了他的姓名。当铁木真告诉他时，他两眼一亮，说他终于见到了最佩服的人。少年告诉铁木真他叫博尔术，他的父亲与铁木真的父亲也速该曾是好朋友，还说他对铁木真只身从泰赤乌人手中逃脱的事情早有耳闻。

二人一见如故，很快成为朋友。博尔术给铁木真换上一匹更健壮的马，自己也骑上一匹，与铁木真一同前去寻找被盗的八匹马。

几天过后，二人终于在一个营地发现了盗贼的踪影。他们仔细观察了周围的地形，待黄昏时分，趁盗贼不注意，悄悄溜进马圈里，将马群赶出来，沿回去的路狂奔不止。虽然盗马贼们发现后也追赶不休，但天色已越来越暗。铁木真二人借着夜色的掩护，终于成功摆脱了盗马贼的纠缠。

回到博尔术家中后，博尔术把铁木真介绍给了父亲，父亲惊喜交加，谈起了他与也速该相交的往事，并且勉励他们互相照顾，祸福同当。

第二天一早，铁木真辞别博尔术父子，回到家里。九匹马总算保住了，不过最让他兴奋的是，他有了平生第一个好朋友！

多个朋友多条路，朋友多了路好走。虽然这些话铁木真未必知道，但有了一个朋友，还是让他在经历几年的风雨漂泊后，结束了“除影子外无伴当”的生活。此后，博尔术与铁木真一生相随，不离左右。他与木华黎、赤老温、博尔忽号称蒙古“四杰”，为成吉思汗东征西讨，立下赫赫战功。当然，此是后话。

光阴荏苒，铁木真一晃就到了结婚的年龄。他想起了先前父亲为他订立的婚约，便带着别勒古台，前往特薛禅家里。

特薛禅见铁木真已长成一个高大强壮的帅小伙，也就不爽前言，将美丽的女儿孛儿帖嫁给了他。不久，孛儿帖的母亲按照蒙古族的习俗亲自将女儿送到了铁木真家，同时带去了一件黑貂皮大衣，作为嫁妆送给了诃额伦。通过这次联姻，铁木真不仅得到了一位聪明坚强的美貌妻子，更重要的是这标志着他的家族又重新建立起了与老盟友弘吉剌部的联系，那个被孤立与抛弃的时代终于结束了。

婚礼刚一结束，铁木真就把注意力转移到了恢复他的家族在蒙古部落中的地位上。为了达到这个目的，他想到了父亲的“生死朋友”——克烈部的首领王罕。他亲自来到克烈部，将孛儿帖的嫁妆——那件黑貂皮大衣作为见面礼送给了王罕。这时的王罕对于铁木真来说，就像一位父亲。铁木真提醒这位克烈部的首领说，作为父亲也速该生前的“安答”（蒙古语，指义兄、义弟），应该兑现他曾答应帮助自己重整族业的承诺。

王罕认为铁木真的请求是合理的，于是同意帮助他招集离散的部众。在王罕的帮助下，也速该死后离散的部众开始回归乞颜部，铁木真的追随者大大增加了。

然而铁木真很快又遇到了麻烦，原来蔑儿乞人在得知他新婚的消息后，袭击了铁木真的营地，抢走了孛儿帖。

那么，蔑儿乞人为什么要跟铁木真过不去呢？

这要从铁木真的母亲诃额伦说起。

原来，诃额伦在嫁给铁木真的父亲也速该之前，本来是一个蔑儿乞人的妻子，其丈夫名叫也客赤列都。一天，也客赤列都兴高采烈地赶着车子往家走，不巧在斡难河畔遇上了正在河上放鹰的也速该。也速该远远看见车上坐的女子十分漂亮，便想抢来做自己的妻子。但他怕自己一个人的力量敌不过也客赤列都，便立刻掉转马头跑回家去，请他的哥哥和弟弟前来帮忙。

兄弟三人骑马直奔也客赤列都夫妻而去。坐在车上的诃额伦一见他们来势汹汹便知来者不善，于是竭力劝丈夫独自逃走。

眼见也速该三兄弟渐渐近了，也客赤列都知道他们是冲着自己的妻子来的，如果两人一起逃走，不但保不住妻子，势必连自己的命也搭上，于是只得含泪舍下如花似玉的妻子，打马逆着斡难河逃走了。

也速该三兄弟连追了也客赤列都七个山冈也没追上，只好返回来将诃额伦掳了回去。诃额伦因为失去了丈夫，不禁嗷嗷大哭，据说哭声把斡难河的水和山川里的树木都震动了。也速该对她说，你丈夫已跑远了，你再哭他也听不见了，他不会回来救你的。

就这样，诃额伦被抢回去做了也速该的妻子。而且，虽然诃额伦被抢来时曾为失去丈夫悲痛欲绝，但嫁给也速该后却一直忠诚于他。

那么，为什么这个忠烈的女人会心甘情愿地做也速该的妻子，而也速该为何又会娶一个有夫之妇为自己的新娘呢？

原来，当时蒙古草原的各个部落盛行族外婚，青年男子要到很远的其他氏族去求婚，如果找不到妻子，就会用暴力去抢亲。这种抢亲的习俗几百年来一直在草原各部流行。人们对抢亲之事已见怪不怪，也无人指责；而被抢者如果不被抢回，也只好听天由命，另嫁他人了。

正是这种机缘巧合，让诃额伦做了也速该的妻子，并为他生下了儿子铁木真。

当然，也正是因为这个原因，让蔑儿乞人出于报复心，在铁木真新婚时节抢走了他的新娘孛儿帖。

对于铁木真来说，这简直就是奇耻大辱。他向王罕和儿时结交的安答——此时已为札答阑部首领的札木合寻求帮助，都得到了肯定的回答。铁木真经过九个月的准备，于1184年联合乞颜部、克烈部和札答阑部向蔑儿乞人发动了进攻，成功地击败了蔑儿乞人，夺回了孛儿帖。这一胜利后，铁木真掠得大量的财物，并且获得了很大声望，大量的部众开始聚集到他的麾下。

从此，他踏上了逐鹿蒙古草原的征程。

两雄难并立

人们常说："一山难容二虎。"铁木真和札木合就是这样。二人虽曾是一对亲密的好友，然而在利益面前，最终还是分道扬镳并反目成仇了……

击败蔑儿乞人后，铁木真和札木合本打算联合起来开创一番事业，但两个男人都是胸怀大志的人，就像一山不容二虎一样，他们很快就分道扬镳了。

说起来铁木真和札木合也算是沾亲带故，不过没有血缘关系。这就又要提到铁木真的十世祖孛端察儿了。铁木真的这位先祖曾经劫来一位妇人做自己的老婆，可没想到这位妇人在被劫时已经怀上了前夫的孩子。后来孩子生了下来，即是札木合的祖先。因此在重视血缘传承的蒙古民族中，无论札木合领导的札答阑部多么出色，也难以服众。

当时，铁木真所在的乞颜部和札木合所在的札答阑部驻扎在一起。二人白天一起放牧或劳作，夜晚则饮酒同乐，常常喝得酩酊大醉，同床而卧，如此一年多。有一天，札木合与铁木真商议迁居何地。札木合说："铁木真兄弟，如果依山为营，放马的人有毡房居住；如果与水为临，牧羊的人将饮食无忧。"

铁木真不明所以，就回去问母亲诃额伦，孛儿帖在一旁抢着说道："素闻札木合喜新厌旧，他一定是要抛弃我们，他刚才所说的，正是讨厌我们的话。我们还是早点离开吧，以免被他算计。"

孛儿帖的话并非小肚鸡肠使然，而是有的放矢。实际上，铁木真也感觉到了札木合对自己的态度已日渐冷淡。其原因很简单，那就是铁木真与札木合的联合，本是一场争夺权力和实力的游戏，从一开始就缺乏稳定的基础。铁木真与札木合虽然是一对安答，用汉人的话说即"金兰之交"，但在最高权力的诱惑下，他们之间的交情已经无足轻重了。随着铁木真威望的日渐提高和势力的日益壮大，一心想当草原霸王的札木合自然对铁木真急切地收集聚拢部众的行为存有戒心，他总以长者自居，事事都要自己作主。而雄心勃勃的铁木真又不甘心寄人篱下。就这样，曾经信誓旦旦的安答关系，经不住现实利益冲突的考验，二人终于分道扬镳，各奔前程。

离开了札木合，铁木真就像是恢复了自由的鹰隼，可以在草原无垠的天空中任意翱翔了。他率领自己的部众离开札木合的营地，回到昔日的驻地安营驻牧，独立建起了自己的宫帐——"斡尔朵"（蒙古、契丹等北方游牧民族的皇家住所和后宫管理、继承单位），正式打出了自己的旗帜。

随着铁木真的声望日隆，蒙古本部诸族纷纷来归。1189 年，铁木真将追随者召集起来，召开了一次忽里台大会（蒙古汗国建立前及建立初期，推选大汗的大型集会），被推举为"可汗"（首领），同时他表明了想做全蒙古人领袖的愿望。此时为南宋淳熙十六年，铁木真三十五岁，距其父也速该去世已整整二十二年，他的母亲诃额伦依然健在。这孤儿寡母的奋斗结果，不仅苦尽甘来，而且如春雷之惊蛰，震撼了整个蒙古草原。

成为可汗后，铁木真立即开始了他的"改革"。他将军旅、后勤、民政等事务分设为十种职务，用他的弟弟和亲信管理这些职务。这样一来，他的军队就更容易指挥作战了。同时为了得到克烈部的支持，在就任可汗位后，铁木真马上派人向王罕报告，取得了王罕的承认。

当时，在札木合统领的札答阑部中，半数的部众是也速该的旧部，而铁木真的追随者又偏偏多是由札木合的属民投奔而来的。因此，铁木真的进一步强大对札木合构成了直接的威胁。这让原本就有点儿“小心眼”的札木合心里很不是滋味。也正在这时，发生了一个意外事件，使铁木真和札木合这两个曾经的安答最终决裂并反目成仇。

事情的起因是，札木合的弟弟秃台察儿因不满铁木真的势力超过哥哥，为了泄愤，便前去抢掠铁木真的马群，不想却被看守马群的人给射死了。恼羞成怒的札木合便借此机会，想趁着铁木真还没有完全壮大而把他消灭掉以除后患。

于是，札木合联合其他部落组成十三翼部队约三万人，前去攻打铁木真。铁木真得到消息后，也将部众分为十三翼，分别应战。两军大战于答兰版朱思之野。这就是历史上著名的“十三翼”之战。这次战役当然是以铁木真的失败而结束，毕竟此时的铁木真势力仍无法与札木合相比。札木合势力强大，在草原上享誉已久，而铁木真当汗不久，根基不稳，仓促间集合起来的军队也无法与札木合精心挑选的三万精锐骑兵相抗衡。所以，铁木真几无胜算。

战败后的铁木真无奈率领自己的残兵败将躲进深山里。札木合大获全胜后，一方面大肆庆祝自己的胜利，另一方面为了“杀鸡给猴看”，决定惩罚那些叛变他的人。他下令在营地支起七十口大锅，将俘虏来的七十多个原本追随自己而后又背叛自己投靠铁木真的部落首领和族人扒光衣服放在大锅内蒸煮。

不过，对于札木合烹煮七十余人之事，史书记载各不相同。成书于元朝忽必烈时期的蒙古史著《圣武亲征录》中记载说：“军成，大战于答兰版朱思之野。札木合败走。彼军初越二山，半途为七十二灶，烹狼为食。”而成书于1240年，专门记述蒙古民族形成、发展、壮大之历程的历史典籍《蒙古秘史》则记载说：“……具釜七十，以煮赤那思之王子每”。“赤那思”蒙古话意为“狼”，“赤那思之王子”也即“狼子”，

这里的“狼子”显然不是自然界中的狼崽。那么，到底札木合烹煮了谁呢？《蒙古秘史》认为，“赤那思”即“努古思”，是泰赤乌部的一个氏族，因背叛札木合投靠了铁木真而遭到札木合的嫉恨。所以当铁木真被札木合打败后，被俘的努古思王子们才受到了如此残酷的惩罚。此外，《蒙古秘史》中还记载有札木合“斫断捏兀歹察合安（努古思的首领）的头，绑在马尾上拖着走了。”由此可见，《蒙古秘史》的记述应是最接近历史真相的。

当然，正所谓物极必反，札木合的这一做法起到了相反的作用，本来一直对他忠心耿耿的族人和部落首领们看到札木合如此残忍，都纷纷带着家人逃进山里投靠铁木真去了。于是这次“十三翼”之战，虽然铁木真在战场上失败，但却反而壮大了自己的势力，虽败犹胜。此后，归附铁木真的人反而多了起来，他的势力更加壮大。

在血战中统一蒙古草原

虽然童年时期历尽生活的苦难，中年时期遍尝战争的艰辛，但铁木真还是在五十二岁那年，成为“成吉思汗”。

1196年，金人传檄草原诸部，要求发兵征讨时常骚扰边境的塔塔儿部。塔塔儿部在今克鲁伦河地区被金兵击溃，余部逃奔至斡里札河。铁木真听到这个消息后，和王罕合兵一处，协助金兵夹击塔塔儿残部，大获全胜。这一举动沉重地打击了塔塔儿人，使其一蹶不振，并为铁木真在蒙古各部中赢得了“为父祖复仇”的声誉。在铁木真地位大大提高的情况下，他乘胜消灭了亲族中其他一些有碍自己壮大的势力，为自己日后登上蒙古大汗的宝座扫清了障碍。

此后三年间，金人对不服从其命令的塔塔儿、合答斤、撒勒只兀惕、弘吉剌等部进行了三次大规模征讨。就在这些部落受到削弱的同时，金人也伤了元气，不得不将防线后移，为铁木真统一蒙古草原提供了极好的客观条件。

1200年，铁木真与王罕的联军先后击溃了泰赤乌、合答斤、撒勒只兀惕以及朵儿边、塔塔儿、弘吉剌等部的盟军。1201年，铁木真在海剌尔河支流帖尼火鲁罕，大破由札木合纠集的散败部落所组成的盟军。第二年的春天，铁木真再次对塔塔儿人用兵。在出兵前，他颁布了一道重要的“札撒”（命令）：“战胜时，不许贪财，既定后均分。若军马退却至原排阵处，要再次返回力战，若至原排阵处不返回者——斩！”这条命令的颁布是一个标志，说明旧式的部落联盟式的军事体制将结束，而一支由统一汗权所指挥的武装力量正在开始形成。经过这次打击后，塔塔儿部落几近消亡。

1202年的秋天，铁木真和王罕的联军又在阙亦坛的荒野，重创了乃蛮部和札木合诸部组成的联军，自此彻底完成了对蒙古草原东部地区的控制。

随着铁木真的实力越来越强，王罕也开始对这个被他称为“自己的孩儿”的人有了防范和疑惧之心。恰巧这时节，札木合慑于铁木真的势力，也前去投靠王罕。他极力拉拢王罕的儿子桑昆，企图离间克烈部与乞颜部的关系。受札木合怂恿的桑昆，劝乃父与铁木真决裂，优柔寡断的王罕最终被桑昆说服。

桑昆决定效仿项羽，给铁木真也来一个“鸿门宴”。一天，他请铁木真到自己的营帐喝许婚酒，说是要将桑昆的妹妹嫁给铁木真的长子术赤为妻。

就在铁木真犹豫是否赴宴的时候，王罕父子做贼心虚，以为自己的诡计已经泄露，于是索性先发制人，进攻铁木真。双方在今内蒙古东乌珠穆沁旗北境的合兰真展开激战。铁木真仓促迎战，苦战不支，队伍溃败，结果他只带了两三千人逃脱。他们在班朱尼河边安下了营，靠打猎和喝浑水为生。这段时间，是铁木真在统一蒙古过程中最艰苦的日子。他发誓要与一同饮过班朱尼河水的人同甘共苦，成就大业。当他完成统一大业以后，果然兑现了他的诺言，把“同饮班朱尼河水”的人都封为了功臣。

合兰真之战后，铁木真派人向王罕求和，以麻痹对方。骄傲的王罕果然中计，对铁木真放松了警惕。没多久，王罕与投附他的蒙古部落之间发生了分裂，致使一部分人又归顺了铁木真，札木合则投奔了乃蛮。这一年的秋天，铁木真的力量已经恢复，他重新回军斡难河畔，寻找与王罕决战的机会。不久，铁木真的二弟遭到王罕军的袭击，仅其弟一人幸免遇害。铁木真就以二弟名义遣使向王罕表示要赤诚归附，再一次麻痹王罕，同时率军出击，出其不意地包围了王罕的驻地。当时王罕正在驻地欢庆胜利，毫无提防。王罕慌忙应战，在激战三天三夜后，主力被击败，他只得狼狈西逃。在乃蛮境内，王罕被守将当作盗贼给击毙了。他的儿子桑昆听说父亲死了，只好逃奔西夏，却被驱逐了出来，最后在逃到今新疆库车的时候，也被当地首领抓住杀死了。克烈部的残余势力也都投降了。这一战，铁木真取得了统一蒙古草原的决定性胜利。

战后，克烈部的百姓被瓜分一空，王罕的侄女唆鲁禾帖尼被分给了铁木真的幼子拖雷。这位信仰聂思脱里教的克烈女人很不简单，她为拖雷生下了四个儿子：蒙哥、忽必烈、旭烈兀、阿里不哥，后来他们都做了蒙古人的大汗。

王罕的覆灭让居住在蒙古草原西部的乃蛮部的首领太阳汗感觉到了一丝凉意，但自大的他并没有真正将铁木真放在眼里。他骄傲地说：“天上只有一个日、月，地上如何有两个主人？如今咱去将那达达（乃蛮部人对蒙古人的称呼）取了。”

他的母亲则轻蔑地说：“那达达人一身戾气，连衣服都又脏又难看，要他们做什么？如果有好一点的女人的话，不妨取来洗浴干净了，为我们挤牛羊乳。”

太阳汗说：“这有何难？我这就去取来！”

骄傲的太阳汗随即在1204年初亲自领兵东征，札木合纠合的一些东部蒙古残部也参加了此次征讨。铁木真在位于克鲁伦河和土拉河二水上游之间的萨里川布设疑兵。这天夜里，他令每人烧火五处。乃蛮前哨误以为蒙古人布满了萨里川的地面，立即报告给太阳汗，太阳汗想回撤军队来诱敌深入，却被鲁莽的儿子讥为妇人之举，太阳汗遂东渡鄂尔浑河驻营。

总是在决战前夜抛弃盟友的札木合，又一次故伎重演，再度临阵脱逃。在逃离前，札木合还在太阳汗的面前，将铁木真的勇猛与凶残添油加醋地说了个遍。他的夸张的描述，使得乃蛮军心严重不稳，交战不到两天，乃蛮军队完败。太阳汗死于重伤，铁木真乘胜进至阿尔泰山地区，将乃蛮部众尽行收捕。太阳汗的母亲也被俘虏，铁木真将她纳为诸妻之一。

乃蛮部败亡后，铁木真很快出兵讨平了帮助乃蛮作战的蒙古各部落。走投无路的札木合在逃到唐努山中时，他的五个侍卫背叛了他，将他绑住交给了铁木真。铁木真处死了那五个背叛主人的侍卫，但念及旧情，希望札木合仍旧和他做安答。

札木合在最后时刻，终于表现出了一丝英雄气概，他慷慨激昂地说："咱们在少年时代做安答，不能消化的食物一起吃过，不能忘记的话语都曾说过，后来因为被人离间，所以分开了。我想起以前说过的话，羞愧得都不敢和你相见。如今你想要留下我做伴，可是该做伴的时候不得做伴，如今你将百姓收服，大位已定，已无需我做伴了。你要不杀我，就好似衣领上有个虱子，被窝里有根刺一般，反而会日夜不安。"

铁木真只好用处死本部贵族的"不出血死"的行刑办法——把受刑人的身体整个地用毡毯裹实，让马匹或人践踏，直到毯子里的人完全死去——处死了这个童年时与他结为兄弟、成年后和他竞争作对了数十年的草原骑士。

1206 年春，统一了蒙古大草原的铁木真，召集蒙古诸族，大会于斡难河滨，竖起一面九脚白旄大旗，祭告天地，由诸部落首领和群臣共上尊号曰"成吉思可汗"，人们习惯上将其简称为成吉思汗，这是一项空前未有之尊称。"成吉思"为蒙古语译音，后来治《元史》的人纷纷研究这"成吉思"到底作何解，或谓为"海洋"，或谓为"坚强无敌"……

总而言之，它是至高无上万王之王的意思，也就是全蒙古所有可汗之可汗。自建此尊号后，“铁木真”之名便为“成吉思汗”所代替。这一年，他四十四岁。

铁木真既为成吉思汗，乃论功行赏，大封群臣，署置官属，建立起他的蒙古汗国。

第二章　以鞭笞天下为乐趣

毫不留情灭西夏

西夏自 1038 年元昊建国至 1227 年被蒙古灭亡，经历了大约 190 年的时间。西夏与蒙古素无恩怨，亦无瓜葛，成吉思汗为什么连续发动六次征伐西夏的战争，必使其国破人亡，才肯善罢甘休呢……

西夏是中国历史上由党项人在中国西部建立的一个政权。唐朝中和元年（881 年），拓跋思恭占据夏州，封定难节度使、夏国公，世代割据相袭。1038 年，李元昊建国时便以夏为国号，称“大夏”。又因其在西方，宋人称之为“西夏”。

成吉思汗统一蒙古后，之所以要连番攻打西夏，这得从西夏所处的地理位置以及当时的历史环境来分析。西夏位于黄河以西，因此又被人称为“河西”，其国土狭小，其辖境相当于今宁夏、甘肃以及青海、陕西等部分地区，北靠蒙古，西连西辽，东邻金国，南界大漠，居于各大国强权之间，是蒙古、金必争的中间地带，处于极其重要的战略位置。因它东与金接壤，北与蒙古只有一漠相隔，助蒙古则蒙古军可居高临下，直抵金国心脏；助金则可使蒙古腹背受敌，受到左右夹攻，无论蒙古还是金国都不敢轻视西夏的重要战略地位。

当时，成吉思汗虽然羽翼渐丰，觊觎金国日久，但金国兵多地广，军力雄厚，不可小视，所以成吉思汗没有草率发兵攻金。在这种势均力敌的情形之下，西夏的地位日益重要起来。而西夏正与金联盟，使蒙古

备受威胁。成吉思汗要解除后顾之忧，就必须征服西夏，这是成吉思汗对西夏发动战争的主要原因。而且西夏相对于金国势小力弱，较宜取胜，况且先弱后强、各个击破的方法，正是成吉思汗一贯的作战方针。攻取西夏除了战略决策的需要外，这里还是很好的物资配备和兵源补充地。西夏“地饶五谷，尤宜稻麦”“岁无旱涝之虞”，是西部的天然粮仓。除盛产粮食外，西夏的战马亦相当出名，这对以骑兵作战的蒙古人来说无疑具有极大的诱惑力。这里还有素享盛名的西夏“良弓”与“甲胄”。北宋著名科学家沈括在《梦溪笔谈》中对西夏良弓大加赞赏:“(西夏)神臂弓，最为利器”。战马、良弓是蒙古骑兵的最佳配备，西夏的三十万骑兵如果臣属于成吉思汗，则蒙古骑兵的力量会大大增加，以上这些无疑也是成吉思汗征伐西夏的原因。

在准备停当后，1205 年，成吉思汗发动了对西夏的第一次征伐战争。但这次只是试探性的进攻，并未深入，仅“拔力吉里寨，经落思城，大掠人民及其橐驼以还”(《元史》)。西夏虽国小力弱，但也曾是能抵抗北宋几十万大军的劲旅。因此成吉思汗的第一次征伐仅是一次以追击逃敌为借口的抄掠性战争，其目的是观察一下西夏的反应和其军事实力。这次试探性战争，西夏军队还未来得及反应，蒙古军队已大掠而还了。它造成了西夏朝廷的极度恐慌，甚至导致了一场宫廷政变。

1206 年，夏桓宗李纯佑被废，李安全继位，称夏襄宗。夏襄宗登基后，依然主张联金抗蒙，自甘为臣，以求共同抗蒙，这无疑是对蒙古的挑衅与威胁。

1207 年秋，成吉思汗以西夏不肯纳贡称臣为由，第二次侵入西夏，攻破斡罗孩城。西夏集右厢诸路军抵抗，蒙古军不敢深入，于次年春退回。

1209 年秋，成吉思汗发兵第三次入侵西夏，从兀剌海西关口进入河西。夏襄宗李安全任命太子李承桢为主帅，以大都督府令公高逸为副帅，率兵五万抵抗。蒙古击败西夏军，俘杀高逸。蒙古军进攻兀剌海城，守将出降，太傅西璧氏率兵巷战，力尽被俘。蒙古军长驱直入，进攻中兴府(今宁夏银川市)外卫要冲克夷门。嵬名令公率西夏守军五万拒战，挫败蒙古军。双方相持两个月，待西夏守军斗志松懈，蒙古军设伏活捉嵬名令公，攻下克夷门，进围中兴府。中兴府防守坚固，不能攻下，蒙古军就引河水灌城，居民被淹死无数。但后来外堤决口，蒙古军营反被河水倒淹，只得撤围。成吉思汗派使者入城谈判，迫使李安全纳女请和，每年向蒙古纳贡。西夏经过这次打击，向金求援又遭到拒绝，于是转变立场，采取向蒙古称臣、向金国进攻的政策。

成吉思汗战略的第一步目的达到了，他不但获得了大量战利品，取得了经济上的补给，又可以利用西夏来夹攻金朝。

蒙古军撤退后不久，西夏统治集团内部又发生了争夺权位的政变。1211 年，襄宗李安全被废，其子李承桢也不能再当太子了，宗室齐王李遵顼被立为帝，他就是西夏历史的第十任皇帝神宗。

在蒙古南侵的形势下，西夏与金国的一些人终于认识到唇亡齿寒的道理，提出必须互相救援的意见。但两国统治者都鼠目寸光，乘人之危以谋己利，襄宗时夏、金关系不但没有改善，反而变得更加恶化。1209 年西夏都城被蒙古包围时，派遣使者去向金国求援，金国皇帝完颜永济竟说，蒙、夏相互攻击是大金的福气，不肯出兵。蒙古军撤退后，西夏立即派兵进攻金国的葭州（今陕西佳县），对金国报复。1211 年冬，刚即位的李遵顼得知蒙古军在举河堡击败金军，直逼中都的消息，就派兵侵扰金国的泾、邠二州，并围攻平凉府。此后，西夏乘金国忙于蒙古攻掠之机多次深入金境，攻占州城，杀掠吏民，当然金朝也时时进行报复。

1216 年，一支蒙古军经西夏国境进攻金国关陕地区，西夏出兵配合蒙古，打下潼关。次年，蒙古征调西夏兵配合他们攻打金国，西夏军被金人打败，损失惨重。自降蒙以来，西夏虽借蒙古之势趁火打劫、屡掠金国，但金人抗蒙不足，打西夏则绰绰有余，所以西夏获利并不多。当了蒙古的役属国以后，天天跟着蒙古人打仗，使西夏疲于奔命，于是西夏国内对这种政策产生了怀疑和不满，与蒙古的关系逐渐疏远了。

1217 年，成吉思汗决定进兵西域，又命西夏出兵随征，被西夏拒绝。

成吉思汗大怒，立即派遣一支军队对西夏发动了突然袭击。此时西夏毫无防备，不能御敌，蒙古军再次包围中兴府，李遵顼逃到西凉，派人向蒙古求降。正好成吉思汗决定暂时放下西夏，专事西征，不久蒙古军便退出西夏领土。

成吉思汗西征开始后，得力干将木华黎受命经略中原，专征金国，不时遣兵假道夏境，并征召西夏兵从征。此时，李遵顼又甘心充当蒙古帮凶，以为金国大势已去，可以乘机取利，因此连年攻掠金国城寨。但西夏兵战斗力薄弱，屡为金兵所败。

自李遵顼即位以来，奉行附蒙攻金政策，夏金战争使交战双方两败俱伤。由于蒙古军的抄掠、征发，特别是长期的对金用兵，西夏百姓耕织无时，田野荒废，饥民四处逃亡，国家财用困乏，被蒙古拖入战争的深渊，国势濒于危亡了。但统治集团依然歌舞升平，过着奢侈腐朽的生活，宫中的花费、对勋臣贵戚的赏赐，仍未能加以节制。

这时，有些人出来反对李遵顼的国策。

1223 年，李遵顼遣太子李德任统兵攻金。李德任认为金国兵势尚强，建议与金议和，在力谏未果的情形下，李德任要求辞让太子位，想去当和尚。

面对儿子以“出家”相威胁，李遵顼大怒，将他囚禁于灵州。御史中丞梁德懿上书力谏，痛陈时弊，并提出同样的和金意见，也被罢职。同年，李遵顼派遣十万步骑协助木华黎进攻金国凤翔府，金兵坚守，西夏统兵官见不能取胜，士兵厌战，于是在没有通告木华黎的情况下，率军退回。蒙古派人到西夏朝廷问罪，李遵顼畏惧，急急忙忙把皇位让给次子李德旺（是为夏献宗），他自称为上皇。

李德旺即位后，改变其父的政策，决定与金议和。1224 年春，夏、金达成协议，互为兄弟之国。李德旺见成吉思汗统兵西征长期未回，以为有机可乘，竟然派人去联络漠北诸部，共抗蒙古，但这些规划和措施都为时已晚了。

木华黎死后，他的儿子孛鲁奉命继续统军经略中原汉地。孛鲁去西域朝见成吉思汗，成吉思汗密令他选择适当机会，征讨早有异心的西夏。1224 年秋天，孛鲁率大军攻破银川，消灭数万夏军，并俘其大将塔海，掳掠牲口牛羊马驼数十万。

1225 年，成吉思汗从西域返回蒙古。1226 年，成吉思汗率军大举入侵西夏，兴兵的借口是西夏当初曾接纳仇人亦剌合与桑昆以及拒绝征调等。发兵之前他派遣一名使臣到西夏，责其不派兵随从蒙古西征且出言不逊之罪。

这时正值西夏国内的抗蒙派得势，献宗李德旺驳回了成吉思汗的恐吓，宣布准备迎战。蒙古首先攻下黑水等城，驻兵肃州之北，四处抄掠。接着进兵攻取沙州、肃州、甘州，西夏各州军民进行了英勇抵抗。蒙古军攻下肃州城后，进行残酷屠杀，据史书记载，幸存者仅一百余户。

早在 1210 年，木华黎在斡难河畔的金帐里，就将屠城的战术推荐给成吉思汗："对抵抗的城市实施屠城，给敌军造成极大的恐怖，使他们丧失拼死抵抗的斗志。"所以，蒙古军攻城略地，经常毫不留情地屠戮无辜百姓，制造空城。

甘州守臣曲也怯律之子察罕，十多年前就投奔成吉思汗，深得成吉思汗喜爱，被收为养子。这次跟随成吉思汗出征西夏，他派人去劝说父亲献城投降。副将阿绰得知曲也怯律暗通蒙古，带领三十六人杀害了曲也怯律，夺了兵权，随后又杀了察罕派去的蒙古使者。成吉思汗见劝降不成，挥兵猛攻。

甘州城破，蒙古军一拥而入，照例要展开屠城。察罕不想看到那种惨绝人寰的事情发生，竭力劝阻。

成吉思汗诘问："莫非你不想报杀父之仇？"

察罕肯定地说："想！但是，老百姓和拒绝投降、杀害使者的事情没有关系，你把那三十六个罪人杀掉，我的杀父之仇就报了。"

成吉思汗听从他的劝告，甘州才免于屠城。

随后，蒙古军攻下西凉府，进至河曲，又攻取了应里等县。

目睹国破家亡的惨状，夏献宗李德旺忧惧而死，他的侄子南平王李

晛被立为皇帝，成为西夏的末帝。

1226 年冬，成吉思汗统率蒙古大军进攻灵州，李晛派嵬名令公率领十万军队来援。蒙古军渡河进击，消灭西夏军，杀死无数，尸体堆积如山。随后成吉思汗挥军来到盐州川扎营过冬，蒙古军在驻营地附近大肆杀掠，当地百姓侥幸不死的人百无一二。

不久，成吉思汗再次派兵将西夏都城中兴府围得水泄不通，同时派军队把外地的西夏守军各个击破，使其不能支援。西夏中兴府的守军和其他各地守军日夜坚守、奋勇抵抗。1227 年初，成吉思汗留一部分兵力继续围攻中兴府，自己带领大部分军队渡黄河进攻积石州，从而彻底断了西夏军后路。当年 5 月，成吉思汗回师隆德，因天气炎热，蒙古军在六盘山避暑休整。

就在这时，一场突如其来的灾难将西夏推入了万劫不复的深渊。6 月，西夏王朝京畿地区发生强烈地震，史载："地大震，宫室多坏，王城夜哭。"被蒙古军队围困达半年之久的中兴府，粮尽援绝，房屋倒塌，瘟疫流行，已经无力再抵挡蒙古军的进攻。走投无路之际，西夏皇帝李晛只好派遣使者请求成吉思汗宽限一个月就献城投降。

一个月后，成吉思汗得重病，病中立下遗嘱：如果这次重病不治，死后要封锁消息，暂时不发丧，等西夏献城投降后，将西夏皇帝与中兴府内所有兵民统统杀掉。这是因为成吉思汗怕西夏再一次诈降，蒙古军再一次功亏一篑。不久，西夏正式投降蒙古，蒙古军押解着西夏皇帝李晛和几位降将走到半路上，听到成吉思汗病亡的消息。蒙古军队遵照成吉思汗的遗嘱，将西夏皇帝等人杀死，灭了西夏。

近年来，考古工作者在原西夏王朝的旧址上，发现在圆形的台基面上，有很多无规则的裂缝，裂缝宽度为一厘米到四厘米，深可通底。科研人员认定这就是地震造成的景象，这也从考古方面印证了地震对于西夏王朝的深重影响。

西夏灭亡后，蒙古诸将遵照成吉思汗遗命，开始屠城，中兴府居民惨遭杀掠，察罕竭力劝止，蒙古军才停止了屠杀。随后察罕飞马入城，妥善安置余下活着的百姓。

至此，立国 190 年的西夏，终于彻底灭亡了。

报了世仇宿怨

金国与蒙古之间显然是有着世仇宿怨的。因此，在成吉思汗的脑海里，无时无刻不在谋划着灭金事宜。一旦时机成熟，他便毫不留情地举起了手中的刀……

南宋时期有一位著名的外交使节叫赵珙，他在南宋嘉定十四年（1221年），曾以南宋使节的身份奉命赴蒙古，在燕京（今北京）见到总领蒙古大军攻金的木华黎。此后，他把自己见闻的材料著录成书，名曰《蒙鞑备录》（旧时误传为孟珙著），全书分立国、鞑主始起、国号年号、太子诸王、诸将功臣、任相、军政、马政、粮食、征伐、官制、风俗、军装器械、奉使、祭祀、妇女、燕聚舞乐共十七目，其中有许多有价值的记载，是研究早期蒙古史的重要史料。

同时，在这本《蒙鞑备录》中，赵珙还记录了许多金朝初期对蒙古诸部的血腥政策。根据赵珙的记载，在金世宗执政时期，燕京及其他契丹族和蒙古族聚居区域有一首传唱不休的歌谣："鞑靼来，鞑靼去，赶得官家没去处。"金朝的统治者们深以为患，于是每三年定期派兵清剿一次，这就是所谓的"三年灭丁"政策。

此外，宋末诗人、画家郑思肖的笔记之中对于金朝的减丁政策记述则更为详尽："昔金人盛时，鞑（指蒙古）虽小夷，粘罕（金国皇帝完颜宗翰）、兀术（金国名将完颜宗弼）辈尝虑其有难制之状，三年一征，五年一徙，用蒿指之法厄其生聚。蒿者，言若删蒿也。去其拇指，则壮丁无用。"也就是说金的军队除了对蒙古民族进行定期的屠杀和劫掠之外，还会采取"蒿指之法"来遏制蒙古各部的生产能力，所谓"蒿指"就是像割野草一样将蒙古族壮丁的大拇指剁掉。

一百多年来，蒙古草原上生活的人们就是这样在金国的压迫、剥削下过着苟且偷生的日子。直到蒙古部落强大起来后，由于被欺负惯了，一开始对大金国仍旧低声下气。

然而，是可忍，孰不可忍，当铁木真成为成吉思汗后，情况有了变化。

1208 年 11 月，金国皇帝章宗病死，新君完颜永济即位。金国使者向蒙古告知此事，命成吉思汗十里之外跪迎诏书。

谁也没有料到，一件意想不到的事情发生了。

金国使臣手捧诏书一本正经地高声诵读："蒙古部首领铁木真下跪接旨。"

成吉思汗没有下跪却关切地问："请问上国使臣，皇上死了？"

"大行皇帝驾崩，谥号章宗。"

"即位者谁？"

"章宗无后嗣，群臣奉遗诏，共拥皇叔卫王永济为新君。"

"谁？"成吉思汗不敢相信自己的耳朵。

"卫王永济。"

"那个绣花枕头！"成吉思汗不禁仰天大笑，"我本以为上国皇帝一定是天上人方能做得，没想到新君竟是这样一个庸懦之辈！"

使臣喝道："休得放肆，下跪接旨！"

成吉思汗强止住大笑，"呸"地啐了一口，率部众在狂笑声中纵马而去，留下一团扬沙飞尘给金国使团慢慢回味。

世世代代处于强大的女真人奴役下的边远落后地区小部落头目居然敢公然侮辱圣朝新君，纯粹是活得不耐烦了！看来，整个蒙古部都免不了要遭灭顶之灾了……

当时全天下的人恐怕都是这样想的，除了真正了解成吉思汗的人。

成吉思汗身上虽然有一股子倔强劲儿，但他绝不是一个蛮干的莽汉，做事情自有分寸。他之所以敢明目张胆地跟金国使臣对着干，其实是心里已经有了攻打金国的谋划了。

此时的金国，自金章宗后，政治日益腐化，国力逐渐衰落。而其皇帝完颜永济是个懦弱无能的人，即位后将士离心，政事日非。这些状况，成吉思汗早就得到了情报，知道得很清楚，认为南征时机业已成熟。

就在击败西夏的第二年，成吉思汗向天宣誓，要报当年俺巴孩之仇，出师大举伐金。

成吉思汗兵分为两路伐金。一路由其本人统率，以哲别为先锋，走西北路；另一路由其三个儿子术赤、察合台、窝阔台率领，以汪古部首领为向导，走西南路。这年秋，蒙古军前锋突入居庸关，开始攻击金中都（今北京）。金军据城坚守，由于当时的蒙古军缺少攻城经验，一时无法攻克，只好撤军。据《金史》记载，这一年金朝的大片土地，陷入蒙古军手中。

1212 年，蒙古军第二次伐金。这一次并不十分顺利。成吉思汗在进攻金西京（今天的山西大同）时，中流箭受伤，不得不撤退。反而被誉为“四獒”之一的哲别倒是攻入了金人东京（今辽宁辽阳）。听到成吉思汗受伤的消息后，他掠夺一番，返回了蒙古。在 1213 年秋和 1214 年的春天，成吉思汗又率领军队进行了第三和第四次伐金。到 1214 年 7 月，第五次出兵时，中都南面的金军将领斫答叛变了金人，他杀死主帅，投降了成吉思汗。成吉思汗立即派兵与斫答等人共同围攻金中都。软弱的金太子得知消息后，竟然逃往了南京（河南开封）。11 月，蒙古大将木华黎收降了辽东的高州、锦州等地的金将。到 1215 年春天，蒙古军已陆续收降了金中都附近大小州县的金朝将官，并且击败了前来救援中都的金军。金中都彻底成了孤城。这一年的 6 月，金宰相完颜福必眼看大势已去，遂服毒自杀，金军将官纷纷弃城而逃，中都陷落。

正在此时，突然西域发生事变，迫使成吉思汗不得不暂时缓和对金的攻势，而以全力去解决西域的问题。于是在 1217 年，成吉思汗将灭金的战事交给了大将木华黎。遗憾的是，在 1223 年 3 月，木华黎渡过黄河后，不幸病卒。当时成吉思汗正在西征途中，金国就这样又苟延残喘地存在了好几年。

到了 1227 年春，早已西征东归的成吉思汗见西夏已被蒙古军队攻

击得无力还击，遂决定再次攻打金国。这一次，他准备采取绕道宋境攻金的策略。

制定该策略时，成吉思汗首先详细考察了南宋与金国的世仇关系。宋朝从 1126 年以来，一直备受金国的欺凌。1127 年，北宋被金国灭亡。南宋建立后，又屡遭金军南下攻掠，先后于 1141 年、1164 年、1208 年被迫与金国进行屈辱的“绍兴和议”“隆兴和议”“嘉定和议”。南宋割让六个州土地给金国，年年向金国纳贡，岁币由二十万增为三十万，南宋皇帝向金国皇帝称“伯父”。

自从蒙古发动攻金战争以后，一向对金国卑躬屈膝的南宋朝廷态度逐渐强硬了起来，并为金国有难而幸灾乐祸，乘机停止了向金国交纳岁币。宋、金历来战争的结局，从来都是以金胜宋败而告终，唯独 1217 年至 1224 年的宋金战争，南宋因有黄河以北的蒙古军作为不结盟的盟军，形成对金军的南北夹击之势，故而取得了胜利。

其次，成吉思汗还仔细地考察了蒙古与南宋的关系。蒙古、南宋之间，初期因有金国、西夏的阻隔，两国不相邻、不相属，也不直接交往。随着蒙、金战争的进程，蒙古和南宋双方都逐渐把对方当作可以借用的力量，成为不结盟的同盟关系。1221 年，成吉思汗在西征中，驻军铁门关时，曾经亲自接见了南宋派来的使者苟梦玉，双方沟通了联系，在攻打金国问题上达成了谅解和支持。1223 年，苟梦玉第二次出使西域，成吉思汗再次接见来使，并且进行密谈。史料对二人的会谈内容没有记载，但史家从尔后双方的言行分析，可能在两个方面达成协议：第一，蒙古、宋双方都把金国看作共同的敌人，并把对方视为对抗金国的同盟军；第二，蒙古、宋在适当时候联合起来灭金。

蒙古、宋在以后的交往中，因为双方有着许多根本的利害冲突，存在着对抗性。但因为双方有着金国这个共同敌人，又存在着许多一致性。因此，成吉思汗认为绕道宋境攻金的策略是可行的。

为了进一步探察绕道宋境攻金的路线，成吉思汗特遣一支游骑偏师，深入南宋利州路（今四川北部、陕西南部及甘肃东南部一带），抄掠了“五州”——阶州（今甘肃武都东）、成州（今甘肃成县）、西和州（今甘肃西和县西）、凤州（今陕西凤县东）、天水州（今甘肃天水西南）。由此，成吉思汗已经十分清楚地洞察了从侧后迂回包围金国都城南京的进军路线，但是必须向南宋借道并联合南宋，这是唯一的出路。

于是在成吉思汗的脑海中，一个利用宋金世仇、借道宋境、联宋灭金的大迂回、大包围战略逐步形成了。1227 年 7 月，成吉思汗从六盘山移营清水县（今属甘肃）的西江。当时天气酷热，六十六岁的成吉思汗患病，发起高烧。成吉思汗自知病情严重，活不多久了，而自己苦心谋划的灭金战略也只能交由别人去实现，所以召集拖雷及亲密部将，把胸中方略口授于众。

成吉思汗的灭金战略，大体分为两个方面：

其一，对蒙古、金战略形势的客观、冷静分析。他说：“金精兵在潼关，南据连山，北限大河，难以遽破。”他认为，鉴于金军还有主力数十万，地处要冲，只靠蒙古军自身的力量从正面攻击，在短期内灭亡金国是不可能的。

其二，确定了利用宋、金世仇，绕道宋境，实施大迂回的作战方略。他说：“若假道于宋，宋必能许我，则下兵唐、邓，直捣大梁。金急，必征兵潼关，然以数万之众，千里赴援，人马疲弊，虽至弗能战，破之必矣。”

成吉思汗这一灭金战略，在其去世后，由儿子窝阔台、拖雷实施。1231 年春，蒙古军兵分三路，东路出山东济南，以作牵制；中路由窝阔台率领，从白坡（今河南孟州）南渡黄河，从正面进攻；西路系三路之主力，西路由拖雷率领，从宝鸡（今陕西宝鸡）南下，绕道宋境，经由川北、陕南入河南，进攻开封。1232 年正月三峰山大战，蒙古军歼灭金军精锐十五万人，俘杀金帅两人；九月郑州大战，歼灭金军主力十余万人，至此金军精锐殆尽，金哀宗被迫逃离南京，辗转至蔡州（今河南汝南）。1234 年正月，宋、蒙联军攻破金国临时都城蔡州，金哀宗自杀，金国灭亡。成吉思汗的灭金战略全部得到兑现。由他亲自发动的蒙、金

战争，历时二十四年，至此以胜利告终。

这里有个小插曲。强盛一时的金朝在蔡州城的尸山血海中归于灭亡，作为世仇的南宋朝野自然是一片欢腾。有好事者画了一幅名为《尝后图》的画，以彰显南宋军队的“赫赫武功”，甚至还将南宋主将孟珙也画入其中。昔日金兵对宋朝宗室妇女的暴行，显然深深地刺激了宋朝人的自尊心，因此才在笔墨间施以报复，让自己也对金朝后妃施以暴行。

只可惜，意淫救不了宋朝。用不了多久，它也将步金国的后尘了。

扫除西征的障碍

在成吉思汗的字典中一直写着四个字——“挡我者死”！在这样的理念驱使下，畏兀儿和西辽的灭亡也就是迟早的事了……

蒙古汗国建立后，成吉思汗为了使自己的统治范围进一步扩大，让他的弟兄、儿子们“各分土地，共享富贵”，决定继续向外进行军事行动，降服蒙古境外的相邻政权。这些向外扩张的战争，具有很大的掠夺性和破坏性。

当时，成吉思汗的蒙古汗国面临的形势大致是这样的：其西部有畏兀儿和西辽，南部有西夏和金国。成吉思汗在征服畏兀儿和西辽的同时，对西夏和金国进行了骚扰和掠夺。

畏兀儿是突厥语系中文化比较发达的一个古老民族，又称伟兀、西州回鹘等。回鹘人原居于漠北，回鹘汗国（744—846）时代，已有一些回鹘族部落迁居到今天山以北和河西一带。840 年，回鹘汗国灭于黠戛斯人，大批回鹘人自漠北逃至西域，其中有一支迁居到今天山东段南北地区，宋辽金时期的汉文史料称之为高昌回鹘或西州回鹘，这就是后来畏兀儿人的前身。到 10 世纪末期时，其地域已扩大到西抵葱岭，东达甘（今甘肃张掖）、肃（今甘肃酒泉）二州，北界天山，南越戈壁，并建立了高昌回鹘政权。其都城在高昌（今新疆吐鲁番东），或称“哈拉和卓"，其首领称"亦都护"。12 世纪初西辽建立后，畏兀儿臣属于西辽，西辽于畏兀儿设立了一个专门监管畏兀儿事务的官员——少监，他像太上皇一样，为所欲为，骄恣用权，这激起了广大畏兀儿百姓的极端不满。所以，自从畏兀儿沦为西辽的藩属后，境内的社会矛盾是十分尖锐的，不仅广大畏兀儿人和西辽统治者之间的矛盾很尖锐，就是畏兀儿统治者与西辽统治者之间的矛盾也很尖锐。

西辽是古代契丹族建立的政权。其建立者耶律大石是辽朝开国君主耶律阿保机的八世孙。他之所以把自己的国号命名为"辽"，是表示沿承辽朝之意。为区别于耶律阿保机所建的大辽，历史上通常称之为西辽。

耶律大石原本效力于辽国末代皇帝耶律延禧，在辽国即将灭亡之际出奔。1124 年，耶律大石称王，到达可敦城建立根据地。1132 年，耶律大石在虎思斡尔朵正式称"菊儿汗"，群臣又尊汉号为"天祐皇帝"。

西辽建立后不久便控制了畏兀儿，接着又打败了中亚大国花剌子模，势力扩展到巴尔喀什湖以西的两河流域，成为中亚地区势力强大的政权。

成吉思汗统一蒙古各部后不久，畏兀儿人的首领巴尔术不堪忍受西辽人的压迫，于 1209 年杀死了作威作福的西辽少监，并派人通知成吉思汗表示愿意归附。成吉思汗遂派使者与巴尔术会面。

此时，成吉思汗的死敌——篾儿乞部的赤剌温、忽秃等人，因在与蒙古人的战争中落败，逃往畏兀儿。为了表示自己归附成吉思汗的诚意，巴尔术杀死了赤剌温等人，并派使者将逃往西辽的忽秃等人的行踪报告了成吉思汗。成吉思汗对此非常满意，嘉奖了巴尔术。1211 年，成吉思汗又将自己的女儿阿勒屯嫁给了他。这样，蒙古汗国的统治扩大到了畏兀儿。

西辽地处蒙古和花剌子模中间，既是交通要道，又是战略要地。因此，成吉思汗对西辽的征讨是迟早的事。

此外还有另外一个原因。在成吉思汗灭掉乃蛮部时，乃蛮部太阳

汗之子屈出律被蒙古军击败后逃往西辽。当时耶律大石早已去世，西辽的大汗叫直鲁古，他是一个昏庸无能、不理政事的统治者。屈出律奔西辽后，直鲁古对他毫无警惕，反而将女儿嫁给他，并供应他钱财去招集乃蛮和蔑儿乞残部，使屈出律势力渐渐增强起来。屈出律是一个野心极大的人，为了达到篡夺西辽政权的目的，先是挑起花剌子模与西辽互斗，继而于1211年抓获直鲁古，夺取了西辽大汗位。从此西辽内部混乱不堪，而且其属国又已臣服于蒙古，成吉思汗决定征讨西辽。

1218年，成吉思汗命哲别率两万人进军西辽，讨伐屈出律。蒙古军队很快就占领了西辽都城。屈出律仓皇出逃，哲别追至今新疆喀什附近擒杀了屈出律，西辽终于被蒙古军队征服。

西辽的灭亡为蒙古军队的西征扫除了障碍。

血腥味浓郁的三次西征

一提起成吉思汗，人们极感兴趣的，就是他的西征。确实，他和他的子孙后代的三次西征，不但给蒙古，给亚洲，而且给世界历史带来了深远的影响……

占有西辽的土地后，成吉思汗的蒙古汗国与中亚强国花剌子模接壤。花剌子模原本是中亚地区一个默默无闻的小国。12世纪末13世纪初，小国花剌子模乘邻邦动荡之机，通过东征西讨在中亚做大。当时的国王为阿剌哀丁·摩诃末，他的领地北至咸海及里海，西至报达，南抵印度河，东限帕米尔，掌握着东西交通的要道。

1215年，当成吉思汗攻取金中都的消息传到中亚后，引起了花剌子模摩诃末的注意。作为和成吉思汗同样的征服者，摩诃末十分想了解蒙古草原上的这位统治者是否会对他构成威胁。为了证实金中都确实已经被蒙古人攻克，以及探听蒙古汗国的虚实，摩诃末派出了一个使团和一支商队来到东方。

贸易是以游牧经济为主的蒙古汗国获得手工业制品的重要途径，所以成吉思汗听说了这支来自遥远国度的商队后十分高兴，给予了热情的接待，并为此颁布了一道保护外来客商的法令。当这支商队走后，为了能和西方国家建立起贸易关系，以取得蒙古汗国必要的生活用品，成吉思汗派出了一个使团回访花剌子模，同时派出一支由四百五十名穆斯林组成的商队前去贸易。由于花剌子模是一个信奉伊斯兰教的国家，这样的安排应该能让双方都满意。

但是当蒙古人的商队在到达花剌子模边境城市讹答剌时，预想不到的事情发生了。花剌子模派驻到这里的守将，看到蒙古人带来的大量金银珠宝时竟然起了贪念。他利令智昏，诬陷商人们是间谍，并在摩诃末默许的情况下，下令处死了全部的蒙古商人，并没收了他们的全部财物。蒙古商队中的一名驮夫侥幸逃了出来，他跑回成吉思汗面前叙述了所发生的一切。

成吉思汗被激怒了，他派出使团前去责问摩诃末。使者见到摩诃末后说："如果贵国王本人从未下达过杀害我国使者、抢掠我国商队的命令，那么就请将讹答剌守将交给我国来处置，否则，就准备迎战吧。"

使者说得不卑不亢，充分表达了成吉思汗的意思。成吉思汗毕竟没有到过西方，他不了解那里的情况。战争不是儿戏，没有胜利的把握他是不愿意轻易出兵的。

然而摩诃末实在是一个狂妄自大的人。他不但斩杀了蒙古正使，还将两名副使剃去胡须，驱逐出境，无视成吉思汗的警告。

这种行为是任何血性男儿都无法容忍的，更何况是"一代天骄"成吉思汗。一切都无法挽回，只能兵戎相见。

1219年秋，成吉思汗将中原地区的事务交由木华黎处理，自己亲率十多万大军西征。当时花剌子模的军队约有四十万人。蒙古军在花剌子模境内分兵四路，其中三支分别进攻锡尔河上、中、下游北岸的军事

要地；成吉思汗次子察合台、三子窝阔台指挥攻打上游要地讹答剌；长子术赤则负责下游要地。大汗本人和幼子拖雷率领人数最多一支军队择便利处从冰上渡过锡尔河，在当地人的引领下，利用一条鲜为人知的商道穿越锡尔河和阿姆河之间的沙漠地带，围攻不花剌城。当时，花剌子模都城在撒马尔罕，蒙古军边扫荡锡尔河外围，边去围攻位于撒马尔罕之西的不花剌，这些都是蒙古人的围歼战术。进攻锡尔河北岸的三路大军均遭到顽强抵抗，不过到1220年春夏之交，三路大军的军事行动已经全部结束，引发战争的讹答剌城守将被俘处死。

1220年春，成吉思汗兵临不花剌，大军压境之下，不花剌守将打开城门迎降，不过内堡仍有花剌子模军队固守。成吉思汗入城后，成吉思汗下令城中富户把藏金尽数献出，随后下令焚毁不花剌城区。接着，蒙古军驱使不花剌人一起进攻内堡。史书记载说，有一个人在不花剌陷落后从城里逃出，来到阿姆河以南，人们向他打听不花剌的命运，他回答说："他们到来，他们破坏，他们焚烧，他们杀戮，他们抢劫，然后他们离去。"

成吉思汗接着挥军东向，进攻花剌子模都城撒马尔罕，胆怯的摩诃末在蒙古军队到来之前，离开自己的都城去了阿姆河之南。成吉思汗命大将哲别和速不台率领偏师去追击摩诃末，他则与察合台、窝阔台会师于撒马尔罕城下，很快将其攻克。三万投降的士兵被赶到城外，按十人、百人分组后分配给蒙古军人看管。

不花剌和撒马尔罕是中亚地区的两座历史文化名城，经过蒙古铁骑的摧残后，史书这样记述道："市井半丘墟"。

此后，蒙古军队在撒马尔罕休整了一个夏季，到1220年秋，军事行动再度开始。窝阔台、察合台军奉命沿阿姆河西北行，与术赤会师于玉龙杰赤城，准备攻克这个花剌子模的旧都。成吉思汗与拖雷则由河中西进，逾阿姆河扫荡呼罗珊地区。

成吉思汗三个儿子率领的军队，在玉龙杰赤城下围攻数月不能得手。术赤和察合台互相不服调遣，纠纷日深，只好差人问成吉思汗："我们三人到底听谁调遣？”成吉思汗让他们都听从窝阔台的调遣。

团结起来自是力量大。在兄弟三人共同努力下，第二年夏，玉龙杰赤城被攻克。术赤因为早已将此地视作自己的势力范围，不愿意过分破坏它。但在他两个弟弟的坚持下，蒙古军还是把全城居民赶出城外，从中挑选出数万名工匠，把余下的人口全数分配给手下将士，对成年男子实行集体屠杀。妇女儿童则被掳为奴婢。蒙古军又决阿姆河堤，灌水入城中，藏匿在城中欲躲避兵祸的居民尽溺死水中，玉龙杰赤这个古代中亚的著名城市从此成为废城。

窝阔台三兄弟把掳掠所得全部瓜分，居然连一根牛毛都没给父亲留出，恼得成吉思汗后来“三日不许三子入见”。

强渡阿姆河的战役由拖雷指挥。花剌子模军队在对岸筑起十多个堡垒，并陈船河中。蒙古军采纳汉人将领郭宝玉建议，待风浪暴起时，发火箭焚烧河中船舰，然后乘大火抢渡，击败了五万守河敌军。拖雷于是率先进入呼罗珊。成吉思汗本人则驱兵东南，去攻打阿姆河北岸的战略要塞忒耳迷。经过十一天强攻，忒耳迷被攻克。

这时已临近冬季，成吉思汗在阿姆河北岸驻冬。待 1221 年春初，乃由忒耳迷渡阿姆河，赴巴里黑。早在将近一年以前，当哲别、速不台领兵经过时，巴里黑人就已献礼纳降，现在他们又奉重金出城相迎。成吉思汗借口清点人户，将巴里黑全城居民驱赶至郊外。那个地区在此后很长时期内尸横遍野，豺狼出没，一片凄惨的景象。接着，他挥兵进攻险塞塔里寒。这次攻坚战耗去了他整整七个月的时间。

扫荡呼罗珊的战略行动，主要是由拖雷完成的。那时，呼罗珊分为四个大区，分别以巴里黑、马鲁、也里、尼沙不儿为中心城市。除巴里黑由成吉思汗本人摧毁之外，其他各城所在地区，包括数十座大小城镇，都由拖雷指挥，分兵予以征服。此后几十年里，这里的人口长期不及繁荣时期的十分之一。

再说摩诃末在哲别和速不台的追击下，辗转西逃，最后逃入今里海南岸一个岛上，大约在 1220 年底病死。其子札兰丁获悉后继位为王。

1221年初，札兰丁从玉龙杰赤城突围，辗转至哥疾宁。在此，他招集军队十万人，呼罗珊已降诸城也重新反抗蒙古。当年秋天，成吉思汗和拖雷攻陷了塔里寒，察合台、窝阔台亦各率所部来会，于是蒙古军自塔里寒越过大雪山进攻哥疾宁。

札兰丁兵败，退至印度河边，部众多被击溃，他本人几次突围均遭失败，危急中跃马跳入印度河中。成吉思汗敬重札兰丁的英勇不屈，阻止部下向他射箭。札兰丁得以泅过印度河，逃入印度。成吉思汗分遣部队镇压各地反抗，哥疾宁和呼罗珊各地再遭蹂躏。后来，窝阔台时期，札兰丁在波斯图谋复兴。1229年，窝阔台遣大将绰儿马罕领军三万急速进攻，将花剌子模残余势力最终消灭，札兰丁也于1231年在东躲西藏的流亡过程中被杀。

1222年春夏之际，成吉思汗在兴都库什山以南活动，清剿印度河附近札兰丁的残余部队。入秋后，成吉思汗见西域战事已告一段落，又听闻后方的西夏不稳，于是决定班师东归。沿途走走停停，于1225年春回到蒙古本土。长子术赤因病未能随大军东归，他留在了也儿的石河（今额尔齐斯河）以西他的封地（蒙古语称兀鲁思）内。术赤大约死于1227年初，次子拔都继承了他的兀鲁思。

哲别、速不台自摩诃末逃入里海后，便调转兵锋，到里海西南岸的木干草原驻冬。1221年至1222年，他们往返驰突于木干草原邻近地区，对东部波斯、谷儿只等地进行抄掠。后来，这些地区以及小亚细亚半岛部分地区，均被蒙古军队占领。

哲别、速不台后来循里海西岸北上越过太和岭，进入信奉基督教、分布于太和岭北麓、属于伊朗语族的阿速部和属于突厥语族、游牧于东起乌拉尔河西迄顿河的南俄草原的钦察部境内。钦察人主要信奉伊斯兰教，也有一部分信奉基督教。蒙古军队于1222年在南俄草原驻冬。钦察部向斡罗思王公求援。

1223年，蒙古军与斡罗思和钦察联军大战于今乌克兰卡里奇克河之地，将他们击败，蒙古军遂深入南俄草原，转战克里米亚半岛，恣意抄掠。1223年底，哲别、速不台挥军东归，让惊惧万分的钦察人和斡罗思人感到万幸的同时也感到莫名其妙。

蒙古军东归，很可能是因为两位主帅忽然想起了当初成吉思汗派他们穷追摩诃末时对他们的约定——三年内结束战事。他们一路打得顺风顺水，差点把这约定给忘了。他们经伏尔加河，攻入此河中游的不里阿耳国。蒙古军遇到顽强抵抗，遂沿河南下，取道里海、咸海以北草原。哲别在途中病死，余军在昔日乃蛮西界与成吉思汗会师，一起返回了蒙古草原。

蒙古人的西征并未就此结束。成吉思汗死后，他的儿子们统领蒙古铁骑继承他未竟的事业，继续西征。

1235年至1244年，蒙古铁骑在征服了金国之后发动了第二次西征，又称为“长子西征”——因为这次西征是成吉思汗四个儿子的长子率领的。他们是，成吉思汗的长子术赤的长子拔都，次子察合台的长子拜答儿，三子窝阔台的长子贵由，四子拖雷的长子蒙哥。1240年，蒙古大军征服斡罗思诸部，接着铁骑踏过东欧平原的波烈儿和马札儿，直达亚得里亚海滨，震撼了整个欧洲，后因接到窝阔台去世的消息而班师东返。

1251年，拖雷之子蒙哥继承大汗之位，随后决定派弟弟旭烈兀西征。于是从1253年到1259年，蒙古铁骑又进行了第三次西征。旭烈兀于1257年攻灭了木剌夷后，继续往南征伐，于第二年包围了黑衣大食的都城报达，哈里发（国王）被迫献城投降。蒙古铁骑至此仍未停步，继续向西攻占了美索不达米亚，逼近埃及，若再往前就踏上非洲大陆了。

1260年，蒙哥之弟、旭烈兀之兄忽必烈登上了大汗之位。他将新占的西南亚地区封给旭烈兀，称“伊利汗国（又译伊儿汗国或伊尔汗国）”。

伊利汗国与钦察汗国（成吉思汗长子术赤封地）、察合台汗国（成吉思汗次子察合台封地）、窝阔台汗国（成吉思汗三子窝阔台封地）一起，合称“四大汗国”。它们同大蒙古汗国以及后来的元朝一直保持着形式上的藩属关系，由此形成了历史上空前辽阔的、横跨亚欧大陆的蒙古大汗国。但是，它们毕竟因为疆域太辽阔，又是军事

征服下的一个不稳定的政治军事联合体，缺乏共同的经济和文化基础，所以四大汗国建立之后，各自独立发展，很快就成为几个独立的汗国。不过，在元朝中期以前，元与四大汗国之间一直保持着良好的关系。

当时文明程度并不先进的蒙古民族为什么能如此？这原因很多，也较为复杂，但以下两个方面是最为基本的。

一方面由成吉思汗等领导的蒙古汗国是新兴势力，朝气蓬勃，正处于上升时期。成吉思汗“以弓马之利取天下”——蒙古民族那种军民一体、骁勇善战的游牧民族的特质有利于大规模的战争行为，特别是在其上升时期，这已被历史所证明——如此前的契丹族、女真族，此后的满族等都是这样。成吉思汗从统一各部落的战争开始，在长期的战斗实践中锻炼和造就了一支十分强大的军队。这支主要由骑兵组成的精锐的快速部队，善于长距离奔袭和突击，采取大规模的战略迂回和包围战术，又能较快地采用新的军事装备和技术，并把它运用到战斗中去；在战争中学习战争——如攻城时的炮击强敌、先扫外围、后攻主敌、长期围困、退兵回袭等。缔造者成吉思汗本人也是世界军事史上的杰出军事家，他“深沉有大略，用兵如神”（《元史·太祖纪》）。他和他指挥的蒙古铁骑为中国古代军事史乃至世界古代军事史写下了新的篇章。

另一方面，蒙古铁骑的对手或是过于弱小，或是更为落后，或者曾经强大却已腐朽衰落。如蒙古的两大强敌金和花剌子模两国，均是朝政腐败、君主昏庸、军无战力。在这样一种背景下，蒙古铁骑的优势得以充分发挥，成吉思汗的政治军事才华得以充分施展。

当然，必须指出的是，蒙古铁骑三次西征的结果，虽然客观上为进一步打开欧亚交通、促进中西方文化的交流起到了积极的作用，但蒙古铁骑所到之处，大肆屠杀被征服地区的百姓，并焚毁城市和建筑，把城市变成“烟雾和灰烬”，这种毁灭性的残酷行为，既阻碍了被毁坏地区的发展和进步，也在客观上阻滞了人类自身的进步。

千古之谜："一代天骄"因何而死，又魂归何处

传说，成吉思汗死后葬在蒙古东北某个神秘的地方，在他出殡过程中，沿途所见之人尽被斩杀。下葬后，蒙古人驱赶上万头骆驼将附近踏平，派士兵驻守，待来年长草后才走。因此，成吉思汗墓地的准确位置无人知晓……

1227年，六十六岁的成吉思汗在出征西夏途中病死在甘肃六盘山。关于他的死因，一直以来众说纷纭。

通常的历史书都说成吉思汗是病死的，不过依据性不强。因为明朝初年成书的《元史》对成吉思汗的死亡描述非常简单："秋七月壬午，不豫。己丑，崩于萨里川哈老徒之行宫。"应当说，从这句话中是不能直接看出成吉思汗是因病而亡的。因为"不豫"二字在古代虽被用作天子或帝王有病的讳称，但《元史》的这段话并没有明说成吉思汗是死于"不豫"。而且，现有资料更加倾向于认为成吉思汗是非正常死亡，但不同资料对成吉思汗之死的说法各不相同。

说法一：被马踩而死。《蒙古秘史》的记载是，成吉思汗有一天骑马，从马上跌落下来，又被后面的马踩着身体，因而受到重创，不久之后就死了。

《蒙古秘史》向来被当作正统史料，因此相信此说的人很多。

说法二：被雷劈死。蒙古民间有个传说，说成吉思汗是被雷电劈死的。某一个夏日，成吉思汗在草原上骑马，突然电闪雷鸣，成吉思汗被雷电击中，从马上跌落而死。

此说虽然真假难辨，但很是符合中国人"恶有恶报、善有善报"的轮回观，因此笃信的人也不少。

说法三：被窝阔台毒死。根据俄罗斯方面近年披露的关于钦察汗国的历史资料，成吉思汗是被窝阔台毒死的。成吉思汗有四个儿子：长子术赤，次子察合台，三子窝阔台，四子拖雷。术赤和察合台两人

为了争夺汗位，都想把对方搞掉。因此，成吉思汗选定窝阔台作为王储。但后来对窝阔台不太满意，就想改立最心爱的儿子拖雷为王储。窝阔台知道后，为了维护自己的利益，在成吉思汗的酒中下毒，将其毒死。

亲儿子毒杀亲老子？看看中国五千年的帝王史，人们对此早已见怪不怪，因此认同者也不少。

其实，不单是成吉思汗的死因扑朔迷离，他一生的秘密还有很多。比如关于他的丧葬之地，就更是让人一头雾水，难寻其踪。

众所周知，在今天的内蒙古鄂尔多斯市伊金霍洛旗境内，有一座规模宏伟的成吉思汗陵。陵内后殿蒙古包式的黄色绸帐内，供奉着成吉思汗和妻子孛儿帖的灵柩。在它两侧的黄色绸帐里，安放着他的另两位妻子呼伦和伊绪的灵柩以及成吉思汗两个弟弟合撒尔和别勒古台的灵柩。东殿内安放的是成吉思汗四子托雷及妻子的灵柩。西殿供奉的是象征成吉思汗九员大将的九支苏力定，还陈列着成吉思汗征战时用过的战刀和马鞭等物。每年农历的三月廿一、五月十五、九月十二和十月初三，成吉思汗的后裔达尔扈特蒙古人都要在此举行盛大的祭奠活动，场面宏大，十分壮观。可是对于这座成吉思汗陵，历来有许多专家学者认为这只是成吉思汗的衣冠冢，并不是他的真正意义上的陵墓，因为这里并没有他的遗骨。

那么，他真正的陵墓何在呢？

按照蒙古民族的遗俗，他们的君主无论死在何地，他的遗骨都必须送到他们的祖先的发祥地漠北去。据《元史》记载："成吉思汗葬起辇谷"。所谓"起辇谷"，大概是今天蒙古国肯特山脉中的一道山谷。"辇"是古时帝王乘坐的车。"起辇"就是说，成吉思汗从这里乘车，起步，先统一蒙古各部，再建成横跨欧亚大陆的蒙古汗国。可惜，这个"起辇谷"年久失传，早已湮没无闻了。另据成书于19世纪30年代的《多桑蒙古史》（法国人多桑用法文撰写的历史文献）记载，成吉思汗的墓地在斡难、怯绿连、秃剌三水发源之不儿罕合勒敦诸山之一山中，可是这山既没栽树，又无标志，群山莽莽，四顾茫茫，何处寻觅！

成吉思汗墓地之所以难寻，原因其实很简单。从传统上看，蒙古人是游牧民族，迁徙频繁，瀚海无垠，黄尘弥天，建了高大陵寝也会被沙丘掩埋。所以，该民族是薄于“墓葬”而奉行“天葬”和“野葬”的。无论是天葬或是野葬，不外乎是将尸体暴露于荒野，最好被鸟兽食尽。蒙古的王公贵族身份高贵，当然不行“天葬”“野葬”，但也遵循“墓而不坟”的古训（深埋地下为“墓”，隆起地面为“坟”），成吉思汗的陵墓也只能按传统深埋于地下。

再从当时情况看，成吉思汗是在即将攻克西夏都城的紧要关头去世的，如果大汗去世的消息传了出去，势必会动摇军心，而给强敌以喘息和反攻的机会。所以，当时成吉思汗为了骗取西夏早日投降，留下遗嘱“秘不发丧”。待西夏投降后，才由一支秘密骑兵部队护送灵柩到预定墓地。

据说，成吉思汗下葬时，为保密起见，曾经以上万匹骆驼在下葬处踏实土地，并以一棵独立的树作为墓碑。为了便于日后能够找到墓地，在成吉思汗的下葬处，当着一峰母骆驼的面，杀死其亲生的一峰小骆驼，将鲜血洒于墓地之上。等到第二年春天绿草发芽后，墓地已经与其他地方无任何异样。在这种情况下，后人在祭祀成吉思汗时，便牵着那峰母骆驼前往。母骆驼来到墓地后便会因想起被杀的小骆驼而哀鸣不已。祭祀者便在母骆驼哀鸣处进行隆重的祭奠。可是，等到那峰母骆驼死后，就再也没人能够找到成吉思汗的墓葬了。

人们还传说，成吉思汗死后被神秘下葬时，有两千五百名工匠为他打造陵墓，墓成之后，所有的工匠被四百名士兵在秘密地点集体杀死，随后这四百名士兵全被处死，并且每个人的耳朵都被割下，以证明他们身首异处。

于是，成吉思汗陵成了永远的秘密，没有人知道它在哪里，就更没有人知道里面有多少稀世珍藏……

2001 年，一支由美国和蒙古考古学家组成的探险队伍宣布，他们在蒙古首都乌兰巴托东北三百二十二公里处发现了一处由六十个坟墓组成的大型墓群，其中很可能包括成吉思汗的陵墓。被发现的大型墓群离乌兰巴托只有十小时的车程，邻近俄罗斯边境，位于一片被茂密森林完全覆盖的偏远地区。墓群一面靠山，另外三面被高墙围住。围墙全长有近三里半，高平均有三米，最高处达到三米六，全用大型石块垒起，没有断口。在围墙内部有上下两层墓区，上层墓区有二十座未被破坏的陵墓，从坟墓的建造工艺和大小判断，应该是元朝贵族的陵墓，下层墓区有四十座坟墓，也是完好无缺，规格比上层的二十座墓稍低一些，但也十分考究，绝不是寻常百姓之墓。上层墓区和下层墓区之间由一条隐约可见的古道连接。

探险队在墓群附近发现一些陶瓷的碎片，根据年代分析，这些碎片的年龄可追溯到成吉思汗出生的年代，从而判断该墓群建成的时间应该与成吉思汗生活年代相吻合。另外，墓群位置在成吉思汗生前很多重要事迹发生地附近。

但是，要真正确定是否是成吉思汗陵，就必须进行实地挖掘。然而蒙古国有一个禁忌，即不能打扰“地下”的人。另外，如同所有人估计的那样，成吉思汗陵内肯定会有令人惊叹的珍贵葬品，价值连城。蒙古国政府曾限制过任何外国组织在该国境内进行任何挖掘活动，恐怕也正是出于保护财宝之意。因此，这支探险队所认为的成吉思汗陵也只能是个猜测而已。

还有考古学家曾经声称在我国新疆北部阿尔泰山脉所在的青河县三道海附近发现了一座人工改造过的大山，认为这里极可能是成吉思汗的葬身陵墓。当时，研究人员称，山面南背北，左右各有一湖，湖间有人工河相连，该山体一半明显被人工改造，许多从土中突出的石头与山岩并不似自然，而且在此还发现了一些陪葬之物，但此说法也没有得到证实。

有考古学家估计，成吉思汗真正葬地应在蒙古国的乌兰巴托附近的肯特山脉的一个山谷里，实际地点已无法考究。当地的考古人员曾寻找过，但山谷林深树密，没有任何发现。

日本研究人员曾在20世纪90年代以卫星设备在蒙古进行过长达三年的地毯式考察，但最终仍无功而返。

“一代天骄”究竟在何处安眠,看来只有九泉之下的他才说得清楚了。

虽然成吉思汗的死因和灵寝所在很可能是一道永远也解不开的历史谜题，但认为他是历史上一位著名的军事家和屠城家，却少有争议——至少治学严谨的主流历史学家们大多持此观点。作为军事家，成吉思汗具有非凡的指挥天才，征服了世界无数的地方。因此，成吉思汗历来是个很有争议的历史人物。有些人把眼睛盯在他的军事天才上，所以说他伟大；有些人把目光放在他的屠城上，所以说他邪恶。伟大也好，邪恶也罢，还是任由评说吧。

第三章　忽必烈风雨飘摇中脱颖而出

拖雷之死：兄弟敬的酒也是有毒的吗

窝阔台是成吉思汗的第三子，拖雷是成吉思汗的四子。二人是“三哥四弟”的关系。俗话说“手足情深”，可民间却传说四弟拖雷是被三哥窝阔台毒死的。这是一个真实的手足相残的故事吗……

成吉思汗的正妻孛儿帖所生四子术赤、察合台、窝阔台、拖雷，少年时代就随父出征，能征惯战，为蒙古汗国立下了汗马功劳。他们好比汗国的四根台柱，成吉思汗按照四个儿子的特长与才能，让术赤管狩猎，察合台掌法令，窝阔台主朝政，拖雷统军队。

西征时，成吉思汗的另一位叫呼伦的妻子曾问成吉思汗：“诸皇子中，嫡子有四人，主上万岁后应由何人继承？”成吉思汗认为此言有理，当下召见诸弟和诸子，议定将来由窝阔台为汗位继承人。

后来，成吉思汗临死前，再次把诸子召到身边，要他们服从窝阔台的领导，兄弟间要团结。

不久，成吉思汗病死。由于蒙古的忽里勒台大会仍然在起作用，必须等待大会的最后决定，所以窝阔台不能立即因父亲的遗命即位。

在汗位空悬的两年里，蒙古汗国的军政大事由成吉思汗的四子拖雷、女儿阿剌海别处理，两人因此被称为“监国皇子”和“监国公主”。

1229 年秋，忽里勒台大会终于召开，推选新大汗。大会争议了四十天，蒙古贵族内有人恪守旧制，主张立幼子拖雷，反对成吉思汗的

遗命。此时术赤已死，察合台全力支持窝阔台；拖雷势孤，只得拥立窝阔台即位。

阿剌海别虽是监国公主，但由于她是女子，她及她的儿孙不可能继承汗位；而同样曾为监国的拖雷就大不一样了。拖雷在成吉思汗诸子中身份特殊。因为他既是成吉思汗嫡妻孛儿帖所生，还是最小的儿子，因蒙古人有“幼子守产”的习俗，拖雷虽未能得到父亲的汗位，却得到了父亲绝大部分的财产，其中包括营地、家室、财库、军队等。其中光是军户一项，拖雷名下就有十万一千户，新任大汗窝阔台却只有四千户。而且，拖雷在整个蒙古汗国征服史上也是一个重量级人物。从平定蒙古各部开始，直到后来攻下金国都城开封，拖雷都是一马当先，身先士卒，其勇猛无敌可见一斑。当然，他也是铁石心肠的刽子手，据史书记载，经他下令屠杀的人口就不下五百万。

窝阔台称汗五年后，蒙古人联宋灭金。就在南征北返的路上，蒙古诸王中实力最为雄厚的拖雷神秘地死去。也许他感到自己罪孽深重，死前曾向天神做过忏悔。但他的死却充满了诡异之处，给后人留下了解不开的谜团。

一种说法是拖雷贪杯而亡。有人证实，拖雷生前是一个毫无节制的酒徒，说他行军作战时饮酒过度而亡，似乎不无道理。

第二种说法是拖雷抱病而死。1232 年初，拖雷率师假道陕西、湖北进入金国境内，乘大雪大破金兵主力，尽歼金军精锐三十五万人，随后与从白坡渡河南下的汗兄窝阔台会师。北返蒙古途中，窝阔台身染重病。按照蒙古族习俗，巫师为其清洗了身体。这时拖雷来看望窝阔台，看到大汗病势危重心急如焚，在帐外向“长生天”（蒙古民族以“苍天”为永恒最高神，故谓“长生天”）祈祷：伟大的长生天，我才是罪孽深重之人，如果惩罚就惩罚我吧，我愿替大汗一死。然后，拖雷将巫师用以清洗窝阔台身体的水都喝掉了。数日后，窝阔台病愈，拖雷却因病而死。这种说法见于《元史》的记载。

第三种说法是窝阔台暗害了胞弟拖雷。

持这种说法的人认为，成吉思汗生前曾刻意安排过自己的后事，他虽然宠爱自己的小儿子拖雷，让其统率军队，但他毕竟是一个深谋远虑的非凡之人，清醒地认识到他的继承人不单要有军事家的本领，更要有政治家的才能，这样才能巩固和发展他开创的大业，并使江山永固。他逐一分析了自己四个儿子的才能和特长，认为窝阔台比其他三子都高出一格，认为窝阔台意志坚定、忠厚崇仁、举事稳健，能担负起治国安邦的重任。所以，他在去世前指定窝阔台为大汗继承人。

然而，由于蒙古族的大汗继承人需经忽里勒台大会决定，而成吉思汗死后两年方才召开了忽里勒台大会。在这大汗位空悬的两年里，什么事情都有可能发生。

按照当时的形势分析，窝阔台最有资格担任大汗。但窝阔台却有顾虑，他的顾虑自然来自四弟拖雷。

拖雷一直是窝阔台稳固汗位的隐患，他不但具有坚实的军事实力，而且在攻金战役中表现出卓越的军事才能，这不能不引起窝阔台的嫉恨。因此，在兄弟互相猜忌，拖雷又把有要津的情况下，窝阔台不得不小心谨慎。

再看窝阔台，他是个性情复杂的人物，有宽仁的一面，也有残忍、苛暴、非人性的一面。在蒙古宫廷斗争中，窝阔台更为严酷、刻毒。因此，民间传说，在从金国凯旋北返途中，窝阔台心生一计，假装卧病不起奄奄一息的样子，忠厚的拖雷侍兄于榻前，焦急万分。蒙古萨满巫师则装神弄鬼，诵念咒语，称其要借助神灵将窝阔台的疾病涤除在一只木杯中。出于对兄长的爱戴，拖雷举杯祈祷，情愿为兄消灾祛病，遂喝下巫师涤除疾病的神水。于是窝阔台病愈，而拖雷当晚就死去了。

持“暗害”说的人认为，窝阔台肯定在这杯咒水中做了手脚，毒死了拖雷。窝阔台借助于迷信除去了他最大的政敌，这样就可以把汗位延续在自己的体系中。

但也有人认为，如果是被害，以拖雷之聪明应该有所察觉，拖雷的手下和后人也能查出个原委来，但史书上并没有相关的记载。从当时的

形势和利害关系上看，拖雷选择自杀的可能性更大，不管是窝阔台还是耶律楚材肯定对其做过保证，以确保拖雷的后人财产和人身安全。果然，拖雷死后，窝阔台并没有完全剥夺拖雷后人的财产，只是将其中一部分转给了窝阔台的儿子贵由和阔端等人，而拖雷系对其封地依然有军事统辖权。

当然，无论历史的真相究竟如何，应当说，成吉思汗对窝阔台的选择还是正确的，这从窝阔台日后的所作所为中就能看出来。

窝阔台"以德服人"

窝阔台是否读过儒家学说，不得而知。他懂得儒家推崇的"以德服人""以德治国"的道理。因此，在治国理政上，他还算不赖……

作为蒙古汗国的第二位大汗，窝阔台在位的十三年中，继承了成吉思汗的业绩，为继续扩大汗国的版图，巩固蒙古对北方草原和占领区域的统治，作出了卓越的贡献，被称为"马上治天下"的第一人。

当然，有人说，这一切辉煌业绩的取得，与耶律楚材密不可分。

实事求是地说，这话不无道理。

有"北方卧龙"之称的耶律楚材，是一位备受世人敬仰和缅怀的旷世奇才。

金章宗明昌元年（1190 年），在燕京（今北京）西山的一个契丹贵族家里诞生了一个男孩，他就是辽太祖耶律阿保机第九代世孙耶律楚材。这个孩子的诞生，给花甲之年的父亲耶律履带来了很大的惊喜。耶律履曾对别人预言说："我六十岁得到了这个孩子，他就是我耶律家的千里马，以后必定会成为一个雄才伟士，并且是为别的国家效命。"于是他就借用《左传》中"楚材晋用"典故的寓意，为儿子取名为楚材。

耶律楚材很小的时候，他的父亲就不幸去世了，由母亲将他一手养大。他的母亲杨氏是当时著名学士杨昙的女儿，出身书香门第，贤良淑德且文化修养很高。她谨记丈夫临终的遗愿,就是让耶律楚材成为英才,光宗耀祖，于是就带着儿子回到老家辽宁北镇一带的东丹，请人在医巫闾山的悬崖上修了两间小房子，然后带着儿子住了进去，教儿子刻苦读书。医巫闾山风景奇雅，人迹罕至，耶律楚材在那里学习特别刻苦，甚至到了废寝忘食的地步，而他的母亲对他慈爱有加，谆谆教导。尽管生活十分清苦,但是母子两人却苦中作乐,其乐融融。耶律楚材特别聪明,只用了短短几年的时间，儒家经典、文学史籍、诗词歌赋便无所不通。此外，他还学了许多关于天文、地理、律历、术数及释道、医卜等方面的知识。

金章宗泰和六年（1206 年），耶律楚材十七岁。他的母亲觉得儿子可以出仕了，于是就带他回到了燕京。当时金国有制度规定，宰相的孩子享有赐补到官府做官的特权，但是耶律楚材不要特权，而是希望参加正规的进士科考试。金章宗觉得国家制度不能轻易改动，于是就下了一道敕令要当面对他进行考试。参加考试的有十七个人，章宗亲自询问了几件疑难案件如何处理，其中耶律楚材回答得最为周详。章宗便正式任命他为某个行政部门的掾官，也就是长官的助理，掌管文书，处理日常行政事务。虽然官职不是很大,但对于初入仕途且年少的耶律楚材来说,这是一次很好的锻炼机会。

后来，蒙古军攻破燕京，金国灭亡。无路可走的耶律楚材便跑到报恩寺里，拜在万松老人的门下，专心学佛，自称“湛然居士”。成吉思汗听说耶律楚材满腹经纶,才华盖世,于是就派人叫他进宫,对他说:“你是有才之士，我早听说你是契丹人中的豪杰。先前，你的祖国契丹被金国所灭，现在我正在帮助你们恢复独立，像你这样的英杰应该投身到伟大的民族发展中去啊。”

耶律楚材认真听着，停了一会儿才回答说:“可汗的一番话，在下不能认同。我耶律家三代效忠于金国，我也应该忠诚地侍奉它，怎么敢把君父当作仇人呢？那样我岂不是不忠不义、欺君罔上的佞臣小人了吗？”

成吉思汗听后万分尴尬，但是非常欣赏耶律楚材的耿直，便任命他为谋士，并且十分尊重他，从不直呼他的名字，而是称他为“吾尔图撒合里”（蒙古语中长胡子的意思）。

1219 年夏，正值炎热六月，成吉思汗派兵西征，耶律楚材奉命随行。蒙古人出征前一般要祭旗，那天忽然下起了大雪，足足有三尺厚，很多将士都认为这是不祥之兆。耶律楚材为振作士气，对各位将士说：“大雪本来是隆冬才降落的，却在盛夏降临，这正是我们能够打败敌军、凯旋的好兆头，诸位不要忧虑。”于是蒙古军信心百倍地出发了。

第二年的冬天，有一天天空忽然响雷，蒙古军又开始骚动，于是成吉思汗问耶律楚材：“雷声很少在冬天出现，这又是什么兆头呢？”耶律楚材回答说：“国主将要毙命，并且暴尸荒野。”后来果然如此。

1222 年的农历九月，西面天空出现了彗星，很多人认为成吉思汗可能会有不测，成吉思汗听说后郁郁寡欢。耶律楚材赶忙上奏说：“这个天象是说明金宣宗快要死了。”

成吉思汗听了立刻高兴起来，后来果然又应验了，因此成吉思汗把他奉为神人。成吉思汗常对儿子窝阔台说：“耶律楚材是上天赐给我们的礼物，是上天派下来帮我们打江山的。我死了以后，你掌握政权，国家的大小事务，你都可以放心地交给他去管理。”

窝阔台即位后，果然如此。当时，因为年年征战不断，国库亏空，一些亲近窝阔台的大臣上奏说：“汉人没有多少财富，可以除掉汉人，把他们的土地改成牧场。”

这遭到了耶律楚材的坚决反对。他觉得这些人是想以此来让皇帝增加财政收入、扩张军队，于是便说：“大汗即将向南进军，军队所需要的物资都可以从中原得到。中原的地税、商税，盐、酒、铁冶、山泽的利益，一年可以得到五十万两白银、八万匹锦帛、四十多万石米粟，足够供给军队了，怎么能说没有财富呢？”

窝阔台采纳了他的建议，果然收效很好。

灭亡金国两年后，窝阔台决定按蒙古旧制，在华北地区进行分封。

耶律楚材立即反对，他说："这样做会使受封的诸侯自成一体，导致国家的分裂，万万不可！"

窝阔台采纳了他的奏议，使受封的诸王在他的封地内只有征税的权利，而官员任免、征兵等权限仍由朝廷直接行使。这样做，既保持了国家统一的局面，又杜绝了分裂的隐患。

1237 年，耶律楚材上奏说："制造器皿必须要用手艺精湛的工人，守护国家大业则必须要用儒臣。"他建议窝阔台多用有才学的汉人。窝阔台也感到朝中缺乏人才，就听从了他的意见，开科取士，并释放被俘为奴的汉族士人，大胆任用汉族文人儒士，选中了很多人才，如杨奂、张文谦、赵良弼、董文用等人，他们后来都是元世祖忽必烈时代的名臣，为完成蒙古族的汉化作出了巨大贡献。

不过，窝阔台的本事当然不只是靠听从耶律楚材的建议来治国。

元末明初的文学家、史学家宋濂在《元史・窝阔台传》中对这位君王作了极高的评价，说："帝有宽宏之量，忠恕之心，量时度力，举无过事，华夏富庶，羊马成群……时称治平。"

可见窝阔台这个人其实最注重的是以德服人、以德治国。

有一件小事可以说明。当时的蒙古人有个习俗，对水非常崇拜，尤其在春夏两季，不能白天置身水中，不许在河中洗手，不许用金银器皿打水，不许把湿衣服铺在草原上

有一次，窝阔台和二哥察合台打猎，碰见一人在池塘洗澡，察合台勃然大怒，立马就要砍杀此人。

窝阔台说："太晚了，明天吧。"

晚上，他趁人不注意，扔了一枚银币到池塘中，并告知被抓之人。

第二天审讯时，罪人说：我是个穷人，不慎掉了一枚银币在池塘中，我只是想把它捞起来。

察合台马上派人打捞，果然捞出一枚银币。

窝阔台表示同情，和察合台商量：此人太穷，才敢违反禁令，算了，警告一下就行了。

察合台只好表示同意。事后，窝阔台还赏了那人十枚银币。

还有一个故事。窝阔台即位后，中亚某国曾将一条用宝石镶嵌的金腰带献给他。窝阔台十分喜欢，平时都把它系在身上。有一次金腰带的扣子坏了，窝阔台就把它交给工匠修理。这位工匠私下里却把腰带拿出去卖了，对大汗派去拿腰带的人只推说还没有修好。

可是大汗手下的人又不是傻子，就把这名工匠抓去“噼里啪啦”揍了一顿，他才说了实话。

偷拿大汗的东西，定然是死罪。于是，这名工匠被丢进了死牢。

但是窝阔台知道真相后，说他干这种事说明他是穷得走投无路了，给他一百五十两银子，他以后肯定就重新做人了。

本来以为就要脑袋搬家的工匠，不但出狱了，还白得了一百多两银子，这真是天上掉馅饼的好事。此后他逢人就夸大汗是个好人。

其实窝阔台也不是个天生就有善心的人，他以德治国是由那个时期特殊的社会状况决定的。当时，蒙古汗国虽然还在迅速扩张，但占领地的治理问题已经突出地摆在了蒙古人的面前，在这种情况下，光靠武力是不能解决问题的，而应该以一种仁慈的政治思想为基础，实现汗国的有效管理，让百姓能够在思想上和体制上两方面来接受大汗的领导。

窝阔台事事都对自己严格要求，他坚决贯彻以德治国的方针。在窝阔台看来，作为永存之物的“德”，包括两个方面的内容，首先是忠，就是忠于祖业，忠于主人；其次是仁，就是对下仁慈。这些思想贯彻在他的治国方略中，无论是文治武功，还是日常言行，他事事都以此为准绳。

《合罕言行录·概述》中曾记载窝阔台对他的下属们说，“我们的习俗风尚的声名传给叛逆者，他们的心必然倾向我们……这种善行，使得军队和百姓免除征伐他们之苦，无须大量履危涉险。”在这里，善行被看成是比征伐更为优越的手段。

在这一点上，窝阔台做得要比其他蒙古族领导者更好，其他领导者大多认为只有武力才能维护政权。但窝阔台偏偏就喜欢搞柔性化那一套。比如，每当听到人说起古代君主们聚敛钱财的事情，窝阔台就会说：“这些人太不聪明了，财物不能保我辈不死，而我辈死后又不能复生，聚财何益？不如散财寄于民心！”

在窝阔台看来，金银财宝皆为“浮云”。

有一次，有个商贩献给窝阔台三个西瓜。由于身边扈从没带银子，窝阔台便将皇后耳坠上的两颗珍珠摘下来赏赐商贩。

皇后很不情愿地说：“这人不识货，拿到珍珠之后也会贱卖，还是让他明天到宫里领些钱物吧。”

窝阔台却说：“他是个穷人，生活艰难，等不到明天。”最终将珍珠送出。

还有一次，窝阔台出宫逛街，看见一个卖枣的平民，就命手下拿一巴里失（当时蒙古的货币名）去买枣。之后，手下人拿回来很多。窝阔台看完问道：“这枣怎么这么便宜？”

手下人信口说：“枣不值钱，一巴里失买这些算是很公道了。”

窝阔台立即反驳说：“此人一生能见到几个咱们这样的买家，难道还能跟他公平交易吗？去多拿些钱给他。”

一句话，就让那个卖枣人发了一大笔横财。

这事要搁到后来的忽必烈身上，那卖枣的肯定一分钱都挣不着，可是窝阔台很爱干这事，他觉得这样能给自己带来好名声。

还有一个有名的故事。一天，三个罪犯被带到窝阔台面前，他下令将他们处死。但当他离开大殿时，遇到一位号哭不已的妇人。他问：“你这是为什么？”

妇人回答：“因为你下令处死的这些人中，一个是我的丈夫，一个是我的儿子，另一个是我的兄弟。”

窝阔台说：“三人中你任选一个活命吧，为你的缘故饶他不死。”

一般来说中，面对这种残忍的“唯一”选择，绝大多数女人会选择“儿子”。然而这位妇人却答道：“丈夫能够再找，孩子也可望再生，但兄弟不能再得。”

听到这话，窝阔台大受感动，当即赦免了这三人的死罪。

不过，有仁慈之心的窝阔台，却并没有一个好结果。

窝阔台的人生哲学是：“人这一辈子一半是为了享乐，一半是为了英名。当你放松时，你自己的束缚就放松，而当你约束时，你自己就受到束缚。”

他是这么说的，也是这么做的。灭金之后，他指派朝中的大将率师征伐，自己则不愿再受亲征之苦，而是在不断酗酒和亲近妖娆美姬中踏上了纵欲的道路。

窝阔台本来就嗜酒如命，到晚年更是沉湎酒色，每饮必彻夜不休。耶律楚材见多次劝谏无用，便拿着铁酒槽对窝阔台说：“这铁为酒所侵蚀，所以裂有口子，人身五脏远不如铁，哪有不损伤的道理呢？”但窝阔台秉性难改，依旧日夜沉溺在酒池肉林中。

1242年冬，窝阔台出外打猎，夜晚则在营帐中观看歌舞，亲近歌姬，畅饮美酒。一天晚上，窝阔台兴致很高，纵情豪饮至深夜才散。就在这天晚上，饮酒过量的他死于中风，时年五十六岁。窝阔台共在位十三年，史称元太宗。

让众人“看走了眼”的贵由大汗

贵由是窝阔台的长子，他成为蒙古大汗的经历颇不顺畅。然而这位众人推选出来的新大汗，却没有为蒙古汗国带来新气象……

窝阔台去世后，五年间一直都由其皇后乃马真主政，直到窝阔台长子贵由继任为止。

贵由曾随诸王伐金，在西征中也立有战功。

其实窝阔台生前最宠爱的是贵由的三弟阔出，并决定令其即位。可是阔出却没有做大汗的命，他在1236年侵宋时战死。窝阔台悲痛万分，又想让阔出的长子失烈门（此时还是幼儿）作继承人。

窝阔台临死前，立皇孙失烈门为嗣，但皇后乃马真决定等贵由回来后继承汗位。

窝阔台死后，成吉思汗的幼弟斡赤斤欲夺汗位，率兵来到都城。乃马真遣使诘问他，他只得引兵退回驻地。

按照蒙古习俗，汗位的继承人要经过忽里勒台大会决定，乃马真便召集各宗王和将领到都城推选新汗。当时在诸王中，西征军统帅拔都威望最高，可是他与贵由不和，因而反对贵由出任大汗，以患病为由拒不赴会，致使忽里勒台大会不能如期举行，因此只得由乃马真摄政，长达五年。

乃马真（？—1246），名脱列哥那，又译朵列格捏，姓乃马真，又称乃马真后，是元太宗窝阔台的第六皇后，元定宗贵由的母亲。

虽然女人执政不一定就比男人差，但乃马真确实是差。在乃马真的胡乱指挥下，蒙古汗国朝政混乱，内外离心，民不聊生，一塌糊涂。在宗王贵戚、文臣武将的强烈要求下，监国快五年了的乃马真不得不决定于 1246 年召开忽里勒台选汗大会。

1246 年秋，选汗大会在鄂尔浑河发源处颗颗诺尔举行。宗亲贵戚、王公重臣们从五湖四海前来欢聚一堂，只有拔都声称脚筋骨痛，仍然没来出席，不过他派来了两个儿子作为代表。最终经过反复协商，大会达成协议：推翻先可汗窝阔台的遗诏，改立其长子贵由为新一任可汗。

当时开会讨论的情况，波斯人拉施特在其著作《史集》中有如下记载："经过反复协商，诸王、贵族和文武大臣们在汗位问题上达成了如下协议——'由于窝阔台预定为可汗继承者的阔出业已去世，而按照窝阔台汗遗命的继位者失烈门又未成年，所以最好还是拥立可汗的长子贵由吧。'贵由战功卓著，脱列哥那皇后又倾向于贵由，大多人也与她一致。经过一番辩论之后，同意拥立他为新一任可汗。经过一番逊让和大家的一番恳请后，贵由表示：'我同意即位，但有一个条件：在我之后，接下来的所有可汗都必须从我们窝阔台家族中挑选，其他支系不得染指大汗宝座。'全体一致立下了如下誓书：'只要你的家族中还留下哪怕是裹在油脂和草中、牛狗都不会吃的一块肉，我们都不会把汗位给别人。'

然后全体宗王脱下帽子，解开宽腰带，把他扶上宝座。”

在此，有个问题：乃马真为什么要支持贵由继承汗位？

相关史籍给出的理由主要有两点：其一，贵由是乃马真的亲生子；其二，失烈门还小，既没有战功又缺乏处事经验，不具备治理国家的能力。

其实这两条理由并不充足。其一，所谓贵由是皇后的亲生子，难道皇孙失烈门是从野地里捡来的吗？其二，所谓失烈门还小，既没有战功又缺乏处事经验，不具备治理国家的能力。这对于一个权力欲极强且已经在汗国宝座品尝了近五年大权滋味的女人来说，难道还有比这更好的么？

因此，从内心深处来讲，乃马真是不大可能倾向于贵由一方的。她最希望看到的应当是：大家都遵照先可汗窝阔台的遗诏立失烈门为新一任可汗。至于贵由嘛，该干什么还是干什么去。这从贵由此后一上台就迫不及待、不遗余力地打击他母亲的亲信和党羽可看出端倪。显而易见，贵由同他母亲不是一条心。

那么，既然乃马真并不乐意扶持儿子贵由登上宝座，又是谁将他贵由推上去的呢？恐怕是乃马真掌权的五年时间里宠信权奸、疯狂敛财、鱼肉百姓的一通“恶搞”给王公大臣们留下了深刻的印象。如果遵行窝阔台的遗诏将还是孩童的失烈门扶上宝座的话，那么极有可能除了皇后的称号要升级为皇太后外，现在的一切都不会改变。而贵由，一个个性倔强绝不甘心受人摆布的人，不才是最佳的人选吗？

不管怎样，贵由当上了新一任可汗。

只可惜，“群众的眼睛是雪亮的”这句话在贵由身上并没体现出来。因为众人推选出来的这位新可汗并没有为蒙古汗国带来新气象。

贵由上台后，不但不从实际出发，勤于朝政，整饬宫禁，反而大开府库，以金银财宝赏赐那些推举他为大汗的诸王、大臣和将领，以炫耀他的慷慨和感念之情。他本就体质不强，手足又患拘挛病，却在上台之后，也像他的父亲晚年那样，昼夜沉溺于酒色之中。为此，在他执政的两年中，使得母后乃马真造成的那种“法度不一，内外离心”的衰败局面愈演愈烈，日益严重。

贵由即位之时，正是蒙古西征之后声威远震之时。贵由继续向外用兵，征服西藏，并占领了河套地区。

贵由与堂弟拔都早在西征中本就不和，后来拔都又反对贵由即位，因而双方结怨很深。

1247年秋，贵由任命野里知带为征西军统帅，率兵西进，统辖波斯地区，与拔都抗衡。

第二年春，贵由亲率大军西进，准备讨伐拔都。这时，拖雷之妻唆鲁禾帖尼察觉了贵由动机，立即命人秘密通报拔都。拔都获信后，立即整军备战。

1248年3月，贵由在西进途中突然病死，从而避免了一场皇室内部的争战。

对于贵由大汗的死因有多种说法。一般史书的说法是他因患有手脚痉挛症而病死，但大多数人认为贵由汗是被拔都派人刺杀或毒死的。不过，一直都没有过硬的史料可以支撑这一说法。

贵由在位不到三年（1246—1248），享年四十三岁，史称元定宗。

折戟小小钓鱼城

剽悍、强大的蒙古铁骑虽然曾经一度横扫欧亚，势不可挡，吓得欧洲人闻风丧胆。可是，他们南下侵犯南宋王朝的合州（今重庆合川）钓鱼城时，却遭到重创，主帅蒙哥大汗甚至还为此丢掉了性命……

贵由死后，诸王各自盘踞一方，鱼肉百姓，民怨四起，蒙古汗国初期开创的稳定局面尽遭破坏。贵由的皇后海迷失希望失烈门听政，诸王大多表示反对，朝内争论不已，乃至三年无君，国内混乱不堪。

1251年，在拔都提议下，拖雷的儿子蒙哥经由忽里勒台大会讨论登上了蒙古大汗位。

拖雷是成吉思汗第四子，拖雷正妻唆鲁禾帖尼生了蒙哥、忽必烈、旭烈兀、阿里不哥等四个儿子。

蒙哥自小沉默寡言，不好侈靡，喜欢打猎。

1235年，二十六岁的蒙哥与拔都、贵由西征，屡立战功。到他被拥立为蒙古大汗时，已四十三岁。

蒙哥是成吉思汗之后一位杰出的蒙古大汗。他加强了行政管理机构，把蒙古汗国建设成一个正规的大国。

在军事扩张方面，蒙哥也卓有成效。

1252年，蒙哥命二弟忽必烈南征大理，命也古（成吉思汗胞弟合撒尔的长子）东征高丽。次年，又遣三弟旭烈兀西征，塔塔儿带撒里等远征欣都思、怯什迷尔等地。

蒙哥认为蒙古人想要巩固对中国北方的控制，就必须迫使南宋王朝投降。因为南宋的存在对蒙古的统治造成了威胁。

不过蒙哥的伐宋计划遭到了一些将领的反对，他们说南方气候炎热，疾疫流行，蒙古军队在这样的环境中作战会遭受损失，会因不适应陌生的环境而陷入战争泥潭。蒙哥则回应道："我们必须完成先辈未竟的事业。"

1258年，蒙哥和平定云南后已北返的忽必烈以及大将兀良合台兵分三路大举进攻南宋。蒙哥亲自指挥的军队意欲占领四川地区，然后向东进攻。忽必烈的军队意欲渡过长江进攻鄂州，在那里与兀良合台率领的从云南开来的第三支军队会合。这个进军计划是要把南宋的东部和西部分割成段，使之首尾难顾。蒙古人先集中优势兵力平定西南和中原，再进攻偏安东南的南宋小朝廷。

1258年秋，蒙哥亲率十万蒙古军分三路进攻四川。一路连战连捷，先后攻克剑门苦竹隘、长宁山城、蓬州运山城、阆州、大获城、广安大良城等南宋许多州县，最后，兵临合川钓鱼城。

当时，无论就军队的士气、战斗力、武器装备等各方面来看，蒙古军队均属上乘。然而，意外的是，从1259年2月2日起，蒙古大军对钓鱼城发动数次疯狂的进攻，却始终没能攻克钓鱼城。这使得曾经横扫欧亚无敌手、让欧洲人一听到他的名字就发抖的蒙哥大汗一时无计可施。

小小的钓鱼城为何如此难以攻克？难道真是哀兵必胜？这个心理因素也许有，但更重要的是这场战争的防御体系。这钓鱼城分为内城和外城。外城建在悬崖峭壁上，城墙是用条石垒成，坚不可摧。内城不是想象中只有住户和驻军，那里面有大片可耕作的良田，四季水源不绝。可见，外城的地理条件险要，内城资源丰富，这就是典型的可长期坚守的城池。

而且这仅仅是小环境。除此之外，还有大环境呢。

大环境要追溯到1234年。这一年，蒙古窝阔台汗去世，其内部斗争不断，对南宋的攻势减弱。南宋得到喘息的机会，腾出手来，对各个战场的防御体系进行了全面调整。尤其是在抗蒙战争中战绩颇著的大将余玠进入四川，他创建了山城防御体系。这个体系，就是在四川的主要江河沿岸及交通要道上，选择险峻的山隘筑城结寨，构成一个完整的战略防御体系。其形态星罗棋布，又可及时地互相支持。

合川钓鱼城，就是这一山城防御体系的核心和最为坚固的堡垒。

到了1254年，合州钓鱼城守将王坚，进一步完善城筑。四川边地的民众为了躲避兵乱纷纷到此安居，钓鱼城因此成为兵精粮足的坚固堡垒。

1259年2月7日，蒙哥大汗发动了第一次战斗——攻打一字墙。

一字墙就是横城墙，它的作用有两个：一是阻碍城外敌军的活动，二是城内守军通过外城墙运动至一字城墙拒敌，与外城墙形成夹角交叉攻击点。

钓鱼城的城南、城北各筑有一道一字城墙。

2月9日，蒙古军猛攻西门，未能攻克。

同年3月，蒙古军转而攻打东新门、奇胜门及镇西门小堡，均告失利。

转眼到了4月，上天给了钓鱼城守军喘息休整的机会，连降大雷雨，持续了二十天。雨停后，蒙古军又改变进攻策略，于4月22日重点进攻护国门。27日夜，蒙古军登上外城，与守城宋军展开异常惨烈的激战。钓鱼城的守城驻军死伤无数。《元史·宪宗纪》称“杀宋兵甚众”。

这样激战了近十天，虽然钓鱼城守城军伤亡很大，但还是顶住了蒙古军一波又一波的进攻。

这时候，已经是 5 月了。按理说，蒙古军应该调整战略战术，以围困为上策。粮草总有吃光的一天吧，不攻你但可以困死你。当时大势也该如此，蒙哥大汗应当留下一部分军队，困住钓鱼城，然后率领主力部队东下和忽必烈等军会师，这样才能一举攻占南宋。

遗憾的是，他并没有这样做。其中有他自己的原因，也有他手下将领的原因。

他手下的将领当时持两种意见。一种意见是将领术速忽里提出的，就是部分军队困守，主力与别军会合。另一种意见，是其他将领极力主张的继续强攻钓鱼城。持这种意见的将领和蒙哥大汗的心理一样，因此蒙哥大汗没有采纳术速忽里的建议，下了决心，继续猛攻钓鱼城。

这时候，蒙古军有两大难题。一是虽然武器精良，但由于钓鱼城地势格外险峻，攻城的器械发挥不出应有的作用；二是蒙古军真正勇猛无敌又灵活多变的是骑兵，但在钓鱼城骑兵根本没有用武之地。

自宋、蒙钓鱼城开战以来,蒙古军强攻五个月未能成功。6 月的时候，蒙古军总帅先锋汪德臣居然只身单骑来到钓鱼城下，企图招降城内的守军，结果被城上守军居高临下投射飞石射死。

汪德臣一死，蒙哥大汗伤痛欲绝，这个总帅先锋相当于他的左膀右臂。狂怒的他要报仇，于是继续攻打城池。

此时钓鱼城没有救援，增援钓鱼城的宋军被蒙古军所阻隔，始终没有抵达。意想不到的是，长达几个月中钓鱼城里的物资依然充裕。守城将领王坚在城内还故意挑逗蒙古军，他命令守城军士将重十五公斤的鲜鱼两尾，以及蒸面饼百余张抛给城外蒙古军，并投书蒙古军，声称即使再守十年，蒙古军也无法攻下钓鱼城。

6 月正值酷暑，远道而来的蒙古军水土不服，军中暑热、疟疾、霍乱等疾病流行。情况十分糟糕，已然呈现溃败景象。

7 月，蒙古军损失惨重，随蒙哥出征的将领，不少都战死于钓鱼城下，蒙哥大汗本人也不幸身亡。

然而，由于史料对蒙哥可汗的死因记载不明，从而引发诸多猜测。他到底是怎么死的呢？

具体地说，蒙哥大汗较认可的死法有五种。

第一种死法：蒙哥率领蒙古军攻打钓鱼城，城头兵士乱箭齐发，将蒙哥射死。重庆市合川区钓鱼城旧址钓鱼山忠义祠内，有一座《新建二公祠堂记》石碑，是明朝正德十二年（1517年）所立。碑文的内容说蒙哥是中飞矢而死。《中国通史纲要》也持这个观点，认为蒙哥是被箭射死的。

有碑文有书籍，还有诗歌为证。南宋著名诗人刘克庄写了一首诗叫《蜀捷》，诗里云：吠南初谓予堪侮，折北俄闻彼不支，挞览果歼强弩下，鬼章有入槛车时。从这首诗里可以获得同样的信息——蒙哥被箭射死。

这种死法既有一定的依据，而且也符合情理，冷兵器时代打仗，被箭射死是很普遍的事情。因而，关于蒙哥这种死亡的说法，也非常普遍。

第二种死法：据一本叫《海屯纪年》的书记载，蒙哥在进攻时乘坐的战船被宋军的潜水者凿穿船底，船沉没了，蒙哥溺水而亡。《海屯纪年》是1307年西亚一个叫海屯的人口授的东方史，可信度并不大。更重要的是，水战的遗址在今天的重庆市北碚区的北温泉旁的江段，水流比较平缓，江面最宽处不足千米，最窄处才百余米。而且，此战是宋军水师大败。怎么会是蒙哥所乘的战船沉没了呢？这种说法不是很站得住脚。

第三种死法：生病医治无效死亡。由波斯政治家、文学家剌施特哀丁编纂的《史集》中说：蒙哥好饮酒，时天气炎热，蒙哥军中流行痢疾，蒙哥亦染疾而死。持这种说法的书籍还比较多，在清朝人毕沅所著的《续资治通鉴》也记录了这种说法。意思是，强悍的蒙哥最终是患上痢疾，拉稀拉死的。

这种可能性也确实存在。1259年6月以来，攻打钓鱼城的蒙古军中确实流行暑热、疟疾、霍乱等疾病。再看《元史·宪宗记》对蒙哥之

死的描述，非常简单——“癸亥，帝崩于钓鱼山，寿五十有二，在位九年。追谥桓肃皇帝，庙号宪宗。”没有指明蒙哥死亡的真正原因，但透露出其死亡的突然性。由此，蒙哥病死军中的可能性是存在的。

第四种死法：被炮所伤而亡。这一死亡的说法又分为两种，一是炮风震伤而死。清代《古今图书集》中的《钓鱼城记》一文中说，蒙哥在架设望楼窥视钓鱼城时，遭到城内宋军的炮石轰击。蒙哥为“炮风所震，因成疾。”就是说，蒙哥查看钓鱼城情况时，受到宋军炮击，然后病倒，病倒以后，蒙古军班师转移到愁军山，蒙哥最后死在金剑山温汤峡。1484 年明朝四川巡按谢士元在《游钓鱼台山诗序》中也说蒙哥是遭“炮风致疾”而亡。民国的《合川县志》也有相同的记载，并且说明了蒙哥中炮风的地方，就是现在钓鱼城嘉陵江对岸的东上，现称为炮台山。

第二个被炮所伤而亡的说法是来自《中国古代史・元朝史话》。该书记载说:（农历）七月，蒙哥汗以马军寨之马鞍山为桥头堡，向钓鱼城内城发起进攻，在这场激烈的战斗中，蒙哥汗被飞丸击中，蒙古军自钓鱼城撤退到愁军山。蒙哥伤势过重死于军中。钓鱼城旧址有一处地方叫脑顶坪，据说，这个地名就是因为蒙哥死于此而命名的。

最后一种死法最有意思。几年前考古人员发现蒙古大军当年攻打钓鱼城时曾挖掘了一条地道。地道纵横交错，道宽约一米五，高约一米，连接钓鱼城内外。地道内填充礌石，还出土弹片、石磨、瓷片等南宋生活用品。专家指出，地道剖面呈倒“凸”字形，这种形状既可节约工时和人物力，亦能隐藏伏兵，地下凹进去的一部分，可做排水之用，而两边的土台可作为士兵休息之处。说明蒙古军不但精于骑射，也擅长于地道战。蒙古军突破奇胜门，将守城寨主和众多士兵杀死，主要得益于这条隐藏极深的地道。该地道位于钓鱼城奇胜门以北，约 150 米远的山体中，主要由主信道、支道、竖井组成。当时，蒙古大军曾采用地道战方式，破城而入，但很快被守军击退，地道被宋军发现，便用礌石将其封住，以绝后患。于是，这最后一种说法便是，蒙哥当年亲率军队从地道进攻而被宋军发现后杀死于地道中。

此外，关于蒙哥死亡的说法，还有很多。譬如“病毙说”，认为如果蒙哥当时病死在钓鱼城下，有可能的是“中风”而亡。因为当时的气候环境条件极其恶劣，而蒙哥在焦虑、紧张和疯狂的情绪下，很容易中风脑出血。此外，还有“气毙说”，南宋人黄震在《古今纪要逸编》中指出蒙哥之死是因为屡次攻钓鱼城不克，而且多次被合川知州王坚所败，总帅先锋汪德臣也死去，蒙哥羞愤难当被活活气死了。

还有一个重要的问题是关于蒙哥具体的死亡地点，如采信“溺毙说”，蒙哥的死亡地点就是在今天的重庆市北碚区北温泉旁的江段一带；如采信“病毙说”和“矢毙说”，蒙哥的死亡地点就是在钓鱼城下；如采信“炮毙说”，蒙哥的死亡地点就是在金剑山温汤峡。死亡的真正原因不一样，死亡的地点也不一样。遗憾的是，人们最终也无法确定蒙哥的真实死因和确切死亡地点。

然而蒙哥虽死，蒙古汗国灭亡南宋之心却从未死去，只不过是推迟了些时日而已。

南征大理显实力

金庸先生一部《天部八部》虚虚实实亦幻亦真，使古老神奇的大理国涂上了一抹神秘的色彩。只不过，金庸笔下这个仙境般的国度最终却被忽必烈所灭……

大理国是中国宋代时期南方的少数民族在今云南一带建立的少数民族政权，包括今云南全省、贵州和广西西部、四川南部以及缅甸、泰国、老挝的一些地方。主要民族有居住在东部的乌蛮和西部的白蛮，其中乌蛮人数最多、分布最广，乌蛮的统治阶级在大理国占有重要地位。此外，大理境内尚有许多其他少数民族，如麽些、和泥、峨昌、白夷等。也有一些汉人长久生活在大理国中，与各少数民族杂居。

13 世纪中叶，大理国国王段兴智势弱，政权落入权臣高氏家族手中。

与此同时，北方强大的蒙古汗国在南下消灭了西夏和金国以后，将进攻的矛头直指偏安江南的南宋。蒙哥即位后，积极进行侵略南宋的战争准备。1252 年，蒙哥派忽必烈率军南侵大理，以速不台之子兀良合台总管军事。计划在征服大理后，一方面可以利用西南少数民族军队增强侵宋的兵力，另一方面可以从背后包抄夹攻南宋的长江中游地区。参加忽必烈这次远征的，除了精锐的蒙古军队外，还有投降蒙古的汉族地主武装和色目人的军队。忽必烈还特别选择了几个善于谋略、富有政治才能的汉族地主知识分子，如姚枢、刘秉忠、张文谦等从行参谋。这些参谋们建议忽必烈要采用怀柔政策，而不要多杀人。这年暮秋，忽必烈从蒙古起兵南下。

1253 年夏，忽必烈驻军在六盘山，等到诸军齐集，粮饷、器械准备充足，即于秋天进至临洮，取道吐蕃向大理进发。蒙古军在忒剌（今四川松潘）稍加休息，然后分兵三路前进。这次出征的主要目的是征服大理，随后从南面合兵攻宋。只是由于四川这时还在南宋手里，不得不绕过路途艰险的吐蕃境，但这一次的进军吐蕃，在元代历史上却有着十分重大的意义。虽然在战略计划上仅是假道，然而实际上它本身就是一次与征服大理有同样地位的规模很大的军事行动。这个时代，吐蕃正处在四分五裂的状态，忽必烈军经过吐蕃东部（今四川甘孜藏族自治州）时，百姓的生产和生活都受到极大危害。忽必烈进军其地，攻下许多城寨，穿过了雪山，分裂割据的吐蕃封建主们都不得不陆续投降强有力的蒙古统治者，使这个地区统一到蒙古的统治之下。事实上，元朝有些史料确实是把它与征服大理相提并论的。可惜因为在吐蕃境内的征战留下的记载很少，后人无法了解这个重大事件的详细过程。

1253 年初冬，蒙古军包围大理城。大理依傍洱海，背靠苍山，城池牢固。此时，已有三百多年历史的大理国已经腐朽不堪了，末代国王段兴智孱弱无能，大权把持在权臣高祥、高和兄弟手中，各部族领主纷纷拥兵自重，相互征战，大理国处于四分五裂的局面中。忽必烈派出三名使者去劝降，没想到井底之蛙的高氏兄弟自以为老子天下无敌，不顾国王和群臣的反对愣是将这三名使者杀死，尸体还悬挂在树上供人观赏。

等了好几天不见使者回来，忽必烈知道是干了“肉包子打狗”的傻事，于是发起总攻。大理人出城迎战，大败。十余日后，城破，段兴智逃到善阐（今昆明），高祥被擒杀。忽必烈见到三名使者的尸体后，大怒，下令屠城。在姚枢、刘秉忠、张文谦等人的极力劝阻下，忽必烈不但改变了屠城的主意，而且还特意命令姚枢将随军携带的衣帛全都撕开做成小旗帜，上书“止杀”之令，插遍大街小巷。这样一来，蒙古军士没有人敢在城内杀人抢掠，大理城内百姓的生命、财产安全由此赖以保全。

1254 年春，忽必烈挥师北返，留兀良合台统兵戍守大理。不久后，段兴智被俘归降，在他的协助下，很快征服了今云南全境。

这次平定大理的代价是很惨重的。蒙古军队经吐蕃曼陀，渡大泸水，穿过满是瘴气的不毛之地，翻越崎岖的大雪山，踏过吃人的沼泽地，横渡水流湍急的大渡河、金沙江，来到气候恶劣、瘴疠流行的云南，每天带着病跟土著军队拼命，来时的十万大军回军时不足两万，战马也损失了四十万匹。不过，远征大理对于忽必烈来说是非常重要的一次战争，不但让蒙古汗国完成了对南宋迂回包抄的战略目标，打开了向南亚、东南亚拓展的通道，而且通过这次战争使忽必烈取得了极高的军事声誉，为他日后成功地夺取蒙古大汗位奠定了基础。

这次征战在中国历史上也具有重大的意义。云南自 8 世纪中叶南诏割据以来，历经五百余年的历史，至此才真正与祖国内地复归于统一。这对我国多民族统一国家的发展，对云南地区经济、文化的进步，都有着重要的积极意义。

后来，元朝建立后，忽必烈派遣富有经验的老臣赛典赤去大理进行治理。

赛典赤遵照忽必烈的指示，在大理建立行省，开省置于中庆（今云南昆明），限制住了大理原王族段氏的势力。随后他开始为大理的

长治久安考虑，进行了一系列的改革。首先，他实行军民分治政策。赛典赤建立起了各级政权机构，设置路、府、州、县各级政权，规定行政官由朝廷委派，在一定范围内统一了行政权。军事上，赛典赤下令千户、万户等武职官员一律不得过问民政。在少数民族地区，为化解民族矛盾，他委任当地民族官员，安抚当地土官，从不轻易使用武力。为了加强大理与内地的联系，赛典赤也改善了大理的交通环境，使大理与内地的关系更加紧密。经过赛典赤的努力，在大理成功地建立起了行省，使大理重新回归到了朝廷的直接统辖范围以内。

赛典赤在大理建立起行省后，首先开始着手大理的经济恢复。他清查户田，整理货币，整顿赋役，屯田垦荒，赈灾恤苦，不久就收到了明显的效果。“民以食为天”，为了能够大力发展农业生产，赛典赤十分重视水利工作。当时大理滇池地区由于政事不通，水利无人管辖，造成水患连年成灾，百姓生活苦不堪言。赛典赤要发展农业，滇池地区就一定要得到治理。

赛典赤经过调查后，设计了周密的规划。他决定分上、中、下三段对滇池流域进行整治。在滇池上段地区，他于鸣凤山与莲峰山之间最狭窄处的松华山谷修建了松花坝，用来积蓄青龙潭、黑龙潭两股水源和雨季降水，起到了旱时启闸灌溉田地，涝时封闸减缓下游水患的作用。在中段，赛典赤重点整治盘龙江等河道。他组织人力开挖银汁河、金汁河、马料河和宝象河以分流盘龙江水，使河道沟渠形成网络，一来减轻水患，二来便利农灌，一举两得。为了防止水土流失、稳固堤坝，他还让人在堤上种植柏树，形成了一道美丽的风景线。直到今天，一些河堤上还存活着七百余年前的元代古柏，真可说是功盖千秋。

对于滇池流域下游地区的治理，他重点放在疏浚海嗣河上。在这里，赛典赤一个六十多岁的老人，同自己的儿子们一起，率领着两千多民夫，疏通出长达二十余里的河道，将滇池水与螳螂川沟通，经普渡河汇入金沙江。经过赛典赤的治理，滇池水位大大降低，水灾基本治住，同时又得到了万顷良田，对大理地区的经济发展起到了直接作用。

当时，大理经常发生叛乱。赛典赤明白，发生叛乱的原因不仅是因为元的高压统治与贪官的剥削，还存在着文化差异问题。大理地区民族众多，而且多处于茹毛饮血的原始氏族部落形态，与中土文化的发达不可同日而语。巨大的文化落差，必然导致民族问题。因此，赛典赤在大理地区根据当地实际情况实行了大胆且谨慎的文化革新——“汉化”。

这一时期，处在氏族部落形态下的大理，男女结合，往往自相配偶，亲人死后火化了事，没有丧葬祭拜这些说法，读书、农耕、采桑纺织一类的事就更是没有了。赛典赤经过区分，对像白族、苗族这样文化较为发达的民族进行了系统的汉化政策。他设立州、县学堂，兴建孔庙，提倡孔孟之道，推广拜跪礼节，提倡婚姻由媒人介绍、死者用棺材埋葬等汉族习惯。通过这些封建文化和风俗的普及，使大理与内地的文化风俗进一步靠拢，从而达到了稳定统一的目的。到元明之际，大理士人中流行的文化已与中土文化没有什么差别了。

赛典赤治理大理六年，为善甚多，博得了时人和后世的称赞。

定鼎中原成皇帝

同其祖父成吉思汗一样，忽必烈是蒙古民族光辉历史的缔造者，是蒙古族卓越的政治家、军事家。他青年时代，便“思大有为于天下”，最终一统天下，建立了幅员辽阔的统一多民族国家——元……

蒙哥大汗在征伐南宋的途中“出师未捷身先死”，这对于南宋朝野来说，算得上是一个绝大喜讯。而对于蒙古汗国而言，当然不是什么好事，因为蒙古王室内部没有固定的汗位继承制度，而蒙哥生前又没有像成吉思汗和窝阔台那样，提前拟定接班人选。其实，蒙哥没料到自己会

一战而死，而且当时他年龄也不算太大，身体也没有什么大毛病，因此也就谈不上提前考虑和安排接班人的问题。

当蒙哥大汗的死讯传到驻守和林大后方的阿里不哥那里时，也同时传递到了正率领蒙古军在长江前线与南宋作战的忽必烈跟前。

以阿里不哥为代表的一派和以忽必烈为代表的一派，都积极行动起来，准备夺取汗位。

于是一场为期四年的夺位大战，也正式拉开了帷幕。

拖雷是成吉思汗的幼子，阿里不哥又是拖雷的幼子，按照蒙古“幼子守产”的习俗，他继承了拖雷和唆鲁禾帖尼大部分的部众和财产，实力雄厚。

蒙哥南征时，阿里不哥奉命留守和林，主持蒙古大局，管理留守军队，在政治上处于很优越的地位。从拖雷守产的先例看，阿里不哥确有夺位的潜力。

除此之外，阿里不哥还得到了蒙哥一家的支持。蒙哥的皇后忽都台和儿子阿速歹、玉龙答失、昔里吉等，都公开拥护阿里不哥，这更增加了阿里不哥在政治上的声势。

从军事实力上说，阿里不哥的威风虽不及父亲当年那样大权在握，但手里也至少握有数万精兵，以及留守和林的全部军队。很多看好阿里不哥的文臣武将，也纷纷提前投靠到他的门下，以求来日背靠大树。如驻扎在六盘的浑都海，就手握兵权，他和东川的乞带不卷、西川的明里火者、京兆的刘太平、霍鲁怀等，结成一个联盟，以策应阿里不哥，这样一来，包括秦、蜀、陇在内的整个地区，实际上就变成了阿里不哥的势力范围。

其实，蒙哥的死讯一传到和林，蒙古汗国朝廷上下立即就形成了一个拥立阿里不哥为新任大汗的集团。他们选派著名将领阿兰答儿去说服阿里不哥：“如今，忽必烈带兵伐宋，旭烈兀率军西征，蒙哥汗把监国的重任托付给你，这意味着什么？莫非你想让我们这些人，将来让人像宰羊一样抹了脖子吗？”

阿里不哥虽然年轻，却明白这些人的意思。大汗长兄死了，幼弟继承大位，这种当家做主的感觉，当然比看人脸色要自由和舒服得多。

然而，阿兰答儿那样说话却是有目的的。

1257 年，阿兰答儿曾代表蒙哥大汗对忽必烈治理的汉地进行了极其严苛的财物审计，时称“阿兰答儿钩考”。“钩考”对忽必烈的势力打击极大，甚至险些给忽必烈造成杀身之祸。如今蒙哥死了，一朝天子一朝臣，阿兰答儿最害怕的就是忽必烈上台，那样他就难逃一死，所以，他才极力怂恿阿里不哥捷足先登，而他正好借机转换门庭。

阿里不哥毕竟年少气盛，受不了众人的蛊惑，而且他也自认为他继承汗位，有比任何人继承更加正当的理由。所以，他立刻发布敕令，命脱里赤为断事官，行尚书省事于燕都（今北京）。同时集合各地军队，令阿兰答儿、浑都海率兵占领关陇，又令刘太平、霍鲁海备办筹集粮饷，图谋秦蜀。

阿里不哥的想法比较天真，他想“生米煮成熟饭”，弄成一个既成事实，形成一个有利局势，然后逼迫忽必烈就范。

忽必烈只要认账，他的图谋就成功了。

然而，阿里不哥实在不了解他的哥哥。

忽必烈从来就不是一个肯轻易认输的人，对权力，他从小就有一种异于常人的渴望。这从他十岁那年发生的一件小事上就能看出一丝端倪。

蒙古民族自古就是一个善于骑马射猎的民族，该族中无论男女，从小都要练习骑马射箭的技能，因此个个都骑马如飞。

十岁那年的一天清晨，忽必烈和兄长蒙哥骑马出去打猎。他们事先约定，谁先打到野兔，谁就是未来的首领。

两个少年，像草原上的两只雄鹰，肩搭弓箭，坐骑骏马，寻觅着隐身在草丛中的猎物。忽然，不远处传来沙沙的声音，蒙哥催马而出，朝声响处奔去。忽必烈略一思忖，便打马朝蒙哥去的侧方过去。他让马放慢脚步，寻到一个土岗边，下马，埋伏下来，并悄然搭开弓箭，等待猎物。

这时，蒙哥已经拍马驰出几百米了，受惊的野兔听见声响，便飞快地向着忽必烈所在方向逃来。待野兔进入射程之内后，忽必烈轻舒右腕，箭飞一般直射入野兔的右眼，野兔迅即倒在草地上，死了。

这时，蒙哥也拍马赶到了，他见忽必烈正以得意的眼神看着自己，非常生气。蒙哥的脸憋得通红，又不知该说些什么，便拍马上前，伸手就抢。忽必烈一个鹞子翻身，跃上马背，打马向家跑去。

蒙古包帐外，母亲正在喝奶茶。见两兄弟打马到跟前，嗔怪道："怎么跑得这么急呢，快坐下休息一下。"忽必烈对母亲极为尊重，顺从地坐下。

蒙哥依旧很生气，他急切地把刚才发生的事情告诉母亲唆鲁禾帖尼。唆鲁禾帖尼看着生气的蒙哥说："野兔并不是你射杀的，怎么算是你的猎物呢？"

蒙哥张张嘴，又低下头气呼呼地说道："是我先追赶的。"

唆鲁禾帖尼又问忽必烈："那只野兔既然是蒙哥先发现的，你为何要先出箭呢？"

忽必烈一本正经地说："我没有别的意思，只是想借这次猎兔告诉蒙哥一件事。"

唆鲁禾帖尼饶有兴致地看着忽必烈问道："什么事？"

忽必烈站起身，把兔子放到蒙哥手中，说："我们是兄弟，彼此间不应分什么你我。你在前边追赶野兔，我在后边堵截，这说明如果我们兄弟团结，就会成就大事。"

忽必烈又转向母亲："我只是想通过这件事让兄弟们都明白这个道理。这样，祖父的汗位传到我们这一辈时才不会大权旁落。"

话虽然说得冠冕堂皇，但忽必烈的嗜权之心，已昭然若揭。

实际上，相比其他几位兄弟，忽必烈也一直渴望从儒家文化中汲取驭权、掌权之术。他崇尚汉族文化和思想，这在蒙古王公贵族中少有。当他还在漠北潜邸的时候，就"好访问前代帝王事迹"，特别赞赏唐太宗统一天下、治理国家的业绩，"闻唐文皇为秦王时，广延文学四方之士讲论治道，终致太平，喜而慕焉”。于是，他也仿效李世民，招贤纳士。

南宋淳祐四年（1244年），忽必烈开始有计划地召纳藩府旧臣与四方文学之士，这两类人物是他初期的幕僚，也可以说是智囊团，例如董氏家族的文炳、文用，佛教领袖海云，文人学者如刘秉忠、李德辉、张文谦等人，还有精蒙古话、通儒术的赵壁、金朝状元王鹗等。

淳祐十一年（1251年），蒙哥即位，忽必烈因在蒙古亲贵中对汉地最有研究，受命治理漠南汉地。于是忽必烈开府金莲川（今河北省沽源县境内），积极招募人才来帮助他治理汉地。这时期为汉化集团完全形成时期，大略分析整个汉化集团，又包括几个小的集团人物，一为邢州集团，以刘秉忠为主，多为邢州（今河北邢台市）人。二为正统儒学集团，有许衡、姚枢、窦默、赵复等人。三为金朝遗士与华北世家，有董俊、史天泽、严实、张柔等人，另外尚有张德辉、郝经、王鹗等人。四为西域人，这只包括少数的几人，例如廉希宪、也黑迭儿、阿合马等人。五为蒙古人，也只有少数几人，如乃燕、霸都鲁、阔阔等人。

忽必烈的这个庞大智囊团，人物相当复杂，但也充分表现了其治下人才济济，文武兼备。这些人除了在战争中立有辉煌的战功外，还不断地充实忽必烈对治理汉地的观念与经验，也兼及作为汉地统治者的修养学识。在实际用汉法治汉地的政绩中，邢州、河南、关中等地的表现，不但给予忽必烈用汉法的信心，也因此定下忽必烈的声望地位，稳固了他在蒙古政权中的实力。加上他在征战中武功的成就，不可避免地就造成了功高震主，引起蒙古本位主义保守派的攻击。阿兰答儿是蒙哥的亲信，也是保守派的中坚，他向蒙哥进谗，于是蒙哥让他与刘太平前去辅助忽必烈管理钱谷，实际上是要限制和摧毁忽必烈的政治势力。这场危机最终还是在忽必烈的汉化集团的努力下，才得以化解，保住了忽必烈崛起时的基础。

当蒙哥死时，忽必烈正兵围鄂州与南宋交战，得到智囊们（包括他的妻子）的建议后，他同意了南宋丞相贾似道称臣进贡的请求，与其订下了秘密协定，然后放弃辎重，率轻骑驰归燕都。同时，派出一部去四

川，与穆哥会合，迎接蒙哥大汗的灵柩，拿到大汗玉玺。另外又派出能言之臣廉希宪等人，分别到东道诸部，联系合撒尔王爷。他是东道诸王中地位最尊者，一旦有他的拥戴，其他各王爷定会随和。年轻一派要重点做好塔察儿（成吉思汗幼弟斡赤斤之孙）的工作。至于西道诸王，也派出郝经等使者联络，重点是钦察汗国、伊利汗国、察合台汗国。一旦到京，立刻遣使至各部落及诸王驸马，号召大家会合和林。中原地区则差官于汴京、京兆、成都、西凉、东平、西京等地，好言相劝，耐心抚慰。等到忽必烈去和林时，又让次子真金坐镇燕京，多备甲兵，严阵以待，密切注视和林事态，静观其变。这样，全国将以忽必烈的号令行事。若阿里不哥不听，则趁机把诸王爷召集到开平，举行忽里勒台大会，如此不但汗位可得，而且也占理。

1259 年底，忽必烈一行轻车简从回到燕京。一到燕京，忽必烈立即分派霸都鲁、兀良合台率领精兵包围并解散了阿里不哥的亲信脱里赤所召集的军队。等接到廉希宪游说东道诸王成功的消息后，忽必烈大喜，立即派人去通知诸王，忽里勒台大会地点由和林改为自己的行营开平（今内蒙古自治区锡林郭勒盟正蓝旗境内）。

开平是忽必烈在经过漠南时新建的王府。建成后，忽必烈将金莲川幕府迁移到此，开平于是成为忽必烈的一个参谋本部。

支持忽必烈的耶律铸（耶律楚材之子）和穆哥亲王也逃离和林，来到开平，投奔忽必烈。东道诸王塔察儿、移相哥（合撒尔之子）、忽剌忽儿（成吉思汗“四杰”之一的赤老温之子）、爪都（成吉思汗弟别勒古台孙）和郝经游说的西道诸王合丹（窝阔台子）、阿只吉（察合台子），也率部来到开平与忽必烈会合。

1260 年 4 月，开平城内张灯结彩，披红挂绿，蒙古忽里勒台大会在忽必烈王府的大厅里举行。

忽必烈首先带领大家跪拜了长生天，祈求长生天赐福给蒙古部落，保佑蒙古部落繁荣昌盛。仪式结束后，忽必烈庄严地转过身来，用悲伤的语调对诸王说：“诸位宗亲王爷、各路部族酋长，蒙哥大汗驾崩，海内震恸，黔黎哀号，生民垂泪。然命运在天，非人力所及，蒙哥大汗已去，不可复生。但祖宗创下的基业不可一日无主。如今南蛮尚未平息，西部诸降地又有反抗的苗头，我等为社稷着想，故召宗亲诸王、各部酋长共商拥立大计。希望大家集思广益，选取聪敏仁厚、文武兼备之人，承继大统，稳定社稷，上应天心，下顺民意，则苍天有幸，万民有幸。”

移相哥首先站起来说道：“父汗因年老力衰，不能亲自到这儿，不过他的心却不老。临行时，他老人家一再嘱咐我，说忽必烈王爷治漠南征大理，功勋卓著；此次与蒙哥大汗一起征伐宋朝，长驱直入，跃马渡江，江北大片国土尽归我朝。此等壮举，亘古未有！况且，大家都知道，忽必烈王爷宽厚仁慈，广施仁政，中原归心，万民拥戴。我们科尔沁草原诸王推选忽必烈王爷当大汗！”

塔察儿早就对忽必烈另眼相看，他看到移相哥发言，自己代表着“少壮派”王爷，当然也得表个态，于是他站起来说道：“忽必烈殿下不仅是成吉思汗的嫡孙，还是唆鲁禾帖尼所生，为蒙哥大汗的异母弟，以贤为长，当有天下。”

一开始，忽必烈就如中国历史上无数被拥立登基的皇帝一样，明明心里想得不得了，却还是要假惺惺地推辞道：“大家的好意我心领了，也记住了。不过，依照我们蒙古族的传统，应该立小不立大、立幼不立长，大家应该推举阿里不哥王子。忽必烈不敢违背祖制。万万不可！否则，不是陷忽必烈于不忠不孝吗？”

合丹说：“王爷所言差矣！立幼不立长的旧制早就被成吉思汗废掉了，窝阔台是成吉思汗的第三子，贵由和蒙哥都是成吉思汗的嫡孙，他们能当大汗，王爷为什么不可以当！”

众人齐说：“能当！为什么不能当！殿下聪敏仁厚，文武兼备，正是人君之象，可以继承大统，稳定朝纲，完全符合祖制！您就不要推辞了！”

看到众人如此，忽必烈知道不能把戏演得太过了，于是正式登上汗位。

此后，忽必烈与阿里不哥展开了长达五年的汗位之争，阿里不哥最终败降。

1271 年 11 月，忽必烈取《易经》“大哉乾元”之义，改国号为“大元”，定都汉地，忽必烈成为中国皇帝，史称元世祖。中国历史上的元朝，从此正式登上了历史舞台。

第四章　辉煌大宋成为历史的尘埃

失襄阳，大门洞开

南宋襄阳地处南阳盆地南端，跨连荆豫，控扼南北。所谓“西临关陕，可以召将士；北距三都，可以遣救援”。地势十分险要，自古以来为兵家必争之地。然而，它很快就不“姓宋”了……

说到当初忽必烈能登上蒙古大汗位，就不得不“感谢”一个人。这个人就是在南宋历史上臭名昭著的“蟋蟀宰相”贾似道。因为正是他在1259年非常“配合”地与忽必烈在鄂州签订了城下之盟，才使得忽必烈有北还夺取汗位的机会。

在众多史学家看来，“鄂州之盟”彰显了贾似道的卖国行径，不过南宋朝廷又一次在蒙古大军的猛烈攻势下涉险过关却是事实。而在未来几年的时间里，蒙宋的民众也将享受这来之不易的“和平年代”。

其实对南宋政权的新贵贾似道而言，鄂州战役实在是一次大劫难。贾似道生于宋宁宗嘉定五年（1212年），台州（今浙江宁海）人，父亲贾涉曾官至淮东制置使，虽然官职不算太高，但毕竟衣食无忧，贾似道的童年也应算是在富裕生活中度过。不料在贾似道十岁那年，父亲忽然病死，失去了生活的保障，家境立刻落入了困顿之中。贾似道生性浮滑，在失去父亲之后，更是无人管教得住，他就同一帮流氓无赖混在一起，吃喝嫖赌，不务正业。

在宋代，朝廷有一项不成文的规定，往往对那些做过高官或立过大

功的官吏的子孙授以一定的官职，叫作“恩荫”，所谓泽被后世、荫及子孙，就是这个意思。贾似道也领沐了这浩荡的皇恩，被朝廷授以嘉兴司仓之职，成了一个“官二代”。这虽是一个管理县级粮仓的小官，但毕竟能供他衣食，使他从流氓阶层中脱离出来。

后来，贾似道同父异母的姐姐被选入宫，没想到这位贾氏不但人长得超众脱俗，心思也灵慧乖巧，不久就深受宋理宗的宠爱，被立为贵妃。贾氏也真算贤德，她邀宠之后，便念念不忘她这位兄弟，成天给理宗吹枕边风。说她这位弟弟如何贤能，如何有本领，理宗便不问是非，对他这位小舅子大加提拔。

贾似道得到高官厚禄后，仍然骄奢淫逸、为所欲为，常带着一批美貌的妓女和侍女游山玩水，饮酒作乐。有一天晚上，理宗在宫内登高远眺，见西湖上面灯火辉煌，于是就对身边的侍臣说：“肯定是贾似道那小子！”

侍臣知道皇上十分宠幸贾似道，也就凑趣说：“别看他年轻气盛，喜欢玩乐，但是能耐大着呢！”

第二天理宗经过询问，昨晚果然是贾似道在西湖游乐。后来贾似道官至宰相后，依然不思朝政，整日游玩西湖。这就是后来“朝中无宰相，湖上有平章”一语的来历。

从 1246 年开始，贾似道便以“京湖安抚制置大使”的身份在南宋各地出任军政一把手。不过他的工作主要是发动军民开荒、屯田、修筑城防，以及利用自己与宋理宗的裙带关系申请经费，解决驻地军队的粮饷和修筑城防的费用问题。对于行军打仗之类的“技术活”，他是大大的的外行。因此，当他在鄂州城下直面蒙古大军的兵锋之时，内心的紧张和不安是可以想象的。不过此时南宋朝廷已经从各地调集了所有的精兵强将——吕文德、高达、曹世雄、向士璧等人悉数出现在了鄂州战场之上。因此忽必烈骂自己的部下“守城者只一士人贾制置（贾似道），汝十万众不能胜，杀人数月不能拔”，事实上并不确切。

然而，在南宋那些沙场宿将的眼中，贾似道实在没有什么威望。曾击败过蒙古亲王塔察儿的襄阳知府高达便曾令贾似道一度下不了台。贾似道前往高达所在的汉阳战区督战，高达当面嘲笑他：“你一个戴高帽子（即巍巾，当时文官的一种装束）的能干什么？”口头嘲讽之余，每一次与蒙古军队交锋，高达都派人去邀请贾似道出场，如果贾似道拒绝，就让部下到他的指挥部门口起哄。对于这场闹剧，曹世雄、向士璧等其他将领也始终保持着“强势围观”的态度，连日常的军务也不向贾似道汇报。

最终还是吕文德出面帮贾似道解了围，派出部队到贾似道指挥部门口戒严，呵斥高达的部下：“宣抚在此，何敢尔耶！”这一举动令贾似道颇为感动，同时也对鄂州战场上的其他将领怀恨在心。

左丞相吴潜更险些将贾似道送入绝境。当时吴潜出于安全考虑，要求贾似道将指挥部转移到长江以南的黄州（今湖北黄冈）。为了确保安全，鄂州方面还特意派出了由孙虎臣指挥的七百名精锐骑兵护送。但是队伍开进到苹草坪一线时，却意外遭遇了蒙古的外围游击部队。贾似道立即向卫队指挥官孙虎臣询问该怎么办，却发现对方早就已经人影全无。贾似道简直欲哭无泪，以为自己今日在劫难逃，只能硬着头皮迎战，结果发现这不过是一支打着蒙古旗号的土匪而已，领头的是骑着牛的江西降将储再兴。了解了对手的实力之后，孙虎臣又不知道从哪里杀了出来，一举拿下了储再兴。这位来无影去无踪的孙虎臣后来的官运倒颇为亨通。

贾似道后来在和忽必烈签署盟约之后给宋理宗的报告中只是简单地宣称：“诸路大捷，鄂围始解，江汉肃清。”他将外交成果粉饰成了军事胜利。已经被愚弄惯了的宋理宗也没有深究，一番封赏之后，皆大欢喜。之后，贾似道开始整治那些曾经对自己颇不“友好”的军中悍将。

比起那些动辄只会扣上“心怀不臣”帽子的言官们，贾似道的整人手法更为“专业”和“现代化”。深谙南宋官场的他，知道以“腐败”之名打击异己是最容易也最有效的。因此他首先在各地推行名为“打算法”的全面财务审计制度。南宋向来以繁荣的经济而著称于世，但是连

年不断与金、蒙两大强敌交手，军费开支无限制的膨胀令南宋的国库几乎被掏空。各地军事统帅在中央拨款没有及时到位的情况下，越权挪用地方财政收入也就成了没有办法的办法。其中有些开支早已成了一笔糊涂账。于是在全面细致的“打算法”面前，那些屡立战功的悍将们便成了贪赃枉法、中饱私囊的典型。

首先倒霉的是一向轻视贾似道的高达和曹世雄。借助吕文德所收集的证据，高达被开除公职，而曹世雄更被逼死狱中。在这场南宋军队的“大清洗”中，吕文德不仅没有保护自己昔日的战友，还成了贾似道的爪牙和帮凶。不过，如果将领可以自己贴钱填补财务缺口，也可以按照“主动退还非法所得”的名义减轻处罚。如此，经过一轮“打算”，名将们发现，自己只剩下两条路可走了：要么出钱，要么坐牢。贾似道也是这么认为的。然而，世上的路哪里只会有两条，在出钱和坐牢之外，显然还有第三条贾似道没有想到的出路——叛降。时任泸州知府兼潼川安抚副使的刘整便大胆地走上这一条不归路。

1261 年 7 月，刘整突然向蒙古成都经略使刘嶷传达了投诚的意愿。其实蒙古收降的南宋将帅已不在少数，此刻成都外围各大据点几乎清一色都是南宋降将在镇守。但是这些人的叛降毕竟还是迫于蒙古大军的兵势，像刘整这样素有威名、此刻又独镇一方的封疆大吏主动前来投降的却还是头一遭。对此，刘嶷的很多部下都表示：“（刘）整无故而降，不可信也。”不过刘嶷的儿子刘元振倒是对刘整此刻的尴尬洞若观火：“宋权臣当国，赏罚无章，有功者往往以计除之，是以将士离心。”也就是说，刘整此刻的举动也没什么可大惊小怪的。

刘元振的分析固然精辟，但事实上刘整有苦自知。除了被“打算”之外，他还与他的新领导——四川制置使俞兴交恶。刘整和俞兴是老相识，刘整甚至还是俞兴的救命恩人。在此前的蒙宋战争中，守御嘉定地区的俞兴被蒙古大军包围，刘整领军驰援，在战场上双方配合还算默契。但是等蒙古军队撤走之后，俞兴却不知哪股神经出了毛病，居然摆起了架子，既不出城迎接，也不设宴招待，只是让自己部下的小吏送去一些瘦羊劣酒。这种不近人情的做法引来了刘整的不满，把前来劳军的小吏暴打了一顿。从此两个人的战友情谊算是彻底破裂了。

就这样，刘整选择了叛变。他的叛变，对南宋堪称噩梦。

不过当刘整叛变时，忽必烈正忙于处理当时元朝内部的争斗，因此在对南宋关系方面保持了十分克制的态度。即大汗位没多久，他派遣郝经出使南宋，想和南宋商谈贾似道在鄂州答应过的割江为界和向蒙古奉岁币等事宜。这让贾似道很惊慌，因为他从鄂州回到临安后，向朝廷谎报说自己打了大胜仗，蒙古人狼狈北逃，朝廷君臣竟然相信了。现在郝经来了，自己的欺君之罪眼看就要被揭穿，贾似道干脆一不做二不休，以“蒙古派使是个阴谋”为名将郝经囚禁，这一禁就禁了十几年。

按说郝经被囚，忽必烈要对南宋动手的理由太充分了，不过他依然忍着。待中原汉地的统治和自己的蒙古大汗位渐趋稳固后，元朝对南宋的战火重新燃起。这不仅是渴望征服外域的忽必烈本人的意愿，一些降元的汉人也积极鼓动他出兵，特别是尽知南宋虚实的刘整的话，让忽必烈下定了与南宋算总账的决心。

刘整说：“自古帝王，非四海一家，不为正统。圣朝有天下十七八，何置一隅不问，而自弃正统邪？”

刘整的话堪称说到了忽必烈的心窝里，因此他于1267年以南宋拘囚郝经为由，举兵南下。忽必烈的战略与蒙哥不同，他决定暂缓用兵四川，先集中力量从中路突破南宋的荆湖防线，然后向东南推进。这一战略也是刘整极力主张的。刘整还提出一个重要的建议被忽必烈采纳：造战舰，习水军。以后与南宋水上作战时，南宋水军反而不如元朝的了。

1268年秋，元军开始实施包围汉水上游重镇襄阳的军事行动。襄阳由汉水两岸襄阳和樊城两座城市组成，彼此之间有植木江中、贯以铁索的浮桥相连。元军花费了两年时间，在襄阳外围修建了长达数十里的包围圈。在这两年内，南宋本是有机会破坏蒙古人的围城图谋的，但因朝政腐败，将帅不和，终于导致了襄阳城被蒙古军团团包围的悲剧。

1272春，元军开始对汉水北岸的樊城发动总攻，守军坚守。这年冬，元军遣熟悉水性的士兵潜入水中，焚烧了襄阳、樊城间的浮桥，切断了两城的联系。元军随即对樊城实施围歼战，他们用巨型的西域抛石机猛击该城。

1273年初，樊城破，城内未战死军民悉数被屠戮。

樊城的失守极大强化了襄阳守军因孤立而产生的绝望感，当时衣装、薪柴都已断绝，军民被迫拆民居当柴烧。元军继续用抛石机轰击襄阳。当年3月，困守城中六年、战至兵尽力竭的守将吕文焕被迫降元。

南宋襄阳之战失败的原因有很多，但无论如何也少不了贾似道的“功劳”。当时的他以宰相之名独揽朝政，聚集了许多擅长骈俪文的士人，歌功颂德，粉饰升平，对财政困难和边防危机，都不准奏报。南宋都城临安米贵，大臣刘应龙作《劝粜歌》，也被贬官去朝。其时南宋皇帝已是宋度宗，也是一个昏庸之辈。襄阳被困三年，但贾似道却一直对宋度宗封锁消息。一日宋度宗从某宫女处听说边事紧急，就问贾似道怎么办？贾似道把宫女处死后告诉宋度宗说，皇帝怎能听信谣言呢？宋度宗也就不管不问了。南宋王朝危在旦夕，贾似道却在西湖边的葛岭，依湖山之胜，建造他的豪华堂室，题作“半闲堂”，又造花圃称“养乐圃”。先前宋高宗在西湖享乐的集芳园，也归贾似道作家庙和别墅。贾似道又建多宝阁，强迫官属贡献各种奇器珍宝，每天去观赏。他听说大将余玠死时，棺木中有玉带，就下令掘开坟墓取走；又著《蟋蟀经》，描述他养蟋蟀、斗蟋蟀的经验；还强娶宫女叶氏为妾，又养妓女数十人，在半闲堂和湖上游戏取乐，置朝政于不顾。襄阳被围，他也不是没有派出过援军，事实上他不断地在派出援军，然而在他的瞎指挥下，他派出的援军就像羊群一样，一批批被蒙古人吞食。

朝政如此腐败，自然难解襄阳之危。

襄阳的失陷，就等于南宋的大门洞开，南宋王朝的灭亡已为期不远了。

“蟋蟀宰相”一败涂地

有人说，贾似道之所以喜欢斗蟋蟀，是因为他要从中悟得与皇帝斗、与大臣斗、与大将斗的谋略，在这些方面他确实做得不错。然而面对元军铁蹄时，他却比斗败的蟋蟀还差劲……

宋度宗，本名赵禥，度宗是其庙号。“度”古意有“居”之意，东汉文学家蔡邕在注解东汉史学家班固《典引》一书时曾说:“度，居也”，其意有一点相当于我们今天所说的“宅男宅女”之“宅”。宋度宗也当真称得上这个庙号——成天宅在他的家——皇宫里。

不过，读者千万别以为他是宅在家里批阅文件或干别的正经事，他不过是为了淫乐而“大门不出、二门不迈”而已。

史书记载说，赵禥做皇太子时就以好色出名，当了皇帝后还是这样。根据宫中旧例，如果宫妃在夜里奉召陪皇帝睡觉，次日早晨要到合门感谢皇帝的宠幸之恩，主管的太监会详细记录下受幸日期。赵禥刚当了皇帝时，有一天到合门前谢恩的宫妃竟然有三十余名，真不知他是什么材料做成的。

不过，就算他是钢筋铁骨人，也经不住如此的折腾。1274 年，年仅三十五岁的宋度宗还没来得及安排后事就去了“极乐世界”。他年仅四岁的次子赵㬎在贾似道的扶持下登基做皇帝，是为宋恭帝，年号德佑。谢太后垂帘听政。

此时元朝大军已取得中国北半部，忽必烈任命伯颜为最高统帅率大军南下灭宋。临行前，忽必烈特意叮嘱他要学习宋初曹彬平江南，不准滥杀无辜。

伯颜将大军分为两路，一路由新叛降过来的汉将吕文焕为前锋，另一路由老降将刘整为先锋。不久后，又将刘整外调到扬州防线去经营偏师，这样做是为了支开他以便于全力重用与他素有私仇的吕文焕。

伯颜重用吕文焕的做法取得了立竿见影的成效。吕氏家族在长江中

游一带势力庞大，这一带的大小官吏多是他们的亲戚好友和部曲故吏等。吕文焕摇旗一呼，鄂州张晏然、程鹏飞、蕲州管景模、池州张林、江州吕师夔（吕文焕侄子）等州郡相继投降。

为了讨好新主子，吕师夔还别出心裁特意从宋朝皇族中物色了两名国色天香的少女，给她们穿上华丽的服饰献给伯颜。他认为，只要把伯颜伺候高兴了，那自己的前程自然是一片美好。没想到，这边吕师夔还在偷着乐，那边两位花枝招展的少女却哭着鼻子被强送回来了。她俩哭哭啼啼地报告说伯颜怒斥道："我奉天子之命，率领仁义之师来救民伐罪，岂敢以女色沮我志。"

可见，对于南宋来说，蒙古军虽是强盗，但他们的得胜还是有道理的。

就在元军一路高歌猛进之时，老降将刘整因怨恨仇人吕文焕受重用，抢了自己的头功，愤恨而死。不过这对元军来说算不了什么，因为刚失去了一个降将，立即又有新的补充进来。

话说伯颜率军来到安庆城下，见城坚池深兵精粮足，心想免不了又要打一场旷日持久的攻坚战了，正发愁着，安庆守将范文虎（贾似道女婿）却派亲信送密信来投降了。后来的事实证明，范文虎不仅很擅长投降，还很善于逃跑。1281 年的时候，爬到右丞相高位上的范文虎奉命率军十万第二次东征日本，恰巧遇到飓风，这位范大将军急忙挑选上好船只，抛下数万士兵悄悄地带着亲信跑了，群龙无首的士兵皆被日军屠尽。当然，这是后话。

南宋也不是真无能人。当时有一名叫汪立信的大臣，他有一只眼睛"目中无光"（可能是瞎了一只眼睛），但他却很有眼光，上书贾似道，提出三策：将内地兵力抽调到长江以北，组织起一支五十万人的抗元大军，死守长江天险，这是上策；礼送郝经回元朝，输纳岁币，延缓战期，赢得时间，再定战守，这是中策；下策呢？很简单，全体投降。据说贾似道看完信后，将信狠狠扔到地下，怒骂："瞎贼，竟敢如此胡说！"不久就将其罢免。

宋军纷纷叛逃，形势江河日下，朝廷内外大惧，群臣上疏强烈要求已被封为太师的贾似道亲自率军御边。贾似道也许是得悉自己最忌惮的名将刘整死了，因此胆子也壮了起来，亲率十三万大军出征，出发前还从国库中调了黄金十万两、白银五十万两、钱一千万贯，其余辎重无数以便随军补给。

走到安吉州（今浙江省境内）的时候，爱摆谱的贾似道所乘超豪华巨舰突然搁浅，士兵千人牵拽，纹丝不动，贾似道只好换乘其他船只悻悻而去。时人认为这是一个不好的兆头。

当南宋大军浩浩荡荡来到丁家洲（今安徽铜陵东北）时，贾似道故伎重施偷偷派亲信带了大量荔枝、黄柑等土特产赴元营送给伯颜品尝，乞求议和，答应每年进贡巨额岁币，并表示南宋愿意称臣。

伯颜不置可否，只要求贾似道亲自过来面议。

没有吃过豹子胆的贾似道哪敢深入虎穴！他把七万精锐之师交给孙虎臣统领，并命老将夏贵率战舰两千五百艘驻于江中，自己则退屯于鲁港（今安徽芜湖市西南）。

在鲁港，贾似道恰巧碰到汪立信，或许是触景生情，这一回他居然变了个人似的，拉住汪立信的手哭诉道："后悔当初没听你的建议，不承想现在竟落到了这般田地！先生能教我办法吗？"

汪立信则愤怒地看着他，慷慨激昂地说："现在还有什么办法！寇已深入，江南早无一寸净土，我汪立信来这儿不是给你出主意的，不过是要找一片赵家的土地，拼着一死，死也要死得分明，才不失为赵家臣子。"

贾似道听了，不住叹气，只得硬着头皮命孙虎臣迎战。孙虎臣也是一个贪生怕死的将领，与元军交战才个把时辰，就独自登上小船，丢弃大军逃跑了。士兵们见主帅已逃，哪还有心思打仗，也纷纷溃逃。贾似道大惊失色，慌忙鸣金收军。士兵们根本不听他的军令，只顾各自逃命。元军趁机水陆夹攻，宋军不是死在刀下就是死在水里，伤亡无数。贾似道一看，也顾不得许多了，独自乘了一艘船，也逃走了。自此以后，南宋就再也没有组织起过有效的抵抗，战败成了定局。

兵不血刃取临安

作为中国历史上极为辉煌的一个朝代，大宋王朝于1276年随着都城临安的失陷而彻底沦为历史的尘埃。中国历史在这里拐了一个弯……

南宋王朝风雨飘摇之际，南宋皇帝赵㬎却一点也不担心，一如既往玩得不亦乐乎。这也难怪他——一个四岁的小男孩除了玩还能干什么呢?所以，后世有人将南宋灭亡的责任推到此时在都城临安实际“主政”的谢太后谢道清身上，史称其为“南宋亡国之后”。

平心而论，说谢太后没有能力挽救南宋危局并不为过，但要说南宋王朝的灭亡与她有多大关系却是不符合史实的，“红颜祸水”的说法似乎也与谢太后搭不上边。而且，说起来她还是一个苦命的女子。

南宋宁宗嘉定三年(1210年),谢道清生于台州临海(今浙江临海市)的一个官宦世家，其祖父谢深甫曾经官至宰相。谢道清生下来就有一只眼睛患有先天性的角膜云翳,而且皮肤很黑。不但与美人胚子沾不上边，简直就是一只丑小鸭。而且由于她小时候家道已经中落，所以谢道清经常自己做饭，操持家务。

由于谢道清的祖父谢深甫在做宰相时，有援立杨太后（宋宁宗皇后）的功劳，所以杨太后很感激他。在宁宗死、理宗即位后，议论选皇后事宜时，杨太后命令一定要选谢氏诸女。当时谢家只有谢道清没有出嫁，所以他的家人只好送她到临安。不幸的是，谢道清在途中得了皮疹病，痛苦不堪。幸运的是，等她的皮疹病好不容易痊愈后，皮肤尽都脱落，她的黑皮肤竟然因此而变得莹白如玉，但离美人的标准仍然还有一段距离。

其时同谢道清一同入宫候选的人还有贾似道的姐姐，由于这位贾小姐长得倾城倾国，入宫后，宋理宗一眼就看中了她，但在杨太后的干涉下，宋理宗没有法子，只好于1230年12月册立谢道清为后。

谢道清和宋理宗的结合实在称不上“郎才女貌，志同道合”，而纯属一种“权臣操纵，皇室内斗”的结果。史书记载说，杨太后此举还有以此抑制宋理宗“荒淫无道，欲立妖姬”的意图。虽然谢道清后来经御医治疗，眼病也已痊愈，她也由曾经的“丑小鸭”完全变成了“白天鹅”，但宋理宗仍不喜欢这位皇后，依然对贾贵妃宠爱有加。爱屋及乌，纨绔子弟贾似道就是这时逐步进入政坛高层的。后来虽然贾贵妃早夭，但宋理宗却又宠爱上了闫贵妃。好在谢道清虽贵为皇后，却也深知自己的“先天不足”，甘居冷宫，从不争宠。对于政事毫不过问，倒也稀里糊涂地落下个“贤后”的好名声。

1264 年，宋理宗在纵情酒色中“驾崩”了，宋度宗继位后却继续荒淫无度仍不改“先帝遗风”。除了还是仍重用谎报战功已官至宰相的贾似道之外，并因谢道清“贤后”的好名声将其尊之为“皇太后”。又过十年，宋度宗也在纵情酒色中“驾崩”了，又立年仅四岁的赵㬎为恭帝。贾似道此时已在南宋一手遮天权倾朝野了，随之为笼络人心又将谢道清尊为“太皇太后”，并让她“垂帘听政”。

皇后，皇太后，太皇太后，垂帘听政，多么辉煌的一条女人路……但造化总是作弄人，南宋王朝最终却在她的手里灭亡了，她也背上了“亡国之后”的骂名而成了历史的替罪羊。

其实，这个可怜的女人很可能连自己皇帝丈夫的边儿也没沾过几次，又怎么能让她替南宋历代帝王权相的荒淫腐败、擅权乱政承担罪责呢?

当然，作为历史关键节点上能够作出影响历史走向的重要当事人，说她对南宋灭亡没有一丁点责任，恐怕也不是事实。从元军兵不血刃进临安就能看出这一点。

1273 年，元军攻陷襄阳后，指挥作战的伯颜率水陆大军沿长江顺流东下，势如破竹。伯颜鉴于四川、湖南、江陵等地未下，为保障后方安全，命右丞阿里海牙领兵四万镇守鄂州。自率十余万大军，令降将吕文焕为先锋，以战、抚兼施之策，沿江东进。

1275 年，元军攻打建康（今江苏南京市）。建康为东南重镇，一度作为南宋陪都，是仅次于都城临安的重要军事和政治中心。当年宋室南

渡以后，建康成为东南抗金的前沿哨所，城垣雄伟牢固，各项设施完备。但危急关头，宋朝建康留守赵溍弃城而逃，都统司都统制徐王荣等开城请降，元军不费一枪一弹占领建康。

进占建康后，伯颜派兵进攻建康周围的重要城镇，随即攻陷镇江，控制了江东地区，建立起稳固的南进基地。与此同时，为防止两淮宋军南下救援，忽必烈命阿术率军渡江，进围扬州。阿术在扬州东南的瓜洲修造楼橹，缮治战具，又在扬州城外围树栅，修筑坚固的堡垒长围，截断了宋军增援部队，又派水师堵截江面，控制了长江天险，断绝了宋军渡江南救临安的通道。南宋朝廷立国，是以长江为防线，两淮为藩篱，“重兵皆住扬州，临安倚之为重”。元军占领建康，进围扬州，攻占两淮，南宋都城临安完全失去了屏障。元军在建康休整后，兵精粮足，战斗力更加强盛，随时准备攻取临安，处在进攻的有利地位。

在元军大兵压境的形势下，南宋朝廷内部矛盾重重，主战还是主和，举棋不定。垂帘听政的谢太后更是一筹莫展，不知所措。虽然朝廷屡次诏令各地宋军赶来保卫临安，终因元军全面进攻，荆湖、川陕战场宋军自顾不暇，两淮宋军被元军阻隔无法渡江赴援，只有郢州张世杰、江西文天祥等将帅和两浙、福建部分厢禁兵到达临安守卫。但这些小规模增援根本无法扭转整个战争局面。

1275 年 5 月，宋廷命主战派张世杰率军出击元军外围防线，没能打通。6 月，淮东制置使李庭芝命姜才等打通援救扬州的通道，两军在扬子桥激战，宋军死伤万余人，姜才只带数骑逃回扬州。

为确保临安，南宋组织焦山之战。张世杰约殿前都指挥使张彦率兵出镇江，以图控制长江南岸；扬州李庭芝出兵瓜洲，从江北配合；自己率水师陈兵镇江以东的焦山江面。宋军约定三路俱进，与元军决战。但扬州宋军没有按时赶到，镇江张彦拒不发兵，使张世杰孤军深入。元将阿术、阿塔海、张弘范等在石公山居高临下指挥战斗，命万户（官名）刘深沿长江北岸绕至宋军背后，董文炳、刘国杰从焦山左右两边进击，万户忽剌直冲宋军大阵。元军乘风放火箭，宋船纷纷起火，阵势顿时大乱，宋师全军覆没，损失战舰七百余艘。焦山之败，宋朝军队损失殆尽，南宋灭亡指日可待了。

同年 7 月，张世杰与平江都统刘师勇、知泰州孙虎臣率战舰万艘，以十舟为一舫，连以铁索，碇于江中，横列焦山江面，欲与元军决战，被阿术以水陆协同进击，配以火攻击败，损失惨重。忽必烈最后下定灭宋决心，命伯颜率领元军直逼临安。

伯颜受命后，召集攻宋将帅部署方略，确定了“分诸军为三道，会于临安”的作战部署。这年 11 月，伯颜分兵三路会攻临安，西路由参政阿剌罕，四万户总管奥鲁赤率领蒙古骑兵出建康，向溧阳、独松关进军；东路由参政董文炳、万户张弘范、都统范文虎率水师沿江入海，向海盐、澉浦进军；中路由伯颜带领诸军，率水陆两军出镇江，向常州、平江进军。

西路军主帅阿剌罕率军南下，直趋溧阳，遭到南宋守军的抵抗，结果宋军损兵折将，残部南撤。元军乘胜追击，在溧阳西南银林东坝再次打败宋军。元军在追击途中受到南宋援军的阻击，双方展开激战，后来元军派蒙古骑兵冲杀，宋军抵挡不住，突围南逃。

溧阳之战，宋军损失将校七十余人，士卒近两万人，伤亡惨重。元军西路军于 11 月下旬逼近建康通往临安的要隘独松关，南宋守将张濡率兵北上阻击元军，与元军骑兵交战。宋军虽是精兵强将，但只有数千人，而且都是步兵，虽然奋勇冲杀，但却难以阻挡强大的蒙古骑兵，终于被击溃，主将张濡被杀，士兵死伤两千余人，元军控制了临安的北大门。

元军中路军伯颜率兵进攻常州，常州是拱卫临安的前阵，是元军整个攻取临安计划的关键，伯颜派兵击溃宋增援部队后，亲自指挥攻城。元军在城南筑高台，把炮放在台上向城内猛轰，又用火箭射入城中，常州城内一片火海。伯颜命元军架云梯、绳桥攻城，元军攻入城内。常州守将姚岩率将士浴血奋战，终因寡不敌众，没有外援而失败。姚岩、王安节等阵亡，僧人万安、莫谦之率僧兵驰援，五百名僧兵全部战死。伯颜下令屠城，只有七人幸免于难。常州之战是宋元战争中极为悲壮的一役，影响很大。

正当常州军民艰苦抗敌之际，南宋派张全率两千余人由淮入援常州，文天祥也派部将尹玉率兵偕同赴援。伯颜得报后，命怀都、王良臣领兵在五牧（今无锡、武进两市交界处）阻击宋军。战争开始后，文天祥部将麻士龙与元军交战，由于张全按兵不救，麻士龙战死。在元军攻击下，张全退到五牧，文天祥部将朱华奋起抗击，挡住了元军。尹玉指挥宋军与元军决战，元军损失惨重。元将王良臣配合怀都水陆夹击宋军，宋将张全始终按兵不动，尹玉失败，溃军南逃，尹玉力战被俘，为元军所杀，所部将士大部分战死。张全见大势已去，率军逃离五牧，致使救援失败，没能解常州之围。

伯颜攻破常州后，派都元帅阔里帖木儿、万户怀都率兵攻无锡、平江。在元军大兵压境的压力下，两地宋军投降元军。

元军东路水军以范文虎为先锋，顺江东进，由于长江两岸已无宋军把守，元军进军顺利。当时长江口活跃着一支由贫苦渔民组成的水军，由朱清、张碹率领，不受宋朝管辖。元军主帅董文炳认为可以利用这支力量，便招降了这支海上武装，朱、张二人带领人马和海船随元军南下攻取临安，增强了元军海战能力。东路军出长江口后沿海南下，于当年12月逼近钱塘江口，从海道包围了临安。12月底，元朝三路大军进逼临安，随时准备攻占临安。次年正月，东路军董文炳一部登陆，抵达盐官县，宋守军投降。

董文炳率东路军与中路伯颜大军会师，西路军阿剌罕也率部与中路军会师。在大军压境形势下，南宋朝廷一片混乱。丞相陈宜中请谢太后出海避敌，张世杰、文天祥主张决死一战，谢太后却还梦想可以进贡议和，但她派出去求和的使者很快就被伯颜打发了回来。

1276年1月17日，元军三路会师于皋亭山。张世杰等南宋将领要求背城一战，谢太后不允。1276年1月末，谢太后最终决定投降元朝，并把国玺交给了伯颜。2月，伯颜率军进入临安。在元军进入临安的前一天，悲愤中，陆秀夫、张世杰等人带着赵昰、赵昺二王逃往福建。自此，南宋结束了它作为一个朝代的使命。

说到南宋的灭亡，这里还发生了一件非常荒唐的事情。当元军接近临安的时候，陈宜中等人主张迁都，放弃临安。他经过几次劝说后，终于说服了谢太后。陈宜中得到谢太后的准许后马上回到府中，叫家人开始忙活收拾物品，准备逃亡。谢太后在宫中久等陈宜中回音不至，就慌张了起来，派人到陈宜中府中探个究竟。探子去后，回来禀告说：陈宜中正忙着收拾行装。这可把谢太后气坏了。她哭着大骂陈宜中只顾自己安危，却不顾及他们孤儿寡母的死活。她越想越觉得凄苦，最后干脆不走了，作出了投降元人的决定——这不是糊涂吗！其实陈宜中虽然奸佞，但他明白如果赵宋王朝不存在了，他也就失去了存在的价值，所以他是一定要带赵氏遗孤走的。只是，一来他确实有轻慢赵氏孤儿寡母的心理，二来他急于布置迁都的各项工作，一时没有来得及回宫禀告而已。可惜只因一个老妇人的愚钝，就将南宋江山轻易地断送了……

伯颜攻取临安之战，是宋元鼎革之际的最后一次重大战役，自1275年春元军攻占建康，到1276年春进占临安，历时一年，中经溧阳之战、独松关之战、常州之战、五牧之战等激战，以南宋朝廷投降元朝而告结束。从战略来看，元朝采用围困逼降的策略，步步进逼，除武力进攻外，一直遣使招降。如忽必烈派礼部尚书廉希宪、工部侍郎严忠范到宋朝劝降，伯颜派张羽等人招降。在南宋朝廷举棋不定之际，伯颜屡次派人劝降，只不过是为稳住宋朝君臣。元军利用战抚并用的两手策略，取得了整个战局的主导权。

忠臣烈士难撑残局

都城临安的失陷，并不意味着战火熄灭。相反，悲惨壮烈的抗元斗争，仍在各地继续……

临安失陷后，南宋的忠臣烈士们仍然在苦撑着危局。

扬州守将李庭芝和姜才在扬州驻守多年。襄阳失守前，蒙古军队曾

企图攻占扬州，但李庭芝和姜才一面坚壁固堡，招收流民，组织防御，一面修筑民房，免除税收，恢复盐业等生产；襄阳危急时，他们曾率军前往支援，却遭范文虎等人排挤、拒绝；襄阳失陷后，元军大举围攻扬州，当时贾似道兵败如山倒，沿江诸郡，或降或遁，独李庭芝和姜才坚守的扬州，依旧巍然屹立。元朝派南宋降人前来招降，他们一概杀之，态度十分坚决。临安失陷后，元军就拿来谢太后的诏书，命令他们向元朝投降。

李庭芝回答说："我只知道奉诏守城，从来没听说过要奉诏投降。"

后来，全太后（宋恭帝之母）和恭帝北上经过扬州时，元军又让全太后命令李庭芝和姜才投降。

全太后无奈，只得下诏说："现在连皇帝都已经投降了元军，你还为谁守城呢？"

使者要李庭芝和姜才接全太后的谕旨，二人也不答话，只是命令士兵放箭，当场射死了招降而来的使者，其他人都狼狈逃走了。

随后，李庭芝和姜才带四万人马出城袭击元军，想夺回全太后和宋恭帝。但是敌强我弱，经过激烈的战斗，没有获得成功，只好回到扬州城里。

元军主帅阿术亲自派姜才原来的好友前去劝姜才投降，姜才对这个好友说道："你怎么做我不管你，可是我宁可死掉，也不做投降的将军。"

后来，忽必烈又派人招降李庭芝，李庭芝大怒，他不仅把使者杀死，而且烧掉了忽必烈的招降诏书。

元军看到李庭芝和姜才都不肯投降，还对元军如此无礼，就派大军将扬州城连着攻了几十天。

由于围困时间过长，扬州城里的粮食都吃光了，李庭芝和姜才就跟士兵一起煮牛皮等东西充饥，甚至有的士兵以死人的尸体充饥。但是，扬州军民仍然不肯投降，继续抵抗元军的进攻。

1276 年 6 月，陈宜中、张世杰、陆秀夫、文天祥等在福州拥立益王赵昰为帝，改元景炎，赵昰即为宋端宗。封广王赵昺为卫王，陈宜中为左丞相兼枢密使、都督诸路军马，张世杰为枢密副使，陆秀夫为签书枢密院事，文天祥为枢密使、同都督。遣将向江西、两浙南部进兵抗元。

得悉赵昰被推举为新帝的消息后，李庭芝和姜才立即响应勤王诏，率领七千士兵突围出去，想要赶到福州去追随新帝。临行前，留下制置副使朱焕继续坚守扬州。没想到他们前脚出城，后脚朱焕就开城投降了。阿术一面派元军接管扬州，一面指挥劲骑追击宋军，沿途杀死千余人。

李庭芝和姜才率领疲惫的宋军进入泰州，被元军团团围住。

元军进入扬州时，李庭芝的妻儿被俘。阿术命人将他的老婆孩子押到泰州城下，哭喊着朝城头喊话招降。李庭芝对他们视而不见，愈发卖力地在城头指挥抵抗。

泰州裨将孙贵等人见元军攻势凶猛，吓破了胆，偷偷打开北门出降。一时间，元军如泛滥的潮水般涌进城来。

李庭芝见大势已去，情急之下冲出户外，跳进府院的莲花池中自杀。人要是倒霉起来，连自杀都不能如愿。因为水太浅，李庭芝自杀失败，被元军活捉。身染病重的大将姜才也被活捉，二人一起被押回扬州。

阿术敬慕二人忠勇，依然劝降，姜才骂不绝口。最后，站在一旁的叛贼朱焕上前进言说："自用兵以来，扬州生灵涂炭，积尸遍野，这都是李庭芝、姜才造的罪孽。假若顺应天命早先就以扬州归降，何至于此，不赶快处死他俩还等什么！"

于是，阿术下令将二人押送到扬州闹市问斩。临刑前，李庭芝神色从容。姜才惨遭千刀万剐的剐刑，可他依然骂不绝口。

剐刑（即凌迟）极其惨无人道，施刑时讲究一个"慢"字，刽子手一刀一刀将人身上的肉割下来，刀刀须见血掉肉，还要用大白瓷盘将割下来的肉贴在上面供观众鉴赏，并要得到赞赏，如果犯人在规定刀数前死去，刽子手将被观众嗤之以鼻，并有可能丢掉饭碗。直到差不多把肉割尽，才剖腹断首，使犯人毙命。

民间有些妇女在嗔骂自己的丈夫时常说："你这个挨千刀的。"虽然多半是一种"打是亲骂是爱"的表现，但这句话的来源据说就是古代的剐刑。这也从一个侧面反映出，行剐刑时将犯人割上千刀绝非虚词。

行刑期间，刚投降元朝不久的原南宋将领、知淮安州（今江苏淮安市）兼京东招抚使的夏贵特意赶来看热闹。姜才瞪大眼睛咬牙切齿地怒骂道："见我如此，老贼你能不愧死！"

时年已经八十余岁的夏贵以淮西之地归降元朝。此人一生南征北战与元军打仗，攻略八方，战阿术，败董文炳，斗刘整，敌伯颜，南宋半壁河山之苟延残喘，有他一份功劳。可惜老家伙贪生怕死，致使晚节不保。降元后，他才苟活了二三年便两腿一蹬归西了。时人讥讽他为臣不忠，作诗挖苦说：

享年八十三，何不七十九！

呜呼夏相公，万代名不朽。

另外一首诗写得更直露，指斥他在元人的利诱下投降的丑恶：

节楼高耸与云平，卖国谁能有此荣。

一语淮西闻养老，三更江上便抽兵。

不因卖国谋先定，何事勤王诏不行。

纵有虎符高一丈，到头难免贼臣名。

与李庭芝、姜才以及后来的文天祥等忠烈宋臣相比，夏贵算是白忙活了大半辈子，在最后关头"掉链子"，遗下千古骂名。

李庭芝、姜才两位英雄慷慨就义之时，扬州百姓无不潸然泪下。

扬州失陷后，元朝军队势如破竹般向福州方向逼近，没有多长时间，元军就开始进攻福州。守将陆秀夫、张世杰见福州守不住，就护卫着端宗和他的弟弟，乘上海船沿着海岸往南逃到了广东。

宋端宗身体很虚弱，受不了这种艰苦的生活，不久就病死在广东省硇州（今雷州湾中的一个小岛）。当时，福建和广东的军民都在坚决抵抗元军的进攻。

当元军打到兴化（今福建省莆田市）时，元朝人劝守卫兴化的宋将陈文龙投降，陈文龙也不客气，连续两次杀死元军派来招降的人。部下有人贪生怕死，劝他投降，他说："人生本来都有一死的，与其屈辱地死，还不如英勇抗敌而死。"

人们都很敬佩陈文龙。可是，后来叛徒出卖了他，他被俘后仍然没有投降，后在福州绝食死去了。他的母亲当时也被押到福州，她为儿子为国牺牲而自豪，在临死前说：“我和我的儿子一块儿死去，又有什么怨恨呢！”

端宗死后，陆秀夫和张世杰拥立端宗的弟弟赵昺为帝，即宋怀宗，继续进行抗元斗争。怀宗任命陆秀夫接替已逃亡的陈宜中为左丞相，专门掌管文事；张世杰仍为枢密副使，专门掌管军事。可是，元军又跟着打到了广东。当时，张世杰认为硐州是个小岛，难以据守，就护卫着怀宗来到新会的崖山，在当地成立据点，准备继续抗元。不久，在现时广东和江西二省抗元的文天祥得不到流亡朝廷的支援，被降元汉将张弘范部将王惟义在海丰县的五坡岭生擒。至此，在陆地的抗元势力基本覆灭。

1279 年正月，元朝派降将张弘范进攻赵昺的流亡小朝廷。后来攻占广州的西夏后裔李恒也带领援军加入张弘范军。此时宋军兵力号称二十多万，但其中十余万为文官、宫女、太监和其他非战斗人员，各类船只两千余艘；元军张弘范和李恒有兵力十余万，战船数百艘。这时宋军中有建议认为应该先占领海湾出口，保护向西方的撤退路线。张世杰为防止士兵逃亡，否决建议，并下令尽焚陆地上的宫殿、房屋、据点；又下令将千多艘宋军船只以“连环船”的办法用大绳索一字形连贯在海湾内，并将赵昺的“龙舟”放在军队中间，大有“破釜沉舟”或“置之死地而后生”的气概。

但这一切，岂能挡住如狼似虎的元军。

张世杰的战舰方阵虽然准备了半年的干粮，但所需燃料与淡水仍来自崖山，每天派快船前往砍柴与汲水。张弘范一方面派重兵把守崖山上的淡水源，一方面派出小型哨船袭击宋军的运水船。十余天后，宋军淡水供应成了问题，一饮海水就上吐下泻，战斗力大减，水战优势逐渐丧失。

元军在崖山西山头上架炮射击赵昺的“龙舟”，但“龙舟”张起布帘抵挡炮石，纵受炮击仍岿然不动。张弘范又派出满载柴草的小船，点火直冲宋军方阵。但宋军以泥涂舰，外缚长竿顶住火船，再用水桶浇灭

火苗，使火攻不能得逞。

这一年的农历二月初六，天空乌云密布，阴风怒号，元军兵分四路，从东、南、北三面向崖山发起总攻。张世杰的方阵南北受敌，士兵都疲惫无力再战。战争从黎明进行到黄昏，元军摧毁了宋军七艘战舰，突破了对方的防线。张世杰见水师阵脚大乱，但大索贯联，进退不得，这才下令砍断绳索，率十余战舰护卫杨太后（宋度宗之妻）突围。

此时已近黄昏时分，突然风雨大作，对面不辨人影。张世杰率帅船杀到外围，赵昺所在的"龙舟"被其外围的战舰壅塞阻隔在中间，自己无法接近它，便派小舟前去接应怀宗。

遗憾的是，"龙舟"上的陆秀夫唯恐小船是元军假冒，断然拒绝来人将怀宗接走。

张世杰只得率领十余艘战舰，护卫着杨太后，借着退潮的水势，杀出崖山。然而，最终还是全军覆没，战船沉没，给南宋王朝彻底画上了句号。

眼见国家灭亡已不可避免，抗元名臣陆秀夫决定以死殉国。临死之前，他决定带着年仅九岁的小皇帝一起跳海。但是他也有些担心，毕竟小皇帝年纪还小，如果他不是南宋皇室的后裔，如果他身上没有血海深仇，现如今或许应该过着非常快乐的日子吧，至少能够拥有正常小孩的童年时光，可是命运却偏偏将他推向了风口浪尖，想想真是心酸。

但是为了南宋的尊严，他还是跪倒在地，对小皇帝说："皇上，您是大宋的正统后裔，断然不可作出辱没您血统的决定……"

这句话的目的当然很明显，就是让小皇帝安心赴死。然而让陆秀夫没有想到的是，小皇帝这时候却出奇平静，他认真地说道："爱卿，这个时候朕仍然感激上苍，在最困难的时候，朕身边还有一个忠臣，肯在这种时刻还一直陪伴朕。"

相比于小皇帝的冷静和从容，一心寻死的陆秀夫也不禁泪流满面。最后他背起皇帝，用一根绳子将两人紧紧地绑在一起，投海自尽。据说在投海之前，陆秀夫高声喊道："蒙古军啊，将来有一天，继承我们遗志的同胞，一定会征讨你们的！”

皇帝既死，不愿做亡国奴的十多万南宋军民亦相继跳海壮烈殉国！《宋史》记载说，战后有十余万具尸体浮上海面。

崖山之战是宋朝对蒙古军队作出的最后一次有组织的抵抗，十余万人投海殉国，宁死不降，何其壮哉！

究其南宋灭亡的原因是复杂的，对于这个经济文化极为发达，而对在军事上只能守成、不能开疆拓土的朝代来说，面对着强敌环伺的乱世，灭亡只是早晚的事情。这是客观上的必然。可如果说南宋一定就会在1279年灭亡，那就是毫无道理的主观认识了。毕竟历史是由一个个事件组成的，而事件却是由人来演义的。虽然南宋出了贾似道这样的奸臣和吕文德、范文虎、张弘范这些贪图安逸、贪图钱财、贪生怕死的官吏，但它也是一个不乏忠臣的朝代，如陆秀夫、文天祥等人，哪个不是名垂青史的响当当人物！它所缺乏的是能够力挽狂澜的军事家，纵马扬鞭的统帅。这并不是说南宋不存在这样的人，而是即便存在这样的人也很难被重用。有时在国家危难时刻，帅才们虽然被重用一时，但危机过后，他们会立即被排挤或剪除。北宋末年的李刚是这样，南宋初年的岳飞也是这样。这种对将帅之才的排挤在整个宋朝都是有传统的。因为宋太祖赵匡胤的黄袍加身就是在武人得志的情况下发生的。因此，宋朝重文轻武，对有能力的武人如果不是必要，很少会交给实权，以至于在两宋三百多年的历史上，宋朝的军队战斗力不能说是不强，将帅的谋略不能说是不高，可却只能丧师失地，败仗连连。就如同宋高宗担心岳飞专权一样，宋朝皇帝宁可信任小人，也绝不会让一个武人得到他应得的荣誉。因为在他们看来，家国事小，皇权事大。

如此，焉能不败！

当然，这并非宋朝灭亡的全部原因，但一定是重要的原因之一。

唐朝的杜牧曾在《阿房宫赋》一文中写道：“秦人不暇自哀，而后人哀之；后人哀之而不鉴之，亦使后人而复哀后人也！”

历史的教训，值得深思……

第五章　整顿朝纲定乾坤

创业难，守业更难

1251 年，蒙哥命忽必烈总理“漠南汉地军国庶事”。从这一刻起，忽必烈的命运就和中华大地上的汉室江山紧密地联系了起来……

俗话说：打江山难，守江山更难。早在漠北和林时，忽必烈的汉人幕僚刘秉忠就提出了“以马上得到天下，不可以马上治天下”的大问题，并将历代封建统治的经验，灌输给忽必烈。

忽必烈也是活学活用，他懂得只有保持中原地区的政治经济制度，才能成为统治全中国的皇帝。于是在他即位后不久就采取了一系列的措施，推进社会政治、经济的发展。后世史书称其为“创一代之制，立不世之功”。这种说法是否确切，姑且不论，但他开启的制度对于中国封建社会后期的发展进程影响巨大确是事实，明朝的政治制度基本上就承袭了元朝。

实际上，忽必烈从小就接受了汉文化的熏陶，受到汉人的影响，“思大有为于天下！”他从青年时代起就结识了一些中原文士，对中原的情况十分熟悉，而且结识的这些儒士也对他以后的治国安邦起了极为重要的作用。

在众多的儒士中，对忽必烈起重要影响的是刘秉忠和姚枢。

刘秉忠（1216—1274），字仲晦，原名刘侃，曾入天宁寺出家当和尚，法名子聪。因为刘秉忠识文断字，天宁寺主持虚照禅师就让他在寺中做了掌书记。忽必烈没有做皇帝的时候，曾召见佛教临济宗的领袖海云禅师，海云禅师听说刘秉忠博学多才，便邀请他一起去见忽必烈。因为刘秉忠精于《易经》和北宋人邵雍所著《皇极经世书》，对于天文、地理、律历、遁甲无所不通，因之获得了忽必烈的喜爱，被留在了忽必烈的身边。刘秉忠在忽必烈没有当上皇帝的时候就多次上书，从各个方面为未来的大元王朝设计蓝图。他建议忽必烈效仿周公，在典章法度方面要有规划。他对忽必烈说："可以马上取天下，不可马上治天下。"同时，他历数中国历代王朝得失，指出了蒙古旧制度中的弊端，建议采用汉法，整顿政治经济体制。这些建议对忽必烈后来的施政有很大影响。

在用人方面，朝廷上的百官莫过于宰相，因其要统领百官，所以刘秉忠认为，选好相和帅，内外兼济，是国家的当务之急。另外，他还建议薄赋、高薪、养廉、治贪。其中高薪养廉的建议是超出了那个时代的认知的，现在世界上不少国家还在采用这个制度。

在忽必烈之前，大元的君主都无年号，为此刘秉忠建议改变当时使用的辽历。新君即位，应该颁布历法，改变年号。要求各级官府设置更漏，让老百姓知晓时辰。另外，他还建议重教轻刑，端正国家和百姓的鱼水关系。同时还请求忽必烈就近储粮，禁用奢侈品。国家要重视教育，还强调了县级官吏的重要，提倡尊孔崇儒。

正是由于忽必烈采用了刘秉忠的建议，元朝的汉化较为明显，而且取得了不错的成效。比如，当忽必烈刚到邢州（今河北邢台）的时候，邢州的状况可用"民生凋敝"四个字来形容。在金人统治时期，邢州有八万余户，而忽必烈统治初期这里最多不过七百户。而他采用刘秉忠"减轻赋役、招复逃移、整饬吏治"的建议后，结果，"不期月，户增十倍"。

姚枢（1201—1278），字公茂，号雪斋、敬斋，原籍营州柳城（今辽宁朝阳），后迁洛阳（今河南洛阳），少时学习勤奋。金朝末年，蒙古军破许州城，姚枢到燕京投靠杨惟中（成吉思汗三子窝阔台的养子，曾官至中书令），被引荐给窝阔台，为窝阔台出了不少主意。

1241 年，姚枢出任燕京行台郎中，不久因与主管官员意见不和，

弃官，隐居于辉州（今河南辉县市）。

姚枢隐居辉州之时，并没有考虑自己的仕途。在苏门山下，他“读书鸣琴，若将终身”，悠然自得，似乎要终老于林泉。但1250年，忽必烈派人前来征召，五十岁的姚枢慨然允诺，走出苏门山，再次前往漠北，成为忽必烈的幕僚，并深受器重。

姚枢虽也是一位儒士，但在众多儒士中他的主张往往十分务实，其建议总是隐含着蒙古人所能理解的逻辑，因而容易被接受。

1252年，当时蒙古汗国的大汗蒙哥正式给予忽必烈中原地区的管理权力。忽必烈在取得了对邢州地区的治理经验后，又征得蒙哥的同意，将陕西、河南等地划出，设经略司，任用儒臣进行治理，兴屯田、劝农耕、立钞法、通转运、置学校，只二三年就得到了大治，“帑藏有余，四鄙不警”。这些都为忽必烈后来能够登上汗位奠定了经济基础。

成为唯一的蒙古大汗后，忽必烈明白，如何建立一个既能保持蒙古之成法，又能适应中原地区经济文化发展水平的一整套国家机器是他面临的最大的问题。完全采用汉化，做中国的皇帝，那势必要牺牲蒙古贵族和早先征服的部落的利益。更为重要的是，中原仅仅是大蒙古汗国的一小部分，他们又是最后被纳入版图的，而要让征服者接受被征服者的文化与文明是非常困难的事情，虽然被征服的汉人（北方人）、南人（南方汉人）的文化已远远超过了他们这些游牧民族。

但是忽必烈又明白，就是这一小部分，却代表着先进的文化，是蒙古汗国中最有活力的一部分。自己要想在中原立住脚跟，要想创造出比成吉思汗还要宏伟的事业来，最终他还是要依靠这一小部分。因此，他便毫不犹豫地在建立之初就利用汉人，进行了一系列的汉化改革。比如，重视农业，建设孔庙，确定国号，让儿子取汉名、学汉文，等等。其中最著名的，也对后世影响最大的，自然是他在秦汉郡县制的基础上，推行的行省制。

1260年6月，忽必烈仿造汉制设立中书省一个月后，随即设置了十路宣抚司，“以总天下之政”。这十路分别是：燕京路、益都济南等路、河南路、北京等路、平阳太原路、真定路、东平路、大明彰德等路、西京路、陕西四川等路。

每司分领一路或数路，派藩府旧臣出任宣抚使、副，作为朝廷的特命使臣，监督和处理地方政务。但宣抚司无处置军务的权力，使、副又多数没有宰臣职衔，如果发生叛乱或社会治安等方面的特殊情况就不足以应付了，于是忽必烈把一些地区改置“行中书省”。根据学者钱穆的说法，元朝所设的行中书省意为“行动的中书省”，即朝廷为维护其统治在地方行政上所设的全权机关，而与具有一定自治权力的地方政府有权力来源上的不同。民间通常将之简称为“行省”或“省”。

1261 年底，忽必烈撤销了十路宣抚司。在第二年底，又重新设立了宣抚司，但将它作为中书省的派出机构。

看忽必烈来回调整的架势，就能看出他是怎么都不满意，不知道该如何将中央集权更集中地握在自己手里。

中央集权是中国历代皇帝都头疼的问题，都握在自己手里，自己太累，分发下去，自己倒是清闲了，可没准哪天就有人打上门了。忽必烈也有这样的苦恼，因此他设立行省制不能不说是基于这样的考虑。

忽必烈在外路设立的第一个行中书省是陕西四川行省（京兆行省）。陕西四川行省设立在阿里不哥叛乱时期。

1260 年，京兆宣抚使廉希宪到任时，为防止阿里不哥派来的亲信大臣刘太平联络六盘山和四川的蒙古军将帅，进而占据京兆地区，廉希宪果断地捕杀了刘太平等人，征调秦、巩等处诸军进入六盘山地区，发仓库金银充军赏，同时遣使入奏，自劾越权的罪过。忽必烈并没有责怪他，因为这是他建立的制度存在的缺陷造成的。

相反，在这件事后，他大加赞赏廉希宪善于行权应变。这一年的 9 月，忽必烈将京兆宣抚司改制为行省，即陕西四川行省，以廉希宪为中书右丞，行行省事。这以后，忽必烈又在其他地区先后设立了行省。由于种种原因，几经置废分合，最后稳定为十个行中书省，分统除中书省直辖诸路以外的各大地区，形成了“都省握天下之机，十省分天下之治”的

行政区格局。

元朝全境共划分十二个一级政区，即中书省直辖、十行省及吐蕃。

元朝的中央一级行政机构，主要有总理政务的中书省，掌管兵权的枢密院和掌管监察事务的御史台等。中书省设有中书令、右丞相、左丞相、平章政事、右丞、左丞、参知政事等，以中书令为最高首脑。中书省下设吏部、户部、礼部、兵部、刑部、工部等。六部之外，就是一级地方行政机构行中书省，代表中书省在地方上行使职权。

大都附近的地区（今河北、山西、山东等地）直属中书省管辖，称为“腹里”。其余十个行省分别如下：岭北行省、辽阳行省、河南行省、陕西行省、甘肃行省、四川行省、云南行省、湖广行省、江西行省、江浙行省。

此外还有一个宣政院管辖的吐蕃地区，包括今西藏及青海大部、四川雅安以西地区。

因为行省是皇帝的派出机构，其官员配置也与中书省类似，有丞相、平章政事、右丞、左丞、参知政事等职；只是为了防止外职过重，行省的丞相职务往往空缺，由平章政事等主要官员直接向皇帝负责。行省的权力极大，它统辖政务、钱粮、兵甲、屯田、漕运、军事等。行省之下，则有路、府、州、县等常设行政机构。

元代的疆域十分辽阔，每个省的管辖区域要比现在的省大得多，特别是几个边疆省。如辽阳省的管辖范围，除了今东北之地外，还包括今俄罗斯境内的黑龙江下游地区和库页岛等地；江浙行省还包括今澎湖、台湾等一系列岛屿。行省制度加强了这些地区与中央的联系，使中央对这些地方的管辖更加有效。

元朝的行省制度对以后明清两代产生了积极的影响，初步奠定了今天中国的行省规模。明朝改革行省为“承宣布政使司”，不管军事，专管民政事务；但人们习惯上仍然称作行省，以后“省”成了地方行政区划的专有名称。清沿明制，将全国划分为直隶、江苏、安徽、山西、山东、河南、陕西、甘肃、浙江、江西、湖北、湖南、四川、福建、广东、广西、云南、贵州等十八个省；清末又增设了新疆、台湾、奉天、吉林、黑龙江等五省，至此，全国除青海、西藏、内蒙古等地区外，共有二十二个省，这同今日的省、自治区（不算直辖市）的设置方法已相差无几。

需要指出的是，无论忽必烈的行省制对后世影响有多大，也无论他重用了多少汉人，修了多少孔庙，其实他的汉化措施是非常不彻底的。表现之一是，问鼎中原后，他在中原地区大力推广游牧文化。

这种人为的推广游牧文化的举措是随处可见的。在政治体制方面，忽必烈虽然依从儒臣的建议，而设立了省、院、台等中央官僚机构，却又在这些机构中特别保留有断事官的位置。而在州郡等地方机构中，也保留了“达鲁花赤”（相当于监督官）的职位，并且明确规定，必须由蒙古人等出任是职。在军制方面，虽然军队皆隶属于枢密院及行院，但在体制上却基本保留了蒙古汗国时期的万户、千户等官职。

在文化方面，忽必烈为了“胡化”的需要，而创行新的蒙古文字（时称八思巴蒙古文），设立蒙古汗国国子监学，以提倡蒙古族文化。同时又设立其他国子监学，以提倡波斯文等西域文化。就连在宗教信仰上，也压制中原地区的佛教流派，而大力推崇盛行于西域等地区的藏传佛教。

在生活习俗方面，更是基本上保留了蒙古族的特有方式。就连建造在中原的宫殿，其内部装修式样，也完全是按照草原上的模式。而守岁时的游猎活动、节日的祭祀、庆典等重大活动，也是大半依照蒙古旧俗，而参之以中原历来所通行之法。至于服装、发式等，更是没有丝毫改变。

相比此前入主中原的其他少数民族领袖人物，元朝帝王的“汉化”程度最低。第一个入主中原并占有半壁江山的北魏王朝，其鲜卑族领袖孝文帝，就公开倡议仿行汉法，学习汉俗，遂使国政大治，民族之间的融合过程也得以顺利进行。

契丹人建立王朝后，推行南、北官之制，以农耕文化与游牧文化各参其半而并行之，也不失为一种权宜的方法。因其并未深入中原，只是占有长城内外一线地带而已。其汗国之中心，仍是在关外之地，故有此制。

金朝继立，因为较早地接受了农耕文化的影响，故而入主中原之后，

能够很快就融合到中原民众之中来。到金世宗在位时期，甚至许多世家子弟已经不大会讲本民族的语言了，可见其“汉化”程度之深。

只有蒙古贵族，在入主中原之后，仍长期维持着本民族的生活习惯、语言等文化，而对于“汉化”的影响，有着强烈的戒备之心。这种做法，显然是不忘祖先的一种情绪在当时的强烈反映。但是，这种拒绝融合的做法，只能是把自己摆到了中原大众的对立面之上，使人时时生出一种“异类”的感觉。而这种感觉的长期存在，又是非常不利于其统治的。元末农民起义之所以带有强烈的民族色彩，也恰好证明了这一点。

当然，无论如何，忽必烈的历史功绩还是不容抹杀的。

忽必烈在位三十五年（1260—1294），主要历史功绩是建立元朝和统一中国，统一的范围规模超过汉唐盛世，对中华民族的历史发展影响深远。

我们知道，中国自唐朝末年以来就进入了五代十国的纷争时期，战乱频繁，人心惶惶，苦不堪言。后来出现了宋太祖和宋太宗两位英主，南征北讨，终于统一了中原和南方，但北方仍有辽、西夏政权的建立，西方和西南方又有未能直接管辖的吐蕃和大理等。到了南宋时期，虽然元人兴起，灭了辽国，但这种民族政权对立的格局并没有打破。成吉思汗兴起于蒙古草原，虽然灭掉了西辽和西夏，但未能灭掉金和南宋，仍然带着深深的遗憾离开了人世。窝阔台继承了成吉思汗的遗志，终于灭掉了他们以前认为天上人统治的金朝，但对于历史悠久的南宋，仍是无能为力。一直到了忽必烈时期，才灭掉了吐蕃、大理和南宋王朝，真正实现了全国的大一统。汉朝的统一，可谓大矣，但北方的匈奴、东北的挹娄等地区，无论如何也没有办法直接控制。唐朝的统一虽然有所发展，然北方的突厥、契丹和蒙古等民族的向心力还差一截。只有到了忽必烈的统一，这些地区才浑然成为一个整体，再也没有办法分割了。《元史·地理志序》说忽必烈统一南宋以后的领土“北逾阴山，西极流沙，东尽辽左，南越海表”。

大一统的局面，为人们提供一个比较安定的生产和生活环境，有利于经济的发展，也有利于南北经济文化的交流。首先，对蒙古族等少数民族来说，要获取喜爱的丝绸、瓷器和粮食等，就十分方便了。其次，对汉人来说，也不是一点好处也没有。在大一统的条件下，各族都把自己的优秀产品拿来交换，不但可以互通有无，还可以推广先进技术，对发展经济和文化都有好处。当然，忽必烈进行武力统一，并不是想给各族百姓办多少好事，而是为了自己更多地索取，但客观上确实起到了促进经济发展和南北经济文化交流的作用。

忽必烈一统天下，对于国内民族融合也起到了促进作用。随着蒙古大军南下，一大批蒙古人和色目人涌入内地。在天下一统的形势下，也有一大批汉人来到边疆。各族百姓都杂居在一起，还提倡蒙汉之间通婚，在长时间的相处中互相学习，互相了解帮助，不仅增进了两族百姓之间的感情，也促进了民族文化的融合。早先进入中原的契丹人、渤海人和女真人，此时的生活生产方式已经与汉族没有太大区别了，而且还有不少人都改称了汉姓，所以人们大多把他们视为汉人。这些，都促进了中华民族的发展，增强了中华民族的凝聚力。

“骂不能还口，打不能还手”

忽必烈称汗不久，他部下的汉族将领李璮发动了叛变。这场叛乱直接影响了忽必烈对汉族幕僚的态度，并深深地影响了蒙古人在中华大地上近百年的统治策略……

学过中国历史的人都知道，元朝统一中国后，把所有民族分为四等：蒙古人、色目人、汉人和南人（原南宋地区的汉人），实行民族不平等政策。

这种民族不平等政策在金朝已经存在。金人统治时期，统治者就规定了女真、渤海、契丹、汉人四种人的排名顺序。到了元朝，蒙古统治者更加把这种政策推行到了极致。

元朝时期，广大汉族百姓在政治和法律上，确实受到了歧视和不

平等的待遇。例如，“骂不还口，打不还手”在这里得到了切实的执行——因为在当时，如果蒙古人给汉人一巴掌，汉人只能忍着，不能还手，否则必受严惩；汉人不得持有兵器，铁尺、铁骨朵、带刀子的铁柱杖等都要一律没收，就连农家生产上用的铁禾叉也禁止使用；元朝统一中国后，罢废科举，基本堵塞了汉族知识分子入仕之途。后虽恢复科举制度，但蒙古统治者在考选人才上又制造了种种民族不平等——考试科目中，蒙古、色目人仅考两场，汉人、南人则需考三场。录取名额上，四种人的录取名额虽然数目相同，但从人口比例上差距相当悬殊，以致有人叹曰：“如何穷巷士，埋首书卷间；年年去射箭，临老犹儒冠！”

造成这种民族不平等的原因固然有很多，但更深层的原因在于，元朝的蒙古统治者虽然在一定程度上推行了汉法统治，对汉族儒生采取了笼络的政策，但其根本目的不过是为了维护蒙古贵族的统治和特权而已，从来没有将包括汉族在内的各民族平等作为元朝的国策，而李璮的叛乱，则是促成这种政策出台的直接诱因。

李璮（？—1262），小字松寿，金朝末年山东军阀、红袄军首领李全之子（一说养子）。

当年蒙金战争中，金朝那些据地自雄的大地主军阀纷纷投靠蒙古，蒙古统治者为了笼络他们以加强自己的实力，一律按照他们原来的官职，授予行省、领省、大元帅之类的头衔，让他们世袭管辖原来的地盘，军民兼管。这些大地主军阀集团头目“尽专兵民之权”，数十年专制一方，形成了强大的割据势力。李璮叛乱就是这样酝酿起来的。

红袄军起义爆发于13世纪初，其时金的辖地日益缩小，女真贵族和各族地主阶级对农民的剥削和压迫却日益严重，山东、河北农民纷起反抗。较大的起义军，山东益都有杨安儿，潍州（今山东潍坊）有李全，沂蒙山有刘二祖，河北有周元儿。后来杨安儿、刘二祖、周元儿等领袖先后牺牲，余部由杨安儿妹杨妙真和李全领导，两人结合后队伍逐渐壮大了起来。但是，马贩出身的李全在攫取了红袄军领导权后即走上了投降道路。1218 年，李全降宋，而一面又在南宋和金朝之间要挟，以取得高官厚禄。当强大的蒙古军队进入山东后，李全又于 1226 年投降蒙古，以岁献金币的条件换取了山东淮南行省的官职。他充当了蒙古官吏后，身穿大元的衣冠，军中有蒙古官员监督。为了向蒙古贵族表示效忠，他迫不及待地进行备战。李全加紧造船，赶制武器，招募海上亡命之徒充当水手，准备攻宋。而当时把持南宋朝政的右丞相兼枢密使史弥远仍然不断运来粮饷，滋补这个叛徒。苏北射阳湖地区的百姓气愤地说："养北贼，戕淮民。"果然，1230 年冬，李全突然发兵攻扬州，南宋军民奋起反抗。次年正月，李全败死。李全死后，杨妙真逃回山东，李全之子李璮承袭其父任益都行省职。

真是有其父必有其子。李璮和他的父亲李全一样野心勃勃，总想干点"大事"。忽必烈即蒙古大汗位后，因为和阿里不哥为争夺汗位发生了战争，为了稳定大局，加封李璮为江淮大都督，使他的身份更为显赫。还把他的岳父王文统提拔为中书省平章政事，成为新朝廷的第一代宰相，甚至还劝说塔察儿王爷，把他的亲妹妹也嫁给了他。同时拨给了李璮大批的军用物资，要求他出兵助战。然而李璮却借口防御南宋，拒不出兵。

在李璮的心里其实有一个愚蠢的念头，认为忽必烈无力两线作战，自己造反是可行的。只要以保宋驱蒙为口号，趁蒙古军主力北征漠北，皇上亲征、内部空虚之时，振臂一呼，必然群起响应。而且，他在与忽必烈的一些汉族幕僚的书信往来中，他们也或明或暗地流露出可以和他一起举事的意思，这让李璮更加坚定了造反的念头。

然而殊不知，辽金以来，以宋为正统的观念在北方淡漠已久，因此恢复宋室的口号已很难有多少政治感召力。特别是忽必烈治理汉地以来，听从汉人幕僚的建议，禁止杀伐，减税赋，课农桑，已成万民拥戴之君。而大部分的北方汉人，不会贸然跟着李璮去冒险，在这个时候他们都只是在观望，如果李璮真的有所作为，也许他们会出手。要是忽必烈发兵平叛，他们一定会倒向忽必烈，派兵派将大邀其功。

紧急关头，姚枢上书忽必烈，认为李璮进攻元朝，有三条路线可

以选择。上策是从水路进攻燕京，占据居庸关，切断元军南退后路，扼住元军的咽喉。元军便陷入阿里不哥和他的包围之中，进退不能。这势必引起人心惶惶，造成混乱。中策是不进攻元军，而是与宋朝联盟，固守自己的地盘，并多路出兵袭扰蒙古边地，使蒙古大军忙于奔救，疲于应付，尚能自保。下策是，他起事后，向北攻击，等待各地声援响应。李璮要进攻，必定要先拿下济南府，并在此等待各部声援。而济南坐落于盆地之中，属于弹丸之地，李璮有五六万人马，一旦被蒙古大军围困，便外无响应，内乏供应。姚枢认为李璮狂妄自大，好大喜功，再加上听不得别人的意见，属于那种野心大、本事小、目光短浅的人。所以，他必取下策。

忽必烈接受姚枢的建议，遂命史天泽、哈必赤、阿术各率所部进军山东讨伐李璮。果然不出姚枢所料，李璮既没有北上从水路进攻燕京，也没有与宋联合，而是选择了姚枢料定的“下策”，他趁蒙古大军未到，迅速从益都出兵，于 1262 年初攻占了济南。占据济南后，南宋朝廷封他为齐郡王。

当年 4 月，阿术带领的蒙汉军队首先到达济南附近，李璮率军出城迎战，抢夺元军辎重。回城途中，他们遭到了蒙古军截击，结果大败，被杀者四千余人，李璮只好退守济南城内。5 月，蒙古十七路大军先后抵达济南，史天泽和哈必赤负责全权指挥，督战各路军马。

济南城外，看到尚未完工的济南城异常坚固，史天泽对哈必赤说道:“李璮心多诡计，兵亦甚精，我们不能与之硬拼。我看济南四面环山，犹如一个羊圈，我们在城外挖沟筑城，团团围困，切断其与外界的一切联系，把他们全部圈在羊圈里。时间一长，他们必定供给耗尽，到时便可不攻自破，擒拿李璮便易如反掌了。”

哈必赤十分赞同此计，当即下令士兵开河筑城，将济南城围得铁桶一般。同时下令，各部不得攻击作战，只是严密防守，防止敌人突围逃窜。

李璮一看被团团围住，为了脱围只好屡屡出城挑战，但蒙古大军不与之接战，只是用弓箭远远地射击，用密集的炮火把他们压了回去。他们侥幸冲过箭网，却发现早被城墙圈起，如水桶一般，丝毫不能得手，无奈只好退缩城内，坐以待援。

再说南宋看到李璮献城投降，便给银五万两犒劳李军，并遣提刑（南宋提刑）青阳梦炎领兵增援。谁知青阳梦炎刚赶到山东，所率宋军即遭到蒙古军和汉军合力堵击，被迫节节南退。进至滨州、沧州等地的宋军亦因势单力薄难以有所作为。这样，困守济南的李璮所部五六万人，完全陷入了坐以待毙的孤军境地。

蒙古军围困济南城四个多月后，济南城内粮尽援绝。为稳定军心，李璮竟"取城中女子赏将士，以悦其心"。看到市民不愿意把仅有的一点粮食拿出来，他就下令把将士分到各户，每户养两三名军人。不久，全城粮食告罄，能吃的东西都吃掉了，最后竟然就着盐粒吃人肉。这些行为使李璮更加失去民心，将士也沮丧至极，李璮本人情绪低落到极点。

7月中旬，李璮勉强整军出战，希冀突围。但因缺粮乏力，被元军捕杀大部，只好仓皇退回城内。济南守军看到坚守的下场只能是坐以待毙，哗变出降者不计其数。

7月下旬，李璮眼见局势已无法控制，于是下令解散军队，让士兵们各自逃命。他自己提着宝剑，手刃妻妾子女，自投大明湖，可是水浅不得死，为元军所获。

抓住李璮后，史天泽审问他："忽必烈有甚亏你处？你要造反？"

李璮答曰："你有文书约俺起兵，何故背盟？"

史天泽恐牵扯自己的隐私，遂命立刻把他杀死。李璮之乱至此完全平息。

李璮的反叛在忽必烈的统治中是一个重大的转折点。

我们知道，在忽必烈建立元朝，统一全国之前，中国历史上的游牧民族，基本上是把大草原作为活动中心。而在元朝统一全国之后，活动中心就不得不从大草原上移开，南下到中原地区。这个转移，既给蒙古统治者带来了巨大的物质利益，又使他们得到了极大的政治上的满足感。

那么，这种改变是否意味着不少原本斗字不识却坐占高官厚禄的蒙古贵族忽然都变成学富五车的才子了呢？

当然不是。

那么，又是否意味着中原及江南地区民众的文化水准有所降低了呢？

当然也不是。

最合理的解释，只能是评判人们身份的标准已经发生了变化。作为入主中原的蒙古统治者，政治地位改变了，已经高高在上，凌驾一切。经济状况也改变了，从草原上的“穷光蛋”变成了中原地区的“首富”之家。他们还有什么不满足的呢？当然有！那就是他们为了获取这一切，而不得不离开祖先世代生长的大草原。如果不这样做，他们将会很快就失去用铁和血所获得的一切。

为了弥补这种感情上的、习惯上的缺憾，最好的办法就是将大草原搬到中原来。还在窝阔台做大汗时，就曾有人建议将中原的百姓全部杀掉，将农田变为牧场。虽然这种想法遭到了大臣耶律楚材等人的反对，加之实现的难度也实在太大而作罢，但这却是当时蒙古贵族中普遍存在的想法。

到了忽必烈的时代，尽管蒙古汗国的中心，已经从大草原上完全南移到了中原，然而，这种想法不但没有随着时光的流逝而有所淡漠，反而越来越强烈地表现出来。这大概也是一种很常见的心态。

当一个人没有得到他想要得到的东西时,他会千方百计为之而奋斗，甚至不惜作出某种重大牺牲。同样,本来属于你的东西,你并不知道珍惜，一旦失去它，你才会格外留恋。蒙古统治者们，在统一全国之后，或许就处于这种心态之中。

为了夺取中原，他们前赴后继，不惜以命相搏。然而当他们一旦离开了大草原，从前那种无拘无束，纵横驰骋，豪歌狂饮的生活也就愈益远去，但也愈益让他们想念。

我们知道，一个人业已养成的习惯是很难轻易改变的。如果说，生长在中原的帝王们早已习惯了那种每天深居皇宫过着全封闭但又极为“安全”的生活的话，对祖祖辈辈生活在大草原的蒙古帝王和贵族们来说，这种枯燥乏味的生活是难以忍受的。而当他们又要有意识地保存这种习惯时，就更是难以改变。

把大草原整个搬到中原地区来，是不可能的。但人们又不愿意克制自己，改变四处游牧的习性，以适应新的环境。那么，在两种矛盾之中，只能寻求一种暂时的解脱。由此而来的，就只能是宫廷的草原化，及继续行使前朝留下来的流动都城之制。

这里所谓的流动都城之制，即指辽代由契丹民族所创行的多京之制。辽有五京，为适应契丹统治者四时游猎、放牧的习性而设置。到了元代，虽将其数量减少到两个，而四时游动的性质却是完全一样的。契丹统治者是春、夏、秋、冬各居一处，而蒙古统治者却是春天北上草原度夏，秋天再南下中原过冬。

而宫廷的草原化，则是在农耕文化的氛围之中，人为地建造出一座草原的模型。其意义，已经不仅是为了留恋往日的生活。据传，忽必烈在大都兴建宫殿时，曾在皇宫内遍植从蒙古草原运来的莎草，并称之为“思俭草”，希望子孙后代都不要忘记大草原，当然，更不能丢弃祖先所世代相承的游牧文化。

作为一个生于大草原、长于大草原的蒙古统治者，忽必烈虽然受到了中原儒家文化的深深熏陶，又从大力推行“汉法”的过程中得到极大的利益。但是，他对于中原地区的、归顺于他的地主武装还是存有很大的戒备之心。特别是当他一方面要南下攻灭宋朝，另一方面又要北上平定幼弟阿里不哥的叛乱之时，他同中原地主武装的关系，就变得更加微妙。

忽必烈既要利用这支武装力量为他南征北讨出力，又对其无法完全放心。正是在这个时候，突然爆发了一场政治风波——那就是地方军阀李璮的叛乱。而且，这次叛乱几乎牵扯到了中原地区的所有割据军阀。不仅如此，平叛之后，忽必烈还发现了李璮与蒙古汗国朝廷要员王文统

等人的往来信件。

连最信任的汉人幕僚都参与了这个阴谋，这让忽必烈寝食难安。虽然他毫不客气地处死了王文统等人，但这场风波给忽必烈的打击实在太大了，对元代初期政局的变化、影响也太大了。此后，在军事上，忽必烈罢免了一大批中原将领的军权。在政治上，则明显疏远汉族儒臣，重用少数民族的官吏。更为重要的是，这场风波还直接导致了元朝民族压迫政策的形成。

从此，蒙古统治者实行露骨的民族压迫政策，其中最突出的是把全国人划分为四个等级——这是元代政治制度的一大特征。

第一等级是蒙古人，包括成吉思汗统一蒙古高原过程中组成蒙古民族的各个部落；第二等级是色目人，色目是“各色各目”的意思，包括中国西北各民族及居留中国的中亚、东欧人；第三等级是汉人，是指原来金朝统治下的汉族和汉化了的女真、契丹等族及云南、四川的汉族人；第四等级是南人，是指忽必烈灭宋时仍在南宋统治下的汉族和其他各族百姓。

四个等级中以蒙古人为最高，南人最低。有时四级又可归为两级：蒙古人、色目人为高，汉人、南人为低。

民族等级之间的差别，表现在社会生活的各个方面：在政治方面，朝廷各部门的首席长官都由蒙古人担任，色目人很少；汉人一般只能担任副职，而南人在宋亡之后很长一个时期内，几乎没有什么人在中央做官。地方官吏中，省级官员一般都由蒙古人、色目人担任，汉人和南人一般只能担任州、县级等中下级官员。

在军事方面，元朝军队有蒙古军、探马赤军、汉军和新附军（南宋降军）的区别。战争时各军酌情调用，但以蒙古军为主力，军权都掌握在蒙古将军手中。灭南宋后，汉军平时不准执持兵器，禁止汉族猎人执持弓箭，甚至连寺庙里面也不准陈设真刀真枪，将散落在汉人和南人手中的弓箭和其他武器全部收缴，收进兵器库里由蒙古人、色目人掌管，汉人、南人连过问的权力也没有。

在法律方面，规定蒙古人、色目人和汉族分属不同的机关审理。犯了同样的罪，由于民族等级不同，惩罚也不相同。如规定蒙古人打死汉人、南人，只罚其出征，出一份“烧埋银”就了事；而汉人和南人若打死蒙古人，除了处以死刑外，还要出五十两“烧埋银”。法律还规定：只许蒙古人打汉人，不许汉人还手，否则予以严惩。

在经济方面，对于汉人、南人强行征收，蒙古人等则例外。如元朝官府强取民间马匹，凡汉人、南人的马全取走，色目人取三分之一，蒙古人的马则不征取。

元朝有很多法令，都是针对汉人和南人而制定的，并且明确指出蒙古人不受这些法令的约束。如不许汉人、南人习武、集会，甚至夜间点灯也要受到管制。有的蒙古贵族狂妄地叫嚣，要杀尽张、王、李、赵等几大姓的汉人。

总之，元朝统治者为了自己的利益特权，强行划分民族等级，公然实行歧视和民族压迫政策，造成严重的民族之间的矛盾和隔阂，使元代的社会矛盾显得更加复杂和尖锐。而其始作俑者，就是忽必烈。

巍峨大都拔地而起

在今日北京市市区有一个元大都城垣遗址公园，它是在昔日元朝的大都土城遗址上建造起来的。透过它，人们依稀能看到昔日元大都的风貌。那么，当年的元大都究竟是什么样的呢？

北京，位于华北平原北部，地处平原与山地交界地带：西部和北部群山环抱，东南一带古代为大片沼泽，后形成冲积平原。它的西南角接近太行山下，是通向华北平原的门户；北部为燕山余脉，但西北和东北可通过南口及古北口等山谷，通往内蒙古高原和松辽大平原。雄伟险要的地理环境，使之成为天然的军事要地。

北京古称“燕”或“蓟”，司马迁在《史记》中就有周武王封召公

于燕的记载，距今已有三千多年的历史了。春秋战国时期，蓟城是“战国七雄”之一的燕国的都城。从秦汉到隋唐，它都是军事重镇，也是汉族和少数民族进行贸易的大都会；虽然地名更改多次，但城市和基本地理位置变动不大。

辽代则称北京为“南京”，也称燕京，作为辽国的陪都；但北京被真正作为都城，是在金朝。

金灭辽之后约三十年，于贞元元年（1153 年），正式将都城从上京会宁府（今黑龙江阿城南）迁到北京，改称“中都”。这是北京从军事重镇和贸易中心而成为政治中心的转折点，此后，元、明、清三代均以北京为都城。

金中都是在辽南京城的旧址上扩建而成的，其位置在今北京城的南部。城平面近似正方形，周长约 15 公里，每边各有三座城门。皇帝居住的宫城,位于城内中部偏西南处,呈规整的长方形。金大定十九年(1179 年）又在城东北郊建立了离宫——大宁宫，其中心部位，在今北海公园琼华岛和团城一带。

宏伟壮丽的中都城，对后来元代大都城的建设影响极大。

金朝在北京建都六十余年，金贞祐三年（1215 年），蒙古骑兵突破南口天险，攻占中都，全城毁于一片火海之中。元世祖忽必烈即位之初，采取两都制度，以开平为主要都城，称为上都，以中都为陪都。数年后，忽必烈决定建设中都新城，并立即征集工匠，组建工程指挥机构，任命曾主持上都城建设的汉人刘秉忠负责规划营建。

刘秉忠首先进行了十分详细的地形测量,然后制定了总体建设规划。修建房屋和街道之前，先埋设了全城的下水道，再逐步按规划好的城市蓝图修建。

1271 年，规模宏大的新中都建成。同年，忽必烈公开废除“蒙古”国号，按照《易经》中“大哉乾元”之意，改国号为“大元”。第二年，忽必烈又命名中都新城为“大都”，宣布建都于此，而以上都开平为夏都（陪都）；蒙古人则称大都为“汗八里克”，意即汗城。迁都于此，同时也意味着政治中心的南移，忽必烈决心灭宋，做统治全国的皇帝。

元大都城在地址的选择上，有意避开了金中都的废墟。但又把未遭破坏的、风景优美的大宁宫及附近的大片湖面（当时称为“海子”）包括了进去，并作为城市的中心部分。在城市的设计布局上体现了我国传统的建都原则：三重城垣，中轴对称，前朝后市，左祖右社。

第一重城墙为外城，即整个城市的外轮廓。外城长约二十八公里，平面略呈长方形。城墙全部用土夯成，外面是又宽又深的护城河。城四角建有巨大的角楼，如现在北京建国门外的古观象台，就是当时的东南角楼。

外城共有十一座城门，很别致。据说，这是设计者刘秉忠以此象征神话传说中三头六臂的哪吒：南面三座门象征他的三头，东西两边各三座门象征他的六臂，北面的两座门则是他的双足。

第二重城墙为皇城，周长约十公里，位于全城南部的中央地区。皇城的中部是太液池，即后来的北海与中南海；东部即宫城，西部有兴圣宫和隆福宫。皇城是皇帝居住和办公的地方，即为“前朝”；皇城后面的海子（今什刹海）是商船云集的地方，这一带是商业中心，就是“后市”。

皇城的东部（左方）建有太庙，是皇帝祭祖先的地方；西部（右方）建有社稷坛，是皇帝祭土地的地方。这称之为“左祖右社”。

最里面一重是宫城，即紫禁城。宫城的中心线向南北两端延伸一下，也就是整个大都的南北中轴线，从而十分鲜明地突出了宫城的位置，显示了这个封建王朝统治中心至高无上的地位及其设计思想。

大都城的干道系统基本上是整齐方正的方格网状。全城被干道划分成五十个街坊，坊内有数条平行的小巷，称为“胡同”。胡同多为东西向，宽五到七米；两条胡同之间相隔约七十米，由一些四合院式住宅并联而成。这种东西向胡同的布局方式，很适合北方住宅对光照、通风和交通的需要。城内的居民约有十万户，四五十万人。

元大都城市和宫阙的设计、布置体现了汉蒙文化的结合。在城池、

宫阙、社庙的整体布局上，都依据《周礼·考工记》中记载的原则。宫阙的建筑风格、形制与命名则依于汉制。城门、坊名都来自《易经》，但殿廷内的陈设布置又具有蒙古斡尔朵的特色，如大明殿，殿中设七宝云龙御榻，又设皇后座位，两旁则诸王、百官、怯薛官侍宴坐床重列。入门处置木质银里漆瓮一座，高一丈七尺，可贮酒五十石。丹墀前种有一种从漠北引进的草，即前文所述的“思俭草”。

元大都是14世纪中国的政治经济文化中心，也是当时一座具有国际性大都市性质的城市。元大都与一般的城市不同，除了皇城、内城和外城外，还有城外的附郭。在附郭内居住着往来各国的商人，并建有各国使者的专邸，因此在元大都内居住了众多的外国人。为满足城中各色教徒的宗教信仰需要，专门为他们提供宗教服务的星者巫师就约有五千人。元大都的贸易相当发达，据马可·波罗说：“百物输入之众，有如川流之不息。”来自各国的巨价异物以及其他商品在这里的买卖情况，是当时世界上任何一座城市都无法比拟的。

据《马可·波罗游记》记述，在大都市场上做生意的不但有中国境内的豪商巨贾，而且还有远自中亚、南亚的商人，“凡世界上最为稀奇珍贵的东西，都能在这座城市找到，特别是印度的商品，如宝石、珍珠、药材和香料”。根据登记表明，用马车和驮马载运生丝到京城的，每日不下一千辆次。元大都城和境内外其他地区的这种经济关系，也从一个侧面反映出其作为封建社会都城的经济特点。

从20世纪30年代开始，科技工作者们对元大都遗址进行了研究和考察。20世纪50年代后，经过对古代文献的研究和考古调查、发掘、钻探，科技工作者们对元大都的平面规划作了复原。

经过研究和考察发现，水资源短缺一直是北京地区，特别是城市生活面临的一个难题，金中都时期如此，元大都时期也是如此。元大都城市用水有四种：一是居民饮用水，主要依靠井水；二是宫苑用水，由西郊引山泉经水渠导入太液池，因水从西方来，故称金水；三是城濠用水，也由西郊引泉水供给；四是漕渠用水，此渠即大都至通州的运粮河通惠河。由于地形落差较大，沿河设闸通船，所需水量很大。

四者之中以漕渠用水最难解决，金朝曾引京西的卢沟水（即今永定河）入注漕渠未成，元朝水利专家郭守敬改用京北和京西众多泉水汇集于高粱河，再经海子而注入漕渠，曾一度使江南的粮食与物资直达大都城中，因而受到元世祖忽必烈的嘉奖。但由于上游各支流被权势和寺观私决堤堰浇灌水田、园圃，使水源日见减少，漕运不畅，朝廷虽然严申禁令，也未见效。纵观金元两朝百余年的治漕史实，从京城至通州的漕渠用水始终没有找到满意的解决办法。

在元大都遗址上人们发现了三处水涵洞遗迹，是向城外泄水的设施。文献记载这样的水涵洞有七个。城内大街两旁有排水渠，是石条砌筑的明渠，通过大街时顶部加盖石条。

元大都是在荒野上平地起建的，是中国封建社会后期都城的规范。它三重城垣、前朝后市、左祖右社，有九经九纬的街道和标准的纵街横巷制的街网布局，成为宋代以来城市发展的一个总结，在中国都城发展史上占有重要地位。

元朝被明朝取代后，明太祖朱元璋将大都改名为北平。此后，由于元大都故城北居民稀少、地势空旷，在防守时城上军人无可依托，因此明军在攻城后不久，即于明朝洪武元年（1368 年）在城中偏北部增建一道土垣，将城垣变为“日”字形布局，使北段城墙靠近居民密集区，战时守城士兵可以从容筹划衣食。由于新筑城墙西端正值河床，因此自今德胜门以西处向西南倾斜，造成明清北京城池西北缺角的格局。洪武四年（1371 年）将此段新城墙以北的元大都城垣废弃，原来北城墙上的安贞门和健德门，以及东、西城墙上最北边的光熙门和肃清门也一并废弃。这四门的城楼，以及被划在城外的官署、住宅尽被拆除。

但是，元大都北城垣虽被废弃，但并未被拆除，而是仍然起到拱卫城池的作用。直至明嘉靖朝“俺答之变”时，在土城（尤其是改名“德胜门外土关”的健德门附近）仍有明军驻守。北平此后为燕王朱棣驻地，

其城市格局在明初的五十余年中没有变化。永乐四年（1406 年）朱棣迁都北京后，将北京城南墙南移二里，原元大都南城垣亦未完全拆除，而是任其自行湮灭。至明朝末年，元大都南城垣已经被剥蚀为数座土丘，并被称以“下岗”“上岗”之名。至清朝，大都南城垣遗迹已完全消失。

元大都土城现存北段、西段城墙遗迹，以及护城河（小月河），现被开辟为元大都遗址公园。肃清门瓮城土墙南半部遗迹也清晰可见。

民以食为天

忽必烈深知“民以食为天”的古训，曾经以“户口增，田野辟”作为考核各级官吏的重要标准，这是符合当时社会发展需求的……

我们知道，在中国古代，是没有计划生育这一说的。元朝自然也不可能有，更不必有。本来经过连年的战乱，人口就锐减，在 13 世纪初的时候，金朝和南宋的人口总和有七千三百多万，而到了 1275 年，全国人口就只剩下两千四百万左右了。

为了达到“田野辟”“户口增”的目的，忽必烈颁布了一系列旨在促进人口增长的命令。如 1271 年，忽必烈颁布了《户口条画》，在全国进行了一次户口大清查，将诸王贵族、权豪世家非法占为“驱口”的百姓追查出来，由各个地方给他们上户口，编籍为民。

但是，大元王朝毕竟地大物博，人烟稀少，只解放区区一些“驱口”是远远不够的，于是国家提倡人们多生孩子。

今天的人们都知道，生孩子容易，养孩子难。孩子生多了，没钱养活怎么办?

在元朝根本不必有这样的担心——生多了养不了，国家出钱帮你养。也就是说，在元朝，国家不但鼓励人们多生孩子，还采取奖励生育的措施。如中统二年（1261 年）九月，河南有个农民叫王四，娶妻靳氏，一胎生了三个，结果忽必烈“命有司量给赡养”。

这样的好事哪里去找！于是老百姓都铆足了劲生孩子，再加上忽必烈采取了召集流亡、鼓励农耕、禁止杀戮等措施，一方面北方流亡的人口逐渐固定下来了，另一方面在进攻南宋时屠杀人口相对减少，因此全国的人口逐年增加，基本上应了“户口增”的要求。

随着人口的增加，劳动力也开始充足起来。有了劳动力，农业生产和手工业生产的发展就有了条件。

忽必烈刚即位不久，就在诏书中说：“国家以民为本，民以衣食为本，衣食以农桑为本”，并采取了一系列恢复和发展农业生产的措施。

1260 年，忽必烈设立了十路宣抚司，并命令各路宣抚司挑选通晓农事的人当劝农官。第二年又以姚枢为大司农，并在各路设立了劝农司，从中央派出八名通晓农事的官员为八路劝农使，由他们分头去考察各地的农业生产情况。

十年之后，他又在中央正式成立司农司，《元史》对此记载说：“专掌农桑水利。仍颁布劝农官及知水利者，巡行郡邑，察其勤惰。所在牧民长官提点农事，岁终第其成否，转申司农司及户部，秩满之日，注于解由，户部照之，以为殿最。又使提刑按察司加体察焉”。

虽然忽必烈如此重视农业，但他的部下大多还保持着蒙古人那种骑着高头大马纵横驰骋的习气。他们过惯了骑马到处乱跑的日子，现在到处都是耕地，没地儿跑马了，心里很是不爽。就想要把京城近郊的农田变成牧场，以便牧养宫中的马匹，忽必烈听后欣然应允了这个计划。

忽必烈的皇后察必是一位智慧而富有远见的女人，她听说这件事后立刻跑去见忽必烈，正好看到刘秉忠站在一旁，便生气地责备他说：“你是个聪明的汉人，皇帝对你的意见总是非常重视，可你明知变农田为牧场的事不对，为什么不劝阻呢？”

没等刘秉忠说话，察必皇后又接着说道：“我们刚到这里时并不主张农耕，割地牧马还讲得过去，现在天下已定，郊外的田地也各有其主，百姓安居乐业，这种情况下把良田变为牧场，可以吗？”

忽必烈听了察必皇后的话，觉得十分有道理，于是取消了割地放牧之事。

纵观忽必烈一朝，他多次下达涉农诏书，这种重农政策对元初农业生产的恢复和发展起了一定促进作用。此外，元朝出版了三本有名的农书，即《农桑辑要》《农书》《农桑衣食撮要》。由官府出面组织编写和印刷农业用书，这在我国历史上还是很少见的。

民以食为天，食以粮为本。土地是农业生产的主要生产资料和劳动对象。农民是封建社会的主要劳动力。在生产力水平很低的封建社会里，劳动人口增加了，耕地面积扩大了，农业生产就会不断提高，国家的财政就会得到可靠保证。

所谓无农不稳，无商不富，元朝既重农又重商，重视商业，信任商人，很多中小企业都可以轻松地由官府牵头贷款做生意。国家直接派人经营多种官营商业，实行官府专卖，垄断专利。同时，元朝官府还任用各族商人出任朝廷的高官和各级官府的官吏。因此元朝的商业、交通和对外经济文化交流都比较发达。

元朝统治者重视商业，无非是为了解决“民生”与“国用”的问题，是为了满足统治阶级的需要，解决国家的财政问题。面对接连不断的战争以及迫切需要恢复的各项事业，财政问题成为新政权能否存在下去的关键。庞大的财政开支只靠农业税收难以维持，因此发展商业、任用商人成为忽必烈解决财政问题的重要手段。

正是在重视商业的情况下，出身汉族的财政官员王文统、出身花剌子模的阿合马、吐蕃人桑哥以及汉族商人卢世荣等，才先后凭借理财、经商，从一个生意人，变成朝廷官员，并依靠自己殷实财力爬上了高位。据统计，在忽必烈掌权的三十多年中，有近三十年都是利用这些人理财经商，他们发挥自己的专长解决了国家的财政困难。

正是由于农业的发展和商业在一定程度上的兴盛，元朝时期的其他事业也都取得了新成就。

元朝的印刷业在前朝的基础上继续向前发展，元朝人王祯选择优质木料刻字，以防止沾水伸缩，这就避免了泥活字、锡活字印刷的缺点，使活字印刷术向前推进了一步。稍后，马称德也镂刻活书版十万字，印成了大部头的《大学衍义》等书。

套色印刷技术的发明是元代印刷术发展的另一成就。1340 年中兴路（今湖北江陵）资福寺刻无闻老和尚注解《金刚经》，首卷的灵芝图和经注都用朱墨两色木刻套印。它比西欧第一本带色印的圣诗，要早一百七十年。

中国是瓷器的国度，技术的发展自然少不了烧瓷技术，并且每个朝代都有自己的代表作，如唐三彩和宋的青瓷白瓷，元代的瓷器则是以青花瓷为代表作。它的制作无论在颜料的炼制和烧造方面，都较宋代有了很大的发展。青花瓷色彩明快，釉质光润，烧造技术已发展到相当成熟的阶段。江西的景德镇是当时的瓷都，官府命令选取细白质腻之陶土，精制为薄质精美的瓷器进贡。这些瓷器是千中选一甚至万中选一的精品，故非一般民器所可比拟。

1964 年河北保定出土的青花加紫镂空大盖罐、青花八棱执壶和 1970 年北京出土的青花凤头扁壶、青花托盏等都反映了当时烧造的水平。这些瓷器不仅行销国内，而且还大批远销到海外。

由于手工业生产的发达，商业上交换的频繁，元朝实用算术方面也有很大的进展。最能够代表这一特点的是算盘在元朝开始使用，刘因《静修先生文集》中录有算盘诗。元末明初陶宗仪的《辍耕录》也记载有算盘的使用。

元朝的医学也有了进步，其中有成就的可推朱震亨、危亦林等人。朱震亨主张“阳有余而阴不足”，创“滋阴养火”方法，后世称他为滋阴派。他所用的有些药剂如大补阴丸、琼玉膏等，到现在还流传服用。刘完素的寒凉派、张从正的攻下派、李果的补土派和朱震亨的滋阴派，号称金元医学的四大学派。

此外，元朝时期的天文学、本草学以及技术科学等也都取得了一定的成就。

要想富，先修路

俗话说："要想富先修路。"作为元王朝的最高统治者，忽必烈有没有听说过这句话，这不得而知，但他确实对元朝交通的发达作出了贡献……

我们知道，元朝是中国历史上疆域最大的一个朝代。在那时没有铁路、航空的情况下，交通运输只能靠陆路和水路。

陆路交通固然便利，但需要人为地修筑，耗费的人、财、物不可少。水路交通则不一样，可利用天然的资源。忽必烈当然也知道这一点，因此，在他成为元朝皇帝几年后，便想到了对黄河的利用。

对黄河，中国人自然不陌生。

大诗人李白诗云："君不见，黄河之水天上来，奔流到海不复回……"语句气势不凡，读之宛如黄河就在面前。

当然，黄河之水绝非源自天上。这只不过是诗人的夸张手段，而寓意其源远流长，如同自天而降。然而，黄河在中华民族的成长发展史上，确实占有极为重要的地位，则是毋庸置疑的事实，被人们亲切地称之为"母亲河"。

至于黄河的源头到底在什么地方，我们的祖先很早就有所探求。但是，这种艰辛的探求，却由于受到自然环境和人们科学知识的局限，以及国界、部族分界等政治因素的阻碍，而不能尽如人意。即使如此，古籍中丰富的文字资料记载，仍然表现出先民们对这一问题的极大兴趣。

先秦时期的典籍《山海经》中，就已经记载着"昆仑墟在西北，河水出其东北隅"这样的文字。由此可知，早在远古之时，人们就已经在从事于探求河源的活动。这时的人们认为，昆仑山地处天下之中，其西面之水皆向西流，而其东面之水（包括黄河），则皆向东流。

到了汉代，汉武帝雄才大略，北击匈奴，西通西域，国势大张。于是，又有探求河源之壮举。这一时期探求的结果，则认为，黄河有两个源头，其一出于西北之于阗国，其二出于葱岭。二水合流，潜入沙碛，又自临洮涌出，而一路东来。这一观点，被正式载入官修之《汉书》之中。

此后，历时千余载，人们关于黄河之源的探求，众说纷纭，莫衷一是，却都因种种局限，而未能再次切身勘测，以作定论。黄河之源到底在哪里，始终是一个费解的千古之谜。然而，正是在千载之后，随着历史进程的发展，有一个少数民族的帝王重提此事，并决定亲手来解开这个难解之谜。

这个人就是元世祖忽必烈。

虽然早在成吉思汗西征之后，西域诸地即归入蒙古汗国的版图，给人们实地勘察河源提供了便利条件。然而那时的中原地区（即黄河流域），在整个汗国中所占的地位尚不十分重要，而蒙古统治者对中原的了解，也是极为肤浅的，当然不会有人提议去探求黄河之源这个无关大局的事情。

到忽必烈建立新王朝，立年号为“中统”，定都于燕京之时，已经把自己摆在中原王朝正统代表的位置上，而作为养育中华民族的母亲河，黄河的重要性，也开始被其所重视。于是，在至元十七年（1280年），忽必烈亲下圣谕曰：“黄河之入中国，夏后氏导之，知自积石矣，汉、唐所不能悉其源。今为吾地，朕欲极其源之所出，营一城，俾番贾互市，规置航传，凡物贡水行达京师，古无有也。朕为之，以永后来无穷利益。”

遂遣蒲察都实、阔阔出等近臣持金虎符，为招讨使，前去寻找河源，以便规划航道。当年春，抵达河州（今甘肃临夏回族自治州），又西行四五千里，至藏地朵甘思都元帅府之西境，终于找到了黄河的源头，称其地为“火敦脑儿”（汉语意为“星宿海”，位于今青海札陵湖西面）。

蒲察都实等人自河州沿黄河西行，经积石州（今青海循化撒拉族自治县）、贵德州（今青海贵德县），由此北转，循昆仑山脉而西进，已罕有人烟，亦无官府，所见多为牦牛、野马之类动物，夹河两岸多山丘。再前行，沿途见诸水皆汇于黄河之中。蒲察都实等人将一路所见绘成图，带回京城。

蒲察都实等人的实地勘查，取得了重大的成果，第一次在条件极为艰苦的情况下，经过不懈努力，搞清楚了一个自古以来就被中华民族极为关心的、却又始终未能搞清楚的、长期处于传说状态之中的难解之谜——黄河之源。

忽必烈非常高兴，命工匠造船六十艘，作为出航河源的工具。此后，利用黄河航道通往西域进行商贸的设想虽然由于种种原因未能实现，但是这种设想本身，就足以显示出蒙古帝王的思路，也是游牧民族出行四方毫无约束的生活在意识上的反映。

蒲察都实等人的找寻河源之举，能够获得成功，当然不是偶然的。蒙古汗国疆域的扩展，乃是首要条件。而汗国交通线路的畅通无阻，则是另一个重要的条件。

道路如同血管，只有有了道路，所需要的各种给养才能源源不断地输送到各地，自古至今，莫不如此。而在没有现代通信手段的古代，驿路就是一个国家的神经，没有了畅通、及时的通信，一个国家很快就会陷入瘫痪。

蒙古建立了庞大的汗国，而这个庞大的汗国要维持统治，不至于瘫痪，自然也要保证驿路的畅通。

驿路就如同现在的国道，要是想开车从一个城市到另一个城市，最便捷的就是走国道。元朝的时候也一样，为了传达政令、互通情报、运送物资，就需要修建大量的驿路，成吉思汗的时代，驿路还不是很规范，到了窝阔台当大汗的时候，他才进一步地将驿站制度严密化、系统化。

后来，元朝沟通南北大运河的开凿，使中国的驿路交通空前发达。陆路交通方面，全国各地设有驿站一千五百多处，其中包括少数水站。驿道北至吉尔吉思，东北至奴儿干，西南至乌思藏、大理，西通钦察、伊利两个汗国。

元朝的驿道不但连通内部，还连向了外部，这在当时很了不起。就连很多外国人都对元朝人修的驿路夸赞不休。

元朝的驿道，在每条大路上，按照市镇坐落的位置，每隔四五十公里，就会设有驿站，筑有旅馆，接待过往商旅住宿。这些就叫作驿站或邮传所。

这些旅馆修得非常华丽，如同现在的五星级宾馆，意大利人马可·波罗来中国旅游的时候，就对此十分羡慕。他回去后在他的书里写道："这些建筑物宏伟壮丽，有陈设华丽的房间，挂着绸缎的窗帘和门帘，供给达官贵人使用。即使王侯在这样馆驿下榻，也不会有失体面。因为需要的一切物品，都可从附近的城镇和要塞取得，朝廷对某些驿站也有经常性的供应。"

别以为快递是现代社会的产物，在元朝那会儿也有"快递"，要是有什么加紧的信件，几天时间就能送到，那会儿的元朝皇帝就经常能在两天内收到按平时速度要十天才能接到的消息。

加急快递的驿使都有自己的特殊的通行驰驿的牌符证件，各个朝代的称呼不一样。元代称呼为"铺马札子"，最常见的铺马札子是金银字圆牌，还有一种叫"铺马圣旨"的证明。金、银字圆牌是紧急驰驿的证件，专门递送军情急务。

为了保证驿路的畅通，元朝还建立了严密的"站赤"制度，使邮驿通信十分有效地发挥效能。所谓"站赤"，是蒙古语"驿传"的译音。站赤制度，是一种系统而严密的驿传制度。这些对驿站管理和对驿官考核的具体条例，对元代邮驿发展起了保证作用。

元朝的经济之所以能有一定程度的恢复和发展，驿路的畅通可谓功不可没。

一个非同凡响的名字——郭守敬

在河北省邢台市和上海浦东新区分别有"守敬北路""守敬南路"和"郭守敬路"；在北京和宁夏，人们分别建有郭守敬纪念馆和郭守敬祠堂。人们甚至将月球背面的一环形山命名为"郭守敬环形山"。这一切，只因为郭守敬真的很了不起……

蒙古汗国在攻打金和南宋的过程中，由于长年累月的战争，使中国北方的农田水利遭到了严重的破坏，人口大量减少，生产急剧下降。这种状况对于元朝的建立和统治是十分不利的。以元世祖忽必烈为首的蒙古统治集团觉察了这一点，于是在华北地区封建势力代表人物的支持下，逐步进行了一些改革，改变了一些野蛮的杀掠方式，实行了一些鼓励农桑增产的措施。因此，在忽必烈的时代，华北一带的农业生产才逐渐恢复起来。农业生产必须适应天时，农田排灌需要水利建设，于是对天文历法和水利工程的研究，就成为迫切的要求。同时，国家统一了，中外交通范围比以前扩大了，更给科学技术的发展提供了新的因素。因此，元朝的天文学和水利学，在前朝的基础上，有了进一步的发展。我国古代著名的科学家郭守敬正是在这个时期，在这两门科学方面作出了卓越的贡献。

郭守敬（1231—1316），字若思，邢州（今河北省邢台市）人。他出生在河北邢台的一个学者家庭里，他的祖父郭荣学识渊博，对数学和水利都有深入的研究。祖父常常带着小孙子东看看西摸摸，教他数学，教他技术。郭守敬认真读书，刻苦钻研，进步很快。十五六岁时，他曾经看到一幅从石刻上拓印的“莲花漏”图，没用多少时间，就弄清了它的制造方法和原理。

莲花漏是中国古代的一种计时器，是北宋科学家燕肃在古代漏壶的基础上改进创制的。这器具由好几个部分配制而成。上面有几个漏水的水壶。这几个水壶的水面高度配置保持不变。水面高度不变，往下漏水的速度也就保持均匀。水流速度保持均匀了，在一定时间内漏下的水量也就不变，不会忽多忽少。这样，就可以从漏下的水量指示出时间来了。燕肃留下的莲花漏图，就画着这样的一整套器具。

配制这套器具的原理并非很浅显。燕肃所画的图，构造也不是很简单。仅仅依据一幅图就想掌握莲花漏的制造方法和原理，对一般成年学者来说也还不是一件容易的事情。年纪才十几岁的郭守敬居然把它弄得一清二楚，这就足以说明郭守敬既有天赋又喜欢钻研。

史书记载，在当时邢台县的北郊，有一座石桥。金元战争的时候，这座桥被破坏了，桥身陷在泥淖里。日子一久，竟没有人说得清它的所在了。这给来往的人带来了很大的不便，而且严重影响了农业生产的发展。郭守敬仔细查勘了河道上下游的地形，对旧桥基有了一个估计。在他的指点下，人们居然一下子就挖出了久被埋没的桥基。这件事引起了很多人的惊讶。石桥修复后，当时一位有名的文学家元好问还特意为此写过一篇碑文。这时候，年轻的郭守敬已经能对地理现象作颇为细致的观察了。那一年，他刚刚二十岁。

常言道：先有伯乐，后有千里马。纵使郭守敬有天大的本事，如果没有“贵人”的举荐，他也只能成名于一地，难以有更高更大的平台展示自己。

幸好，郭守敬遇上了这样的“贵人”。这个“贵人”就是元世祖忽必烈的汉人幕僚刘秉忠和张文谦。

还是在郭守敬很小的时候，有一次刘秉忠到郭守敬的老家邢州去开了个学术讲座，郭守敬的祖父郭荣听说了以后赶紧把孙子带进去旁听，还请求刘秉忠收郭守敬为学生。刘秉忠欣然应允。就这样，郭守敬跟着刘秉忠学习，还结识了不少跟他有着共同兴趣爱好的朋友。王恂就是其中之一。王恂比郭守敬小四五岁，后来成为一位杰出的数学家和天文学家。他们二人在天文历法工作中亲密合作，作出了卓越的贡献。

在刘秉忠这个恩师的教导下，郭守敬获益良多。大约在 1251 年，刘秉忠被忽必烈召进京城。刘秉忠离开邢州之后，郭守敬的行踪如何，史书上没有明确的记载。只知道后来刘秉忠又把他介绍给了自己的老同学张文谦。

张文谦（1216—1283），字仲卿，邢州沙河（今邢台沙河市）人，幼聪敏，善记诵，也是元世祖忽必烈的幕府重臣之一。

忽必烈统一北方以后，为了发展农业生产，决定整治水利，征求这方面的人才。张文谦便把郭守敬推荐给忽必烈，忽必烈很快就在开平召

见郭守敬。

郭守敬对北方水利情况如数家珍，当时就提出六条整治水利的措施。忽必烈每听完一条，就点头赞许，十分满意。最后，他很感慨地说："让这样的人去办事，才不会是摆空架子吃闲饭的呢。"接见后，忽必烈就派郭守敬担任提举各路河渠的职务，经办河道水利的事。

在水利这方面，郭守敬做出了不小的成绩。除了治理北方的水利，后来忽必烈又派他到西夏去工作了一段时间。郭守敬尽职尽责地在西夏忙碌着，经过详细勘察以后，发动民工疏浚了一批原有的渠道、水坝，还开挖了一些新河道。不出一年时间，这一带九百多万亩农田灌溉畅达，粮食丰收，百姓的生活也得到很大改善。

此后不久，为了加强大都到江南的交通运输，忽必烈又派郭守敬去勘测水路交通情况。经过郭守敬的勘测、设计，不但修通了原来的运河，还新开凿了一条从大都到通州的通惠河。这样，从江南到大都的水路运输，就畅通无阻了。

郭守敬在主持水利工程时，经常要测量地形高低。他经过研究，发明了以海平面为基准，参较大都与汴梁地形高低的方法，这是我国地理学上最早形成和运用"海拔"概念测地形的实例。

1265 年，郭守敬回到了上都。同年被任命为都水少监，协助都水监掌管河渠、堤防、桥梁、闸坝等的修治工程。1271 年升任都水监，1276 年都水监并入工部，他被任为工部郎中。

忽必烈灭亡南宋、统一中国以后，更加重视农业生产的恢复。农业生产要利用历法。过去，蒙古一直使用金朝颁布的历法，这种历法误差很大，连农业上常常使用的节气也算不准。元朝征服江南以后，南方用的又是另一种历法，南北历法不一样，更容易造成紊乱。忽必烈决定统一制订一个新历法。他下令成立了一个编订历法的机构，名叫太史局（后来叫太史院）。负责太史局的是郭守敬的同学王恂。郭守敬因为精通天文、历法，也被朝廷从水利部门调到太史局，和王恂一起主办改历工作。

由于研究历法需要依赖观测，而观测必须依靠仪表。因此修订历法的工作刚一开始，郭守敬就首先检查仪器。可检查的结果非常不乐观，当时司天台上的天文仪器，大多是金朝遗留下来的，就连最重要的浑天仪也是金兵攻下北宋京都汴京后抢来的。由于燕京和汴京的纬度并不相同，因此这架仪器无法直接使用。其他仪器也大多破损，难以继续使用。为此，郭守敬制作了十二件在司天台上使用的仪器，四件可搬运到野外使用的仪器。其中，最著名的就是“简仪”。

简仪是在传统的浑天仪基础上改造而成的。浑天仪是测定星球在天体中位置的仪器，由七八个同心圆环套叠组成。在这些圆环中夹着一根细长的“窥管”，只要将窥管对准哪个星球，就可以推算这个星球在天体中的位置。由于圆环多达七八个，每个都有一两寸宽，观测时这些圆环挤在一起，给观测工作带来了极大的妨碍，弄得不好还会错失观测机会，而且读数也不太精确，只达到四分之一度。

郭守敬经过对这些圆环的仔细分析，发现有些星体运行位置的度数，可以用数学方法来计算，相应的圆环可以撤销。此外，他又把测读地平方位角的圆环分离出来，另外建了一架独立运用的“立运仪”。经过他的一番改造后，简仪运用起来既方便又清晰，精密度也达到了三十六分之一度。

郭守敬运用自己制造的简仪对天体作了严密观测。他测定了黄道与赤道的交角，以及二十八宿（星座）的距离，其精确度都较以前大为提高。这为编制一本高精确度的历法，奠定了科学的基础，而简仪的装置原理，后来在现代天文望远镜中得到了广泛的运用。

为了编好新历法，郭守敬还在全国建立了 27 个观测点，进行大规模的天文观测。其中最南端的观察点在南海，最北端的观察点在北海。1280 年，新历法初步编成，被定名为《授时历》。《授时历》以 365.2425 天为一年，与地球绕太阳一周的实际时间相比，仅仅只差了 26 秒钟。《授时历》同我们现在使用的公历周期相同，但比现行公历要早了三百多年。因为这部历法的节气推算比较准确，对农业生产帮助很大，所以很快就被中国的一些近邻国家所采用。

1303年，元成宗颁布命令，凡年满七十二岁的官员都去职返乡，唯独郭守敬得以继续留任。郭守敬一生坚持不懈地从事于科学实践，直到八十六岁高龄还在进行着研究。

郭守敬的科学成绩还有很多。他的著作有十四种一百多卷，可惜至今都已失传了，但郭守敬所取得的那些杰出成就，使他的英名在中国科技史乃至世界科技史册上都闪耀着永恒的光辉。

众说纷纭的"西方来客"

蒙古铁骑的几次西征打开了欧洲和亚洲之间的通道，促进了中外文化的交流，《马可·波罗游记》就是这种交流的成果之一。当然，人们对此疑问多多……

元世祖忽必烈在位期间，中国是世界上最强大富庶的国家，西方各国的使者、商人、旅行家都纷纷慕名前来中国观光旅游、做生意，其中最有名的要数马可·波罗。

马可·波罗是13世纪世界闻名的旅行家、商人，于1254年出生于意大利威尼斯。威尼斯是一个具有经商传统的城市，是当时地中海的商业中心和东西方贸易的集散地。马可·波罗正是出身于一个商人家庭，父亲和叔叔都是威尼斯的大商人，常年奔波在外。他们去过伊斯坦布尔，在蒙古汗国辖下的钦察汗国从事过贸易活动。后因钦察汗国和伊儿汗国之间爆发内战，他们选择了回国。在归国途中，他们巧遇从伊儿汗国回元朝的使节，于是跟使节一起到了大都，并受到忽必烈的接见，还在忽必烈的委任下，担当元朝出使罗马教廷的特使。

父亲和叔叔的这番际遇使小马可·波罗对神秘的东方产生了浓厚的兴趣，并萌发了去中国的想法。1271年，年仅十七岁的马可·波罗终于得偿所愿，随父亲和叔叔带着罗马教廷给忽必烈的回函，开始了中国之旅。

他们从威尼斯出发，先乘船横渡地中海来到耶路撒冷，然后经小亚细亚半岛、底格里斯河谷来到古城巴格达。接着继续南下到达波斯湾的海港忽里模子，原想从这里乘船去中国，又怕海上风暴险恶，最后决定还是从陆路走。他们北上越过伊朗高原及沙漠地带后折向东行，翻过帕米尔高原到达可失哈儿（今新疆喀什），沿着丝绸之路继续东行，穿过塔里木盆地和罗布泊南缘的和田、且末诸城，越过沙漠到达沙州（今甘肃敦煌）。再经过河西走廊上的肃州、凉州（今甘肃酒泉、武威）后，北上宁夏（今银川），穿过草原，最后到达上都。沿途历经千难万苦，费时三年半，到上都时已是1275年的夏天了。

忽必烈很高兴地接见了马可·波罗一行，并且把他们留在大都居住任职。年轻的马可·波罗聪明谨慎，擅长辞令，很快熟悉了蒙古的风俗习惯，学会了骑马射箭和蒙古语等，深受忽必烈器重。

此后，马可·波罗旅居中国十多年。在此期间，他游历了大半个中国，陆续到过新疆、甘肃、内蒙古、山西、陕西、四川、云南、山东、江苏、浙江、福建和北京等地，行程超过万里。

叶落总要归根，在中国待得久了也难免会想家。马可·波罗一家三人因为思乡心切，就跟忽必烈请求回老家去，可是忽必烈无论如何也不准他们离开中国，尤其是马可·波罗，忽必烈如此器重他，怎么能轻易让他走呢?

说来也巧，这时候波斯湾地区有一个国王死了皇后，那个国王就派了个使者前来向忽必烈请求，希望能在中国再讨一个新皇后。忽必烈也是个爽快人，反正自己身边的美女多的是，公主们也个个长得漂亮，于是他就挑了一个女孩送给了那个国王。

说来也巧，这个前来送信的使者在返回时却怎么样也想不起自己的国家在哪个方向，自然也就想不起回家的路。他听说马可·波罗一家比较熟悉去他国家的海路，就请求忽必烈让他们三个帮忙带路。忽必烈无奈之下只好答应了这个请求。

就这样，马可·波罗一家在顺利完成任务以后，又用三年时间终于

回到了日盼夜盼的故乡威尼斯。

此时他们已经离开威尼斯长达二十年，故乡的人许久没有听到他们的消息，都以为他们死在了国外。现在看到他们穿着华贵的东方服装回来，又听说他们到过中国，带回许多珍珠宝石，都羡慕不已，便给马可·波罗起了个外号，叫作“百万家产的马可”。

没过多久，威尼斯和另一个城邦热那亚的舰队在地中海发生了冲突。为了保卫自己的家乡，马可·波罗自己花钱买了一条战船，亲自驾驶，参加威尼斯的舰队。结果，威尼斯打了败仗，马可·波罗被俘，被关在热那亚的监牢里。热那亚人听说他是个著名的旅行家，纷纷到监牢里来访问，请他讲东方和中国的情况。

当时还有一个叫鲁思梯谦的作家跟马可·波罗一起关在监牢里，他把马可·波罗在狱中讲述的事都记录下来，编成了一本书，这就是著名的《马可·波罗游记》(又名《东方闻见录》)。

《马可·波罗游记》共分四卷，第一卷记载了马可·波罗等人东游沿途见闻，直至上都止。第二卷记载了蒙古大汗忽必烈及其宫殿、都城、朝廷、官府、节庆、游猎等事；自大都南行至杭州、福州、泉州及东南沿海等事。第三卷记载日本、越南、东印度、南印度、印度洋沿岸及诸岛屿以及非洲东部等地的情况。第四卷记载成吉思汗后裔发动的战争和亚洲北部情况。

每卷分章，每章叙述一地的情况或一件史事，共有二百二十九章。书中记述的国家、城市的地名达一百多个，而这些地方的情况，综合起来，有山川地形、物产、气候、商贾贸易、居民、宗教信仰、风俗习惯等，国家的琐闻佚事、朝章国故，也时时夹见其中。

《马可·波罗游记》是西方第一次较全面地报道中国的一部书，书中虽然记录了中亚、西亚、东南亚等地区的许多国家的情况，但其重点部分则是关于中国的叙述。书中以大量的篇章，热情洋溢的语言，记述了中国无穷无尽的财富、巨大的商业城市、极好的交通设施，以及华丽的宫殿建筑。这些叙述在中古时代的地理学史、亚洲历史、中西交通史和中意关系史诸方面，都有着重要的历史价值。

最后，热那亚人也因为马可·波罗出了名，就把他释放回国。

此后，中国和欧洲人、阿拉伯人之间的往来更加密切。阿拉伯的天文学、数学、医学知识开始传到中国来，中国古代的指南针、印刷术、火药等知识，也在这个时期传到了欧洲。

马可·波罗被释放回国后，开始经商，并有了家室，再也不曾出游过。1324年，马可·波罗死于威尼斯。

《马可·波罗游记》这本书虽然影响重大，然而，从它问世七百多年以来，就一直有人怀疑马可·波罗是否到过中国，并怀疑他的游记是否是伪作。直到今天，这些怀疑依然存在。

对马可·波罗这段经历的怀疑，早在他在世时就已开始。前已述及，《马可·波罗游记》是马可·波罗在狱中口述，由其作家狱友鲁思梯谦写成的。当时有许多人就认为一个囚徒的话当不得真。一些关心他的朋友，甚至在他临终前还在劝他把书中背离事实的叙述删掉。

后来，随着地理大发现，欧洲人对东方的了解越来越丰富，《马可·波罗游记》中讲述的许多事物逐渐被证实，《马可·波罗游记》也不再被视为荒诞不经的神话了，但还是有人对它的真实性产生怀疑。一些可疑之点如游记中所描述的“襄阳献新炮”“扬州做了三年官”等，都使人对马可·波罗一家曾长期住在中国产生怀疑。

19世纪初，德国学者海尔曼认为，《马可·波罗游记》是一部冒充为游记而编排的拙劣的教会传奇故事，是为了传教士和商人的利益，用以激发、感化蒙古人的热情，以便到中国通商而创作的。并且说，马可·波罗一家最远就到过中亚布哈里亚，关于中国的情况是从曾到过该地的商人们口中听来的，关于印度、波斯、阿拉伯及埃塞俄比亚的叙述则抄自阿拉伯著作。1965年，德国史学家福赫伯也在一篇报告中说，马可·波罗是否到过中国，还是个没确切答案的问题。

随后，英国人克鲁纳斯对《马可·波罗游记》的真实性提出了四个极具分量的疑问：

第一，在中国古代浩如烟海的史籍中，没有一件可以证明马可·波罗所言的事情属实。

第二，《马可·波罗游记》中很多统计资料充满疑点，把中国丰富多彩的景象搞得灰蒙蒙的。

第三，中国两件最具特色的文化产物——茶和汉字，以及中国四大发明之一的印刷术在书中都没有提到。

第四，《马可·波罗游记》中的许多中国地名用的都是波斯叫法，这可能是因为他只到过中亚的伊斯兰国家。

不过，也有学者驳斥了这几个疑点。

第一，虽然在浩如烟海的中国史籍中还没有发现直接记载马可·波罗的史料，但有间接资料。有人在中国的《永乐大典》和外国的《伊尔汗史》《蒙古史》中，找到过一条反驳的“证据”。这几部史书中提到 1290 年阿鲁浑王的三位使者兀鲁斛、阿必失呵、火者的名字，与《马可·波罗游记》中提到的阿鲁浑王三位使臣的名字以及所处的年代完全吻合。第二，马可·波罗没有受过高深的教育，著书环境又在监狱里，没什么图书资料可供参考，而且是同狱难友记录的，所以难免有错误疏漏之处。第三，他可能保持着本国的习惯，不喝茶，所以没提到茶。同样，他不认识汉字，文化水平不高，因而不提汉字书法和印刷术实属正常。第四，书中地名多半用波斯语或蒙古、突厥语表达，说明他接触的主要是波斯人、蒙古人和突厥人，而很少接触汉人，因而中国地名多用波斯拼法。

上面的反驳有些道理，但由于没有直接证据，不能成为铁证。第一条虽然有《永乐大典》作旁证，但由于仅是“孤证”，也很难成立，而且《永乐大典》与更早的《元史》也有出入。《元史》中根本没有提到《永乐大典》中记载的那三位使臣。《元史》成书早于《永乐大典》，人们自然更相信《元史》。

有人认为，《马可·波罗游记》中大加渲染的“襄阳献炮”事件，不但不是他没来过中国的证据，反而是证明他本人确实来过中国的铁证。

“襄阳献炮”事件发生于蒙宋襄阳之战中，《元史》中记载了襄阳献炮的详细经过。襄阳作为战略要地，是南宋王朝的“国之西门”，元宋在此地多次交战，互有胜负。1267年，元世祖忽必烈采纳南宋降将刘整的建议，派阿术率军再次进攻襄阳，继而又进围樊城。1269年，宋将张世杰驰援樊城失败，夏贵、范文虎往援又败，襄樊军民奋勇坚守。次年，宋任命李庭芝为京湖制置大使。1272年，李庭芝派张顺、张贵率水师突破封锁往援，张顺战死，张贵入城后又突围接应援军，被俘牺牲。1273年，元军切断襄樊通路，攻破樊城，守将牛富力战而死，襄阳城被元军用抛石机轰破，守将吕文焕出城投降。

根据以上记载可以看到，元军之所以能够攻下城池，抛石机功不可没。那么，抛石机是谁制造出来献给元军的？

《马可·波罗游记》中说是马可·波罗和他的父亲、叔叔制造并献出的，而《元史》等史料上却记载说，献炮者是一个叫“亦思马因”的人。

也许有人会说，亦思马因会不会就是马可·波罗本人呢？

没有这个可能。因为根据游记记载，马可·波罗卒于1324年，而《元史》上说得很清楚，亦思马因早在元世祖至元十一年（1274年）就因疾而死。可见二人无关。

亦思马因有个儿子叫布伯，这个名字听起来与“波罗”相似，他会不会是马可·波罗呢？这也不可能。因为他卒于天历三年（1330年）。这更能说明他们之间没有任何关系的一点证据是：马可·波罗死在了欧洲，而布伯却卒于中国。

“襄阳献炮”事件还有另一个更大的疑点——时间对不上。《马可·波罗游记》中称他一家来华的时间为1275年，而襄阳城早在1273年就已被元军攻下，何用他们再献炮攻打？

《马可·波罗游记》还记载说，马可·波罗曾在扬州做过官。据游记记载，当时扬州是中国十二行省之一，而马可·波罗曾受元朝皇帝委任，治理扬州达三年之久。由于书中没有明确记载他当过什么官，

因此，马可·波罗是否在中国做过官？究竟做过什么官？就成为一个悬案。

为《马可·波罗游记》作序的法国学者波基根据《元史·地理志》的记载，推测马可·波罗在 1277 年至 1289 年间曾做过扬州及其附属的二十七个城池的长官，即行省长官。

另一位英国学者则认为马可·波罗到中国时才二十岁出头，不可能做到行省这样地方最高一级职位的长官，可能只是一个达鲁花赤或副达鲁花赤，即行省属下的一个行政区划的一个小官。

然而，还有一些学者则认为，马可·波罗在扬州什么官也没做过。因为，当时的扬州经济繁荣，交通发达，是闻名中外的国际贸易港口。当时有许多来自东南亚、西亚各国的商人、传教士、僧侣到过扬州，其中有人在扬州定居、做官。这些资料在扬州的地方志中都有记载，但是，无论《元史》还是江苏、扬州等地的地方志，都没有记载马可·波罗在扬州为官的事。另外，假如马可·波罗在扬州一带长时间为官，扬州地区不可能没有留下他的遗迹和民间传说。因此，马可·波罗曾在扬州做过官的可能性不大。

《马可·波罗游记》中既然存在着这么多的疑点，那么，马可·波罗本人是否真的到过中国，就是个十分值得怀疑的问题了。

有人认为，马可·波罗也许是到了中亚一些国家，却误以为是来到了中国——这是有前车之鉴的。

今天的人们都知道是哥伦布发现了美洲，但他本人至死都认为自己发现的是印度，他坚持称他在美洲附近所见到的第一片陆地为“西印度群岛”。哥伦布不是骗子，马可·波罗也可能不是有意撒谎，只是把所到的中亚的某些国家误当作了中国。

这种可能性存在吗？当然不能排除。

蒙古汗国的版图曾一度横跨欧亚大陆，面积达三千多万平方公里（包含元朝），是一个空前庞大的汗国。在当时以马匹为主要交通工具的情况下，蒙古汗国的最高统治者大汗几乎无法作有效的统治。为了便于管理，蒙古人采取地方分权制度，把疆域划分为六个子国，平等地并列于最高元首大汗之下。

六个汗国都是蒙古大汗的属地，其子民都可以自称为蒙古汗国人。因为元朝皇帝之位由蒙古大汗忽必烈担任，六个汗国的子民也都可以自称为中国人。这些子民中有不少来自中亚细亚的波斯人（色目人），他们可能到过中国的中原，并且在中亚细亚的某个地方遇见马可·波罗，以“中国人”的身份向马可·波罗一家人讲述了在遥远的东方所发生的一切。这些色目人虽然在元朝的政治地位很高，但他们的文化水平不高，至少汉文化水平相当低，所以，讲到许多中国的地名时用的大多是波斯叫法，而且往往把元朝皇帝的家谱搞错。这一点可以理解，蒙古人建立的六个汗国的开国君王虽然都是成吉思汗铁木真的后裔，但其继任者们却往往乱了辈分，尤其是元朝，其皇帝又兼任蒙古大汗，要搞清如此复杂的关系确实不容易。

色目人不熟悉汉文化，所以根本没把汉人使用的汉字、印刷术及茶当成一回事，自然也就不会向马可·波罗提起。同样，由于不熟悉汉文化，他们提供给马可·波罗一家人的中国资料是感性的、支离破碎的。

如果以上分析属实的话，最合理的说法是，马可·波罗并没有真正到过中国，至少，他没有到过中国本土，只是自认为他所到的中亚细亚国家就是中国。“襄阳献炮”则是他为了抬高身份而编造的故事，以便为元朝皇帝“接见”做铺垫，纯属虚荣心在作怪。

当然，在没有更多更直接、更确凿的证据出现之前，以上说法并不能作为马可·波罗一定没有到过中国的定论。

尽管《马可·波罗游记》的真实性一直受到质疑，但是目前国内外学者们都承认这本书在开拓东西方交流方面作出了巨大的贡献。

这本书大大丰富了欧洲人的地理知识，打破了宗教的谬论和传统的“天圆地方”说。同时，《马可·波罗游记》对 15 世纪欧洲的航海事业起到了巨大的推动作用。这本书引发了国外众多的航海家、旅行家、探

险家对东方的兴趣，他们纷纷东来，寻访中国，大大促进了中西交通和文化交流。因此，可以说，马可·波罗和他的《马可·波罗游记》给欧洲开辟了一个新时代。

敛财高手，难得善终

忽必烈统治时期，为了解决财政问题，先后任命了阿合马、卢世荣、桑哥三人帮他管理财政。然而，三人理财虽很在行，但做派却也相同。结果，没有一个善终……

忽必烈统治的三十多年，是社会从连年不断的战争向全国安定过渡的时代。诸王叛乱、南下灭宋、镇压反元武装起义，这都迫切需要军饷；百废待兴、恢复封建经济，也都迫切需要金钱。因此，谁善于理财，谁就受到忽必烈的重用。忽必烈时期主要帮助他管理财政的是花剌子模人阿合马。

阿合马原是花剌子模的商人，后被忽必烈任命为诸路都转运使，负责管理国家钱财。

阿合马也真有两下子，上台之后就干了两件漂亮事。一是在均州（今湖北省丹江口市）和徐州兴办炼铁业，每年产铁一百多万斤，铸成二十万件农具，每年可以换成官粮四万石；二是禁止私人卖盐，由官府来卖，又增加盐税，不管是和尚、道士，还是士兵，都要交税。这样就为忽必烈多收了一大笔钱粮，忽必烈很高兴，又命他做中书平章政事。阿合马又用各种办法，在全国各地增加赋税，比如增加茶、酒等的税额，提高官卖农具的价钱等，为忽必烈搜刮了一大笔钱财，这让忽必烈更加信任他。

元朝以中书省为政务中枢，主官中书令通常由皇太子兼任，下为左右丞相，再下为平章政事，可见平章政事官职之大。做了中书平章政事后，阿合马还感到不满足，他要取得更大的权力。

1270 年，阿合马请求设立尚书省，来代替中书省的权力。忽必烈应允，阿合马又做了尚书省平章政事。从此，他的权势更大了，开始打击拥护汉法的官员，把自己的心腹安排到重要的职位。宰相安童出来反对，阿合马竟然说:“大小事情都交给我办，用什么人，应该由我说了算。”他分明连宰相都不放在眼里。

随着权势越来越大，阿合马不但让自己的儿子忽辛当了大都路总管，还做起了卖官的生意，收别人的钱财，甚至还要别人给他送美女。阿合马还依仗着他有理财的特权，派人经营，从中得到了许多好处。

由于阿合马和他手中的一批官吏，到处搜刮剥削老百姓，使得老百姓都十分痛恨他。

又由于阿合马大力阻止汉法的推行，这使得刘秉忠、史天泽、张文谦、廉希宪等大臣都起来反对他，但是，阿合马花言巧语，史天泽他们都说不过他。后来，安童实在看不下去了，就给忽必烈上了一道奏折，说阿合马是一个害国害民的奸臣。可是忽必烈认为阿合马会理财，不但不理会安童，还说阿合马是将才。后来，安童被派到北边去守卫边疆，刘秉忠、史天泽等人又先后去世了，这下，阿合马的胆子就更大了，越来越专横。

阿合马的独断专行，引起越来越多大臣的不满，就连真金皇太子也非常痛恨他，但由于忽必烈的包庇没法惩治他。有一个御史名叫姚天福，他一向敢于揭发官员的不法行为，忽必烈就叫他“巴儿思”（蒙古语“老虎”的意思），还对他说:“如果大臣、官员有违法的事儿，你要大胆揭露，不要隐瞒。”于是，姚天福就列举了阿合马的二十四条罪状，在朝廷上揭露，要求惩罚阿合马，但是忽必烈仍然包庇阿合马，还将姚天福流放到外地，这下阿合马更得意了。中书左丞（副宰相）崔斌，又揭露阿合马任用亲信，一家人都在做大官。眼见群情激愤，忽必烈不得已罢免了阿合马的子侄们的官，但还是十分信任他。后来崔斌到江淮行省去做左丞，阿合马就诬告他盗窃官粮四十万石，私自更换朝廷任命的官员八千七百多人，定下罪名，把他杀了。

阿合马虽然很专横，但在真金皇太子面前还是不敢胡来。真金一直

想找机会教训教训他。有一天，阿合马喝醉了酒，真金知道了，就派人去找他。他不敢不去，就叫两个人扶着他去。见了太子，那两个人只好松开手，任由他摇摇晃晃地上去施礼，结果扑通一下子倒在地上，怎么也爬不起来。真金走上前去，一把把他抓了起来，照着他的脸狠狠地打了两拳，打得他鼻子、嘴巴都出了血，然后又把他摔倒在地，狠狠地踢了两脚。第二天，忽必烈看见阿合马脸上有伤，就问是怎么回事。阿合马不敢说是太子打的，就撒谎说是昨晚不小心在门上碰的。

山东益都有个千户叫王著，他看到大家都痛恨阿合马，就秘密铸造了一个大铜锤，准备找机会杀死阿合马。1282 年 3 月，忽必烈带着真金皇太子到上都去了，留下阿合马在大都驻守。王著一看时机来了，就同一个姓高的和尚商量，想借皇太子的名义杀死阿合马。于是，他们召集了八十多人，假装护送太子回京作佛事，进入了大都。

王著一面假传太子命令，要枢密副使张易带兵来东宫；一面又以太子名义叫阿合马到东宫去议事。阿合马听了太子命令，急急忙忙地跑到东宫。

假太子骑在马上，当众揭露了阿合马的罪行，王著趁阿合马发愣的时候，拿出藏在袖中的铜锤，一下把他砸死了，然后又杀死了他的一个同伙郝祯。这时有个官员大叫起来："这是贼人作乱，哪里是皇太子？"禁军这才知道弄错了，于是杀死了假太子，逮捕了王著。后来，高和尚也被逮捕了。

忽必烈知道后，非常生气，就下令杀死王著、高和尚和张易。王著临死前高呼："王著为天下除害，现在虽然死了，日后必有人为我载上史册！"

后来忽必烈终于知道了阿合马的罪恶，下令剖棺戮尸，他的死党和四个儿子都被杀。

阿合马死后，朝廷里没有人再敢言及理财的事了。总制院使（元朝掌管全国佛教事宜和藏族地区军政事务的官员）桑哥推荐卢世荣到朝廷来理财，忽必烈于 1286 年任命卢世荣为中书右丞。卢世荣上任后提出改革钞法、制定市舶条例、官营酿酒、选拔阿合马原来任用过的一些理财能手等一系列主张，均被忽必烈一一采纳。

然而卢世荣上任不久就引起了一批官僚的反对，纷纷上奏弹劾。结果他干了不到一年，就被杀了。其实卢世荣被杀是有点冤枉的，他的理财措施有不少还是可取的，只是因为触犯了不少富豪、官僚、贵族的利益，在当时统治集团内部矛盾很深的情况下做了牺牲品。

卢世荣死后不久，忽必烈起用桑哥理财，任命其为平章政事。桑哥上任后，更改钞法，发行至元钞，解决了朝廷的财政危机，于是声名大著，升任尚书右丞相兼总制院使。接着，桑哥又清理江南六省钱谷，增加江南赋税和盐酒醋税，大大加重了剥削，引起了天下骚动。桑哥的权势非常大，一些阿谀逢迎之徒，特地为他立了德政碑。桑哥更加跋扈，于是“顺我者昌，逆我者亡”，任意调动内外官员，官爵刑赏全凭钱买和贿赂，这引起了一批朝臣的反对，纷纷上奏弹劾。

当时百姓失业，起义烽火连年不断，忽必烈深感事态严重，为缓和社会矛盾，于至元二十八年（1291 年）把桑哥杀了。官府在抄家时，发现桑哥收藏的珍宝至少有宫廷里的一半那么多。

忽必烈统治时期发生的阿合马、卢世荣、桑哥事件，牵涉面很广，持续的时间也很长。它反映了元朝初期统治集团内部争权夺利的斗争是很尖锐的，也是很残酷的。

第六章　仍然东征西讨

征高丽，达成双赢的局面

为了让元朝的近邻高丽臣服自己，元朝的统治者发动了若干次对高丽的战争。最终，依靠武力和政治联姻，双方算是达成了双赢的局面……

高丽，又称高丽王朝、王氏高丽。王建建国，定都开京（今朝鲜开城），是朝鲜半岛古代王朝之一。

朝鲜半岛与蒙古人兴起的漠北之地相距不远。因此，蒙古人兴起不久就把高丽作为征服的目标。

蒙古人对高丽发动侵略战争，与蒙古对辽东地区的经略是密切相关的。

辽东地区是女真的发源地，也是金王朝与高丽国通好的门户，大批当年降金的契丹人也世代居于此。当蒙古南下伐金并东袭辽东之际，金王朝加强了对辽东地区的控制。金王朝在极力阻止蒙古军队东进的同时，特别加强了对契丹部众的提防，采取了"辽民一户以二女真户夹居防之"等措施，防止契丹部众的反叛。然而适得其反，1212年，契丹人在耶律留哥的率领下起兵叛金，聚众十余万，营帐百里，威震辽东，等到蒙古军队到达辽东，耶律留哥便率众归降了成吉思汗。

耶律留哥叛金并归附蒙古，这对金王朝是一个沉重的打击。金朝屡派重兵前往剿灭，以解除心腹之患，但是，却屡遭惨败，而且反叛者

越来越多。1214 年，金朝又命辽东宣抚蒲鲜万奴率重兵讨伐耶律留哥，但仍未奏效。蒲鲜万奴恐金主责罪，且看金朝大势已去，于是据地自雄，建东真国与金王朝分庭抗礼。至此，金王朝对辽东地区的统治更大为削弱，而对蒙古统治者来说，辽东之地已是囊中之物，唾手可得。

1216 年，耶律留哥的部下金山乞奴等人，趁耶律留哥前往蒙古纳贡拜谒之际，率众发生兵变，自立辽国，杀死了成吉思汗原先派到耶律留哥处明为帮助实为监督的三百蒙古人。这一事变，迫使成吉思汗发兵辽东，助耶律留哥讨伐契丹叛众。

金山乞奴等人在耶律留哥和蒙古军队的攻击下，不断向东败退。危急之际，金山乞奴曾派人前往高丽求助，然而未得到高丽方面的理睬。

由于得不到高丽的资助，金山乞奴所率契丹叛众节节败退，已无法在辽东割据，只好渡过鸭绿江进入高丽境内。此后，金山乞奴率兵连续攻占高丽边城数座，并于 1217 年攻占了高丽重镇江东城。

不久，辽东女真的另一支叛金军队黄旗子军也侵入高丽，这使高丽边境地区的形势更加恶化。其后，女真黄旗子军虽被高丽智取失败，但占据江东等城的契丹军队却使高丽一筹莫展，成为边患。

鉴于辽东形势的陡变，成吉思汗决定对朝鲜半岛采取军事行动，以彻底平定辽东。

1218 年，成吉思汗借口讨伐叛乱的契丹人，派遣哈真、札剌等率军进入高丽。高丽国王派遣将军赵冲领军协助，并向蒙古军提供粮草。第二年，江东城守敌投降，哈真与赵冲举行盟誓，蒙古与高丽约为兄弟之国。

然而此后，蒙古年年遣使到高丽索要各种物品（从毛皮、绸缎到笔墨纸砚无一不要）。高丽国小民困，物产不多，敌视蒙古的情绪逐渐升温。

1225 年，一个蒙古使者在出使高丽返回的途中被杀。杀死使者在蒙古人看来是不可饶恕的大罪，历史上也曾多次为此与别国开战，但由于当时蒙古大军正在西征，接着成吉思汗又在征讨西夏途中逝世，使蒙古汗国没有立即对高丽展开报复。

然而蒙古人从来就没有忘记这件事。到了1231年，已为蒙古大汗的窝阔台命撒里台率军进攻高丽，高丽大将洪福源投降，并协同蒙古军攻克许多州郡，高丽国王被迫投降。蒙古军队索取了巨额财物后退军，但仍在高丽的各京、府、县留下了七十二名达鲁花赤，对高丽进行间接控制。

1232年，高丽爆发了大规模的反蒙斗争。高丽国王派人杀死了蒙古人留下的达鲁花赤，并迁都江华岛。蒙古再派撒里台前往镇压，但被高丽军击毙，高丽军趁机收复西京（今平壤）等地。此后，从1233年到1241年，蒙古虽多次派军联合洪福源入侵高丽，但高丽国王始终没有投降。

1241年，高丽国王用皇族中一人的儿子冒充自己的儿子，作为人质送往蒙古，得到蒙古方面的允许后，高丽又臣服于蒙古。其后双方使节频频往来，基本上保持了和平关系。

在贵由和蒙哥的时代，高丽王室长期蜗居在江华岛的行为令蒙古汗国的统治者们很“揪心”。于是在“出陆迎降”的要求没有得到满足的情况下，蒙古汗国的军队在朝鲜半岛杀了个七进七出。仅1254年的一次军事行动，蒙古军队便一次性俘虏了二十一万多高丽人，杀戮者不可胜计。在这样的情况下，长期把持高丽王国朝政的崔氏家族由于要求坚持抗战而被赶下台。太子王倎作为高丽国王的代表朝见蒙哥。不过此时的蒙哥正在南下攻宋的途中，因此王倎不得不千里迢迢地赶往四川，但他还没有抵达钓鱼城便传来了蒙哥和自己的父亲去世的消息。忽必烈随即采纳了赵良弼和廉希宪的建议，派兵护送王倎回国继位，并宣布对以前反抗过蒙古的高丽官吏和军民全部免罪。

相比自己的父亲，即位后改名为王植的王倎无疑是幸运的。忽必烈不仅出于当时形势需要，对高丽采取怀柔政策，暂免置驿、籍户、出军、输粮等臣服国应履行的义务；当高丽权臣林衍发动政变，逼王植让位于其弟王淐之时，元朝还派出以高丽王室成员王缚以及洪福源之子洪茶丘率领的军队“赴其国难”，以武力逼迫林衍恢复了王植的王位。

王植复位之后虽然也曾向忽必烈提出过归还江东城的要求，但是在

忽必烈不许的情况下也没有太多坚持，反而老老实实地按忽必烈的要求宣布还都开京。对于这一决定，江华岛上的高丽军民纷纷表示拥护。林衍之子林惟茂逆时代潮流而动，随即被拥护还都的朝臣所杀。不过除了相继离岛迁回开京的妃嫔、官民之外，江华岛上还有一支颇为特殊的武装力量——“三别抄”。

所谓“三别抄”，事实上最初只是武装警察的意思。当初高丽王国的崔氏家族为巩固自身权力，在国防军队之外以防止盗匪为名设立了一支私人武装力量。这支部队一开始被命名为“夜别抄”，后来由于规模不断膨胀，又分为“左别抄”与“右别抄”两支部队，再加上由俘虏生还者组成的“神义别抄”，统称“三别抄”。“三别抄”的将士长期受崔氏的“仇蒙”教育，对于还都开京格外反感，因此被高丽国王王植宣布解散。

曾经颇受重视，如今却沦为孤儿的“三别抄”将士其心思变化自然可以想象。他们在将领裴仲孙的蛊惑下发动了兵变，另立高丽王族成员王温为王。不过无论是王温还是裴仲孙，似乎都没有在高丽王国多年经营的江华岛继续抗战的想法，在举起了反元旗帜之后就迅速逃往朝鲜半岛西南部的全罗南道战略要地珍岛。根据朝鲜民主主义人民共和国科学院历史研究所所著的《朝鲜通史》，“三别抄”部队此举是为依托朝鲜半岛周围的岛链，通过游击战袭扰航路和造船厂的方式阻挠元朝远征日本的计划。不过从历史的发展来看，这一说法似乎正好颠倒了事实，如果没有所谓的“三别抄”起义，元朝在高丽半岛未必会那么快地建立一支海上力量。而根据日本方面的史料，“三别抄”也的确给日本写过求援书函，希望与日本联手对抗元，但最终日本却置之不理。

1271 年农历五六月间，蒙古、高丽联军汇集四百艘战船进攻珍岛。“三别抄”的军队不堪一击，名义领袖王温落荒而逃时甚至倒骑着马，手抓马尾逃跑，当然也有可能是他从马上落下后抓住马尾奔跑的。总之，他是狼狈不堪。

最终，王温及其儿子王侃在珍岛被杀。“三别抄”的残军逃上当时被称为耽罗的济州岛筑城死守，在蒙古、高丽联军攻占了耽罗之后，元朝随即让这个地理位置颇为关键的岛屿成为自己的直属领地。

忽必烈此举虽然充斥着霸权主义，但也并非完全没有法律依据。毕竟在被朝鲜半岛的新罗、高丽等王国征服之前，作为一个独立的王国，耽罗已经向盛唐时代的中国进贡称臣了。

平定了“三别抄之乱”后，王植为了巩固自己的王位并保持高丽王国的相对独立，请求与元联姻。忽必烈在高丽世子王椹两次入朝请婚之后，终于将亲生女儿忽都鲁揭里迷失下嫁王椹。不过王椹基本处于“倒插门”的性质，婚后始终留在大都生活。直到王植去世，他才被允许归国袭位，授予“驸马高丽国王”的爵位。

通过这种政治性的婚姻联结，元朝达到了进一步控制高丽的目的，自联姻后未再发生重大反元事件。元朝公主在高丽王国也享有极高地位，拥有很大权力，广泛参与政务就是其中重要的一环。高丽王也得以凭借驸马身份提高了其在元朝和本国的地位，终元一代保持了本国的局部主权，可以说是双赢的局面。

元朝对高丽的控制倚仗的是武力，当武力丧失时，高丽也就竭力摆脱元的控制。元朝末年，中原大地烽烟四起，反元义军此起彼伏，大厦将倾，高丽也有所感知。于是，高丽决定摆脱元的控制。1356 年，高丽王以谋反为名诛杀了朝中的亲元势力，不再受元朝的束缚。十多年后，元朝被新兴起的明王朝逐出中原，逃回漠北，对于高丽也就彻底失去了影响力。

征日本，无功而返

元朝成立后，忽必烈曾多次派使者赴日本要求日本称臣纳贡，但每次都被日本人轻蔑地拒绝了。于是元朝发动了几次对日战争，可惜全都遭到惨重失败。不可一世的蒙古军队在日本人面前怎么会如此不堪一击呢……

曾听人说起，如果13世纪时的蒙古大军征服日本，那就好了，日本就会成为中国的一个省份,就不会有日后的“倭寇”“九一八事变”“七七事变”“南京大屠杀”等诸多事情了。

历史无法假设，但人们还是禁不住要问：曾经不可一世、横扫欧亚大陆的蒙古军队，两次渡海攻打日本，却都未能将之征服，反而惨败，这到底是为什么呢?

此事说来话长。

日本位于亚洲东部、太平洋西北，领土由本州、四国、九州、北海道四大岛及若干小岛组成，与我国隔海相望。

日本列岛在4世纪后才出现国家，之前只有部落。日本列岛原来并不叫日本,在古代日本神话中,日本人称其为“八大洲”“八大岛国”等。此外,在汉语中,“扶桑”“东瀛”也是日本国名的别称。据《汉书》《后汉书》记载，中国古代称日本为“倭”或“倭国”。4世纪中叶，日本开始成为统一的国家，称为大和国。645年，日本向中国唐朝学习，进行大化改新，建立了以天皇为绝对君主的中央集权制国家。13世纪初，正当蒙古骑兵驰骋于欧亚大陆的时候,日本进入了由武士阶级掌握政权，实行军事封建统治的“幕府政治”时期。到13世纪中期后，镰仓幕府的统治不仅在政治上日趋巩固，而且国家的农业经济也有了发展。幕府为了增加税收，对手工业和商业采取了奖励政策，同时将原来以实物计算改为用中国宋朝的铜钱作货币，又促进了商业的兴盛。日本西部地区的武士们，为了获得宋朝铜钱、奢侈品和日用品，也积极与南宋进行频繁的海上贸易。

在忽必烈统治中原之前，蒙古汗国的前四位大汗——成吉思汗、窝阔台、贵由和蒙哥都对马蹄所不及的岛国日本根本就没有留意过。直到忽必烈夺得大汗位后，1265年高丽人赵彝来朝，言谈之中，披露了不少有关日本的情况。从这时起，忽必烈开始注意到在不远的东方还有这样的一个非常富庶的国家。1266年9月，忽必烈命兵部侍郎黑的为国信使，礼部侍郎殷弘为国信副使，持国书出使日本。在国书中，忽必烈明确告诉日本，要向高丽等国学习，速来大元朝拜进贡，否则将出兵攻打。忽必烈赤裸裸的恐吓国书几经周折，终于被送到了日本国王手中。

按照忽必烈的想象，弹丸之国日本只要收到大元王朝的国书，肯定会立刻派人来元朝进贡求封。然而令他没想到的是，由于当时信息的不发达，大元的辉煌在日本国内竟很少有人知道，对这份恐吓型国书他们根本没当回事，直到好几个月之后，日本人才正式回复。

忽必烈自出世以来还没有碰到过这么不“听话”的国家，他心中的恼怒可想而知。

好吧，既然你“敬酒”不吃，那就让你吃“罚酒”。忽必烈决定用军事力量敲开日本大门。他向高丽国王下达军事动员令，并命高丽建造载重量需达到三四千石的战船一千艘。

不过，此时的忽必烈仍然两手都在抓，在积极进行战争准备的同时，他还在进行外交努力。1268 年，忽必烈命郎赫德经高丽出使日本。没想到的是，竟然遭到日本拒绝入境的羞辱。

二次出使日本的郎赫德虽然没能进入日本国土，但却俘虏了两名日本人。忽必烈为了不战而屈日本之兵，对两位日本人好吃好喝招待着，并让他们参观都城和元军的军事演习，想借他们之口向日本宣传大元的强大。几个月后，他又安排两位日本人回国递交国书。应该说，这次的非正式的特殊国书给日本天皇提供了灵活回复的条件。

然而忽必烈费尽心机想让日本不战而降的如意算盘，却在一系列运转之后，以收到日本方面传来从未听说过世界上有蒙古汗国、进而拒绝通好的回复而落空。

按忽必烈过往的做法，收到这样的回复，恐怕早就大军压境了。然而这一次，忽必烈居然忍住了，而且决定再一次派人出使日本进行外交努力。

1270 年底，忽必烈派女真人赵良弼第三次出使日本。这次忽必烈为赵良弼准备了三千军队作为武力后盾，但赵良弼认为没有必要，仅带了二十四人赴日。

1271年，忽必烈正式改国号为大元，为了显示自己的武力强盛，在举国同庆的同时派王国昌、洪茶丘等率领一部分蒙古军队进驻高丽国，并在靠近日本海域的地方驻扎海军，为赵良弼出使日本助威。

日本的大宰府（相当于主管外交的机构）通过情报系统得知大元王朝在高丽国境内驻扎军队及信使赵良弼来日的消息后，立即上报幕府与天皇，这次日本人坐不住了，日本国内舆论一片哗然，各部军队也积极做好战争准备。

1271年农历九月十九日，赵良弼一行抵达日本后，立刻遭到日本军队的包围。面对日方的不友好待遇，赵良弼毫不畏惧地予以痛斥。后在他的强烈要求下，日本大宰府少贰藤原经资会见了赵良弼。藤原经资向赵良弼索要国书以便转交正皇。由于藤原经资不过是一员普通武将，级别太低，赵良弼觉得受到了侮辱，当即严词拒绝，并告诉他说，国书只能交给天皇亲看，如果天皇不方便，幕府大将军亲看也行；而且，日方如不让天皇或幕府大将军出面，一切后果由日本单方面承担。这才让国书顺利递到日本统治者手中。

在忽必烈拟定的第三份“告日本天皇书”中，口气较前两次稍微委婉，并巧妙地将日本不友好的外交责任推给边吏，给日本朝廷留下了足够的面子和回旋余地。遗憾的是，日本人考虑到国书中的战争恐吓和在高丽境内驻扎的元朝大军，坚定地认为大元是侵略者而非自述的携带橄榄枝的和平使者。

赵良弼原先认为有强大的祖国为后盾，出使日本是个风光的差事，没想到却被日本人限期离境，只好灰溜溜地回到国内。不甘心的忽必烈于1273年春再次派他出使日本，结果这次根本没有日本人搭理赵良弼。

日本人的不友好举动将以世界霸主自居的忽必烈彻底激怒，放眼世界，再强大的国家也都会给元朝三分面子，而日本一个弹丸小国竟如此无礼！况且，日本由于种种原因，与南宋政权关系十分密切，民间交往频繁不断，这不是公开与大元作对吗？

忽必烈决定给日本人一点颜色看看。

1273 年 5 月，忽必烈借平叛高丽暴乱为由，出兵高丽，并控制了日本与南宋间的海上交通要塞，为攻取日本做好了战前准备。在得到高丽的战船已经全部建造成功的消息后，忽必烈感到战争的时机已经成熟，于是命令由蒙、汉、高丽三族军队组成的联军，正式东征日本，完成自己的夙愿。

据现代军事专家评估，经过成吉思汗及其子孙的严格训练，当时的蒙古军队组织极为严密，战斗力强盛，而且元朝还拥有领先世界水平的秘密武器——火器，绝对是世界头号军事强国，反观日本，他们的军队以武士为中坚，组织松散，士兵多为兼职，不易于指挥，战略战术根本没有，因此这是一场实力悬殊的战争。

然而，战争的胜负从来就不是只靠军事实力。

首先我们来看蒙古军队的第一次对日战争。1274 年，进攻日本的蒙古远征军从朝鲜扬帆出海，驶往九州岛，远征军共两万五千人，其中蒙古人和高丽人大约各占一半，还有部分女真人和少量汉人。远征军的统帅为蒙古人忽敦，两位副统帅为高丽人洪茶丘和汉人刘复亨。元军航行至博德湾，首先攻占了对马岛和壹岐岛，然后分三处在九州岛上岸攻入内陆。三路入侵军队中，一路为主力，两路为策应，主力部队的登陆地点大约在长崎附近。

面对元军来袭，日本镰仓幕府调集部分正规军迎战，九州岛沿海各藩也紧急组织武士和民兵参战。惨烈的战斗进行了二十多天，刘复亨在激战中阵亡，元军折损大半后退回海滩依托抛石机防守。至此元军伤亡惨重，败局已不可避免，由于箭和粮用尽，无法继续守住阵地，元军只得登船撤退。

第二次元军远征日本是在 1281 年。忽必烈统一中国之后，便着手准备第二次进攻日本。元朝庞大的远征军从江浙和高丽同时出发。此次出征的军容更为壮观，共有大小船舶近五千艘，军队约二十万，其中蒙古人四万五千，高丽人五万多，汉人约十万，其中汉人大半为新附军（收编的南宋军），远征军中蒙古人自然是作战的中坚力量。

当年6月上旬，元军开始登陆作战，登陆地点九龙山距上次战争主力部队登陆的地点不远。这次远征军遇到了更顽强的抵抗，高丽军统帅洪茶丘被俘杀，几名蒙古高级指挥官也相继阵亡。激烈的战斗持续了一个多月，远征军的损失已超过三分之一。由于日本沿海滩构筑了一道坚固的石墙，元军屡屡进攻始终无法突破。到7月下旬，元军的粮草和箭已基本用光，只好以撤退收场。

至此，忽必烈时期两次对日本用兵，均以失败告终。

综观史料，可以认为，元军之所以两次进攻都未能征服日本，是因为存在以下几方面的原因。

一是第一次进攻日本时元军兵力不足。当时南宋尚未灭亡，蒙古仅控制了北方中国，而且正集结重兵准备南下攻打南宋，用以进攻日本的军队只有两万多人。劳师远征且是蒙古人不擅长的跨海作战，再加上日本人的拼死抵抗，这点兵力显然是不够的。兵力不足的原因除了多线作战的因素外，更主要的是忽必烈并没有把当时军事实力较强的日本当回事。

二是元军在战术上没有丝毫的优势。按照日本人的说法，蒙古人的战斗力并不如想象中那样强大。战争开始后，日本人采取了与蒙古人贴身近战的战术，使蒙古人的弓箭和抛石机优势失效。平心而论，蒙古兵能吃苦耐劳，必要时他们可以靠吃生马肉、喝马血维持生命，且作战机动性很强，一般只带很少的粮草，士兵的吃穿问题主要通过掠夺战争地区来解决。可这两次战争中蒙古人偏偏无法发挥自己的特长，一直未能突入内地居民区，自然不可能有掠夺之地。相比之下，日本人有一定的优势。

三是元军在武器装备上没有明显的优势。对日作战，蒙古第一次遇到了武器装备不逊于自己的对手。日本人装备的优势不仅在于战刀，也在于武士的铁甲。据说元军普通士兵的刀剑与日本刀一碰即断（当时日本的冶炼和刀具制作技术世界一流，日本战刀的性能只有北印度和西亚出产的大马士革钢刀可以媲美。）只要距离稍远，蒙古弓箭就无力穿透日本武士的盔甲。

四是跨海作战保密不严。两次入侵日本都不是突然袭击，攻其不备，而是日本事先都得到可靠消息，做了充分的迎战准备。特别是第二次入侵，日本人严密侦视了元朝的动向，对蒙古来袭做了充分的战争准备。此时日本政局稳定，权臣北条时宗对镰仓幕府和日本各藩的控制远胜以往，因此日本人能够动用更多的人力物力抗击入侵。幕府在九州岛征用民夫，于博德湾一带敌人最有可能登陆的地区沿海滩构筑了一道石墙，用以阻碍蒙古骑兵。事实上蒙古兵始终没有突破这个防线。

五是天公不作美，飓风帮了日本的忙。元军两次进攻日本都遭遇猛烈的飓风，损失惨重。1281 年，元军第二次进攻日本时是 8 月 1 日，当时太平洋上突然刮起了猛烈的飓风。风暴持续了四天，元军南方舰队的舰船基本被毁，北方舰队的舰船也损失大半。北方舰队剩余的舰船搭载指挥官以及部分蒙古军和高丽军逃离战场驶返高丽。南方军的指挥官和部分高级官员眼看回天无术，也只得丢下大部队，乘南方舰队残存的几艘船逃离。此时九龙山的海滩上尚留有近十万元军，这些人失去了补给和退路，又无力突破日军的防线，陷入绝望境地。三天后，日本人开始反攻，将残存的元军驱赶至一处名为八角岛的狭窄地区，然后纵兵攻击。元军大部被杀，剩余的两万多人做了俘虏。

除去以上的“技术”性原因外，元朝在安南的失败也可以从另一侧面证明当时的蒙古军队不可能征服日本。1257 年，蒙古军队进攻安南时，安南军队的装备和战斗力远不如日本人，也没有日本人的地利，不过他们奋勇抗敌的勇气倒和日本人相似。由于中国和安南之间没有大海阻隔，蒙古大军能轻易突入安南腹地，在整个安南战争中，安南的任何地方蒙古人都能轻易攻占。安南军队在初期遭大败后即避开正面战斗，不断组织小规模袭扰，蒙古军队损失惨重。安南战争旷日持久，元军的人员兵器和粮草补充在中国引起了巨大的财政危机，最终忽必烈不得已将军队全部撤出，承认了安南的独立。因此，可以这样认为，日本、安南等人

口只有元朝几十分之一的民族，他们能击退蒙古人的入侵，主要还是凭借自己的勇气和不屈的精神。

征占城、安南，损兵折将

灭亡南宋后，忽必烈企图使海外诸国臣服。位于今越南北部的安南和南部的占城是通往海外的必经之路，但二者均不愿屈就元朝。于是，忽必烈对二者发动了战争……

元朝时期，在今天越南的中南部地区有一个国家，名叫占城。占城又译占婆、占波、瞻波等，其故地原是中国汉代所置日南郡的象林县。东汉末年，占城人杀死汉朝日南郡象林县令，从中国独立，占据了原日南郡的大部分地区，以婆罗门教为国教，建立占城国，和中国以顺化（位于今越南中部）为界。中国古籍称其为象林邑，简称林邑，从 8 世纪下半叶至唐末，改称环王国。五代始称占城。

占城独立后，力图向北扩张，同统治越南北部的中国封建王朝发生了频繁的战争，但也不时向中国朝贡，进行贸易。

北宋景德四年（1007 年），占城王遣使奉表入贡，自称“占城国王”。

忽必烈当了元朝皇帝后的很长一段时间内，占城国王仍然每年派遣使臣到元大都进贡礼品，并称臣示好。在老国王去世，新国王继位之后，年轻气盛的新国王觉得占城国距离中国遥远，元朝的实力有点鞭长莫及，于是他决定不再向元朝称臣进贡。有一次，元朝派往马八儿国的使臣路过占城国，消息传到这位新国王那里。新国王便借此机会，扣住使臣，宣布与元朝断交。

忽必烈听到占城国王的“轻举妄动”后，大为光火，立即调兵遣将准备攻打占城国。这时，他身边的一位谋臣给他出了主意说：“陛下，与其从陆上进攻，倒不如从海上出兵，这样不会太兴师动众，占城国将猝不及防。”

忽必烈听后，思忖了半天，觉得从陆上进攻还要经过其他国家，容易暴露企图，如果采取“声东击西”，即在陆地方向虚张声势，而从海上方向全力进攻，那么，获胜的把握就要大得多。

皇帝号令一下，就从江苏、浙江、福建、广东及两湖等地共抽调了五万名水军，战船两千五百艘、海船一百艘。同时，忽必烈命令唆都任水军主帅，并催促他尽早发兵。

1282 年 11 月，唆都率领大批水军和战船悄悄地由广州浮海拔锚起航，几天后船队就到达占城国港外。唆都登上顶楼，手搭凉棚，极目远眺。看后，他不由得倒吸了一口冷气。原来，占城国沿着该城四周围了一圈木栅栏，长二十多千米，建造得相当坚固。不仅如此，占城军还沿着木栅栏设置了一百余门火炮。占城国王本人则在该城西设了一座行宫，并且率领大批重兵予以把守。唆都见状，知道如果强攻，必将损失不小，不如先派出使臣进行劝降，来个先礼后兵。使臣多次送上诏谕，但每一次都被严词拒绝。

连续七次被拒绝，使得唆都恼怒万分。此时他已失去了耐心，恨不得马上把占城夷为平地。但到底往哪里攻？采用什么战术？唆都一时却拿不准。于是他召集众将领商议作战方案，大家你一言，我一语。有的主张先攻城北，有的认为先打城东好，而有的觉得先夺城南才是上策。真是众说纷纭，莫衷一是。

最后，唆都拍板决定：在 1283 年农历正月十五午夜，出动三支人马，派一千六百人攻打城北，派三百人攻打城东沙咀，派三千人分三路攻打城南。谁知天公偏不作美！攻打城北的水军在进发途中忽然遇到惊涛骇浪，结果损失了大量的战船。一直挨到天色放明，这支船队才得以在海岸锚泊，准备实施登陆。

占城国国王不甘示弱，共派出一万余人出击。令元军感到新奇的是，占城军竟是由大象组成的战队作为先锋。元军和占城军之间展开了激烈的断杀，从早晨一直战到晚上，最后因占城军战斗力较弱而溃不成军，占城被元军占领。

占城国王见状不好，赶紧烧掉仓库，丢弃行宫，率领残部急急忙忙逃到大洲西北的鸦侯山。这次战斗，占城军总共伤亡了数千人，逃散的也有数万人。

两天后，元军又占领了大洲。占城国王知道此时若是单独与元军对抗，恐怕难以取胜，必须联络其他国家共同对抗才有可能。于是，他一面派使臣向元军求和，以作为缓兵之计。另一方面又派人急速到交趾、真腊等国借兵，并纠集所部残余，准备再次与元军对抗到底。交趾等国慑于元朝强大的军力，表面上答应占城国出兵，可实际上却按兵不动或出兵缓慢。

占城国王见其他国家的援兵都不可靠，只好完全依靠自己人马。之后，元军开始大举进攻占城国最后一块领地。占城国王动用了所有能够动用的兵马，来个孤注一掷。与此同时，他还悄悄地派出一支人马抄元军的后路。这一回，原本占优势的元军吃了大亏。由于双方彼此各有胜负,所以到这时整个局面呈胶着状态。就这样,僵局一直持续到当年6月。这天，唆都发现占城国水军悄然出动，显然是想袭击元军。于是，他当机立断迅速将元水军分成两路，从左右夹击占城国水军。其实，占城国水军根本就不是元军水师的对手，几个回合下来，占城国整个水师被打得七零八散，伤亡惨重。

占城国王见占不到什么便宜，连忙带领残兵败将逃进深山老林。不过，即使到这时候，他也并不屈服，而是继续指挥手下与唆都军队作战。占城国崎岖不平的山路，茂密叠嶂的森林，让元军士兵到了这里不知所措，常常只有被动挨打的份，结果兵员损失不小。就这样，双方又僵持了半年多。

唆都认识到，如果不增兵，再继续这么僵持下去，很难取胜占城国。于是他立即修表一封，请求忽必烈迅速派兵增援。忽必烈接到奏报后感到左右为难，继续派兵吧，怕牵涉兵力与精力太多；如果撤军，就将前功尽弃。犹豫再三，最后他还是作出派兵决定：继续增派江淮兵一万五千人，战船两百艘；并沿着当初的海路予以增援。

援兵很快赶到，元军立刻士气大振，开始加大攻打的力度。占城国军队利用熟悉的地形，经常发起袭击，元军兵力虽多，战斗力也强，却有劲使不上，因而作战效果仍旧不理想。最后，唆都一看取胜的希望太渺茫，只得于次年 3 月率领军队回国。

元军水军攻打占城国的海上行动就这样草草地收兵了。幸亏后来占城国王觉得再这么斗下去，对自己也没有什么好处，又重新开始向元朝进贡。忽必烈因挽回了面子，所以自此以后也不再提进攻占城国的事。

在攻打占城后不久，忽必烈也发动了对安南的战争。

安南位于今日越南的北部地区，从公元前 3 世纪的中国秦朝开始就一直是中国领土，始终处于中国封建王朝的直接管辖之下。679 年，唐朝在南越设安南都护府，“安南”的名称由此而来。公元 10 世纪，五代十国时，安南叛乱，从中国分裂出去，北宋朝廷无力平叛，只能听之任之，但安南一直是中国的藩属国。

南宋淳熙元年（1174 年）初，当时的安南王李天祚遣使入贡，南宋孝宗皇帝赵眘正式“诏赐国名安南，封南平王李天祚为安南国王”；淳熙二年（1175 年）八月，又“赐安南国王印”。“安南国”之名自此方有。

安南国是元朝的宿仇。1253 年底，忽必烈攻占大理，留大将兀良合台镇守。兀良合台平定云南各部之后，于 1257 年秋派使节招降安南陈氏王朝。安南国王陈日煚扣留使节，拒绝投降。同年 11 月，兀良合台率大军沿红河进攻安南。12 月，蒙古军大破安南军，进入安南国都升龙（亦名大罗城，今河内），实行屠城。陈日煚逃往海岛。蒙古军不服水土，只在升龙停留了九天便班师回国，退兵时再派使节招降陈日煚。次年 2 月，陈日煚传位于其子陈光昺。夏，陈光昺派使者晋见兀良合台，表示臣服。

1260 年 12 月，元世祖忽必烈派礼部郎中孟甲等出使安南，允许安南保持衣冠典礼风俗等本国旧制。作为回报，陈光昺派族人通侍大夫陈奉公等觐见忽必烈，请求三年一贡。忽必烈同意其要求，封陈光昺为安南国王。此后，两国使节往还不绝。1267 年，忽必烈应陈光昺请求，

任命讷剌丁为安南达鲁花赤。不久，又下诏要安南国王亲自来朝，以贵族子弟入质，编制户口，出军役，交纳赋税，设置各级达鲁花赤。陈光昺虚与委蛇，不接受这些要求，也不向元使跪拜，反而提出了取消达鲁花赤的要求。这时，元朝忙于灭南宋，无力南顾。

1277 年，陈光昺去世，世子陈日烜即位。陈日烜坚持其父的对元方针。1279 年，元朝消灭了南宋残余势力之后，打算对安南用兵，但因南方各地百姓不断起义而作罢。1281 年，元朝成立安南宣慰司，以卜颜铁木儿为参知政事、行宣慰使都元帅，进行战争准备。同时，以陈日烜"拒不请命而自立、称病不朝"为理由，改立陈日烜叔父陈遗爱为安南国王，但遭到安南拒绝。

1282 年，元军要攻打占城，向安南借道前往攻击，再次遭到拒绝。忽必烈听到这个消息后，对安南更加记恨，由此定下了一项剿灭安南的计划。

安南国王陈日烜了解忽必烈的为人，知道拒绝忽必烈肯定会招致元军入侵。于是就联合他的兄弟、兴道王陈峻屯兵边境进行防守。一看安南兵有准备，元军决定暂缓行动。

屯兵边境数年的安南兵逐渐懈怠。1285 年，元军在主帅脱欢的率领下，兵分六路发起进攻，把安南兵打得大败，并在万劫江破陈峻的大本营。后来元军又开始建造和扎绑大批的竹筏，准备横渡富良江。

陈日烜深知，一旦元军渡过富良江，安南国就再无险可守，整个国家就将难以存在。事不宜迟，陈日烜亲自率领十万人马赶来支援，同时沿江布设战船，建立木栅栏打算死守。

元军没有等安南军扎牢营寨，立即发起进攻。刚一交手，基本上为乌合之众的陈日烜军马上败下阵来。

就在安南军连吃败仗之时，唆都等将领率领的攻打占城的元军北返，与脱欢军兵合一处，元军的势力更加强大。两位主将一合计，要想尽快歼灭安南军，唯有采取水路与陆路两路夹击的办法。这套战术果然灵验，在元军的水陆联合打击下，安南军屡战屡败，最后一路退到安邦海口。

随后，他们又把战船舟楫都抛弃掉，或藏匿于山谷间的密林里。

不久，被打散的安南残兵败将又纷纷聚拢在一起，紧接着，元军也赶到。兴道王陈峻又征集聚拢了一千余艘战船，再次与元军摆出决战的架势。

此时，征战多年的元军显得精疲力竭，再加上南方阴雨连绵的气候，各种瘟疫疾病流行蔓延，很多士兵染疾躺倒，死伤者越来越多，不愿意交战的情绪越来越浓。脱欢和唆都只好决定撤军。

命令一下，各路人马再也顾不得彼此掩护与照应，而是撒腿后撤。安南军见有机可乘，便不断地组织小队人马予以袭击。结果还没等元军逃回到中国境内，就有相当数量的人马在乾满江被歼灭，只有脱欢一彪人马勉强逃回广西境内。

1286 年，忽必烈下诏书：不再征战日本，而是集中全力进攻安南。他委任镇南王脱欢为主帅，调集江淮、江西、湖广、四川、云南等地各路人马共九万余人，战船五百多艘，并把这些船、人先集中到广西思明。

接受上回的教训，脱欢此次派兵布阵极为小心谨慎。同年 11 月，他命令万户贺祉统领两千五百人镇守思明州，并守护辎重；命令程鹏飞、孛罗良人、哈达尔等三人为西路主帅，统领万人，由永平出击；他亲自率领万人由东路女儿关出击。由乌纳尔、樊楫率领水军从玉山、双门、安邦口等地进攻。

撇开陆路先不说，单说水路的厮杀。元军水军在前往安南的途中，恰巧与安南四百余艘战船相遇，一场激烈的厮杀展开了。双方你冲我撞，搭弓放箭，跳船砍杀。安南水军在强悍的元军水师面前迅速败下阵来，元军共歼灭安南水兵四千余人，生擒一百余人，缴获战船一百艘，其余战船均狼狈逃窜。

此后，元军水师再度逼向安南海岸，经过老鼠、陷沙、茨竹三关，先后进行了大小十七次战斗，元军水师连连告捷。

与此同时，镇南王脱欢的东路大军也取得了显赫的战果，他率军一路攻城破寨，到 12 月便进抵茅罗港。接着，他又挥师攻克浮山寨。

在安南城方向，乌纳尔率领的水军与阿巴齐率领的陆军，水陆并进，两向夹击，迅速拿下该城。安南王陈日烜见地盘几乎全部丢尽，便连夜弃城逃往敢喃堡。到达敢喃堡之后，陈日烜仍提心吊胆，惶惶不可终日，最后又逃到一个海上小岛。

由于没有抓到陈日烜，脱欢极不死心，只要一听到有他的消息，立即派兵追击，但每次在即将抓到之前，又被他溜之大吉。元军水师每次只能狠砸了他的水寨，烧毁他的辎重，以发泄心头之恨。

此次南征，元朝水军和陆军可以说是所向披靡，连连获胜，但由于攻打作战时间过长，作战距离较远，官兵精神疲惫，且大多不服水土，加上各种疾病流行，特别是在安南各地军民的英勇抵抗下，元军占领的各座城市、关隘等纷纷失守，兵员伤亡的人数一天比一天多。脱欢虽然做出立即撤军的决定，然而，为时已晚。在撤退途中，安南各地军民全力出击，元军不断地损兵折将，最后好不容易才退回到云南境内，但人马损失了将近一半。脱欢本人也被毒箭伤脚，勉强逃回广西。

此后，安南、占城为免于再受战祸，也都随即遣使修好。忽必烈对连续两次失败十分恼火，责令脱欢改镇扬州，且终身不许入觐。1293 年，忽必烈欲再次发兵安南，被廷臣谏止。第二年，忽必烈去世，征讨安南之事方告停歇。

征缅甸，建立藩属关系

忽必烈时期，随着元王朝在云南行省统治的日益稳固，统治者开始将目光转向了云南行省西南的缅甸，意图将其纳为藩属贡国……

缅甸是一个同中国西藏和云南交界的国家，旧称洪沙瓦底。缅甸的历史，可以上溯到五千年前。当时缅甸的伊洛瓦底江边的村庄已有人类居住，但缅甸形成一个统一的国家，则是许多年后的事。

在中国的唐代，云南的地方政权南诏势力强大。南诏在向周边地区扩张的同时攻陷了当时缅甸的骠国，并对其进行大规模的掠夺。然而，进入公元 9 世纪后期，由于连年的征战，南诏国力渐衰，随后发生了王室内乱，权臣篡位。其后的几十年间，今日中国的大理地区经历了多次政权更迭，最后于 937 年由白族人段思平建立了大理国，才算安定下来。

在南诏大军征讨骠国时，一部分军民留在了伊洛瓦底河谷。他们留下的目的起初是为了帮助南诏镇守大后方，并开拓新的屯田基地，以保障南诏征战的后援。到了南诏王国逐渐衰落的时候，这些远离家乡的征人渐渐意识到"故国不堪回首"，归程遥遥无期。伊洛瓦底河谷为他们提供了广袤的牧场和良田，连年征战培养了他们的纪律性和团队精神。很快，他们就成了河谷地区的新主人，并逐步修建了城堡，开始建立起自己的城邦。

从那时开始，他们自称"缅马"（意即"强大的骑士"）——缅甸现在的国名就是由此称谓发源而来，而这些留在伊洛瓦底河谷的南诏人从此变成了后来缅甸的主体民族——缅族。

缅族人先后在伊洛瓦底江和钦敦江的汇合处建立了数个城邦，其中最早的一支是于 849 年建立的蒲甘国。蒲甘国成立了将近两百年后，1044 年，一位叫阿奴律陀的缅甸人登上了国王的宝座。在随后的三十年里，他骑着战象，亲自率兵东征西战，逐个兼并了河谷地区的其他城邦，统治了整个伊洛瓦底河谷。

随后，阿奴律陀的军队继续四面出击，向北一直打进云南，与大理国划地为界，发展壮大成为东南亚地区的强大政权。

13 世纪中叶，蒙古军队消灭大理国政权后，与缅甸成为邻国。此时，统治缅甸的蒲甘王朝日益衰落，成为强大元朝的觊觎目标。

1271 年，元大理、鄯阐等路宣慰司都元帅府派遣乞蒠脱因等出使缅甸，招抚缅王，希望他归顺元朝。缅甸国王那罗提诃波帝派遣价博为使节到达大都，元世祖忽必烈派遣使节回访缅甸。两国建立了初步的联系。

1273 年，忽必烈派勘马剌失里、乞蒠脱因等出使缅甸，要求缅甸

派遣王室子弟或显贵大臣来京朝贡。然而，元使一去不归。据缅甸史籍记载，元使是因为晋见缅王不肯脱靴子而被处死的。过了两年，云南行省见使臣久久不归，缅甸国王毫无表示，便向朝廷建议对缅用兵。因当时对南宋的战事尚未结束，忽必烈未予批准。

然而，不知是出于先发制人的考虑，还是别的什么原因，缅甸居然对元朝主动发起了战争。1277 年，缅甸出动士卒四五万人、战象八百头进攻云南镇西路千额总管阿禾的部落，企图在腾越、永昌之间建立营寨。

阿禾向上司告急。驻扎在南甸的大理路蒙古千户忽都率七百人驰援千额。元军与缅军在行进中遭遇，激战两日。元军大破缅军象阵，追击三十余里，连破十七座缅军营寨，将其驱逐出国境。同年 11 月，云南诸路宣慰使都元帅纳速剌丁统兵三千八百余人出征缅甸。元军进占江头城，招降附近的部落三万五千多户。后因天热，未敢深入缅境。

纳速剌丁回国后，向朝廷上奏说："缅甸国内的地形虚实，完全在我掌握之中，可以大举进攻了。"忽必烈听了十分高兴，于是下决心征伐缅甸。

1280 年 3 月，元军向缅境内发起攻击。不久，攻占了江头城、太公城等地，并分兵驻守。过后，缅王的臣属建都王乌蒙、金齿西南夷等十二个部落归顺元朝，但缅王一直坚持到 1285 年底才向元朝求降。

1286 年，元朝设置"缅中行省"（又称"征缅行省"）。这是在今缅甸境内设立的一个特殊的军事行中书省，与元朝其他的行中书省不同的是，缅甸的蒲甘王朝并没有因该行省的设立而消失，保持了很强的独立性。行省丞相由缅甸蒲甘王朝的国王兼任，自辟官属，财赋不用上交。因此，缅甸蒲甘王朝只是在名义上受到元朝的直接管辖。

此后，忽必烈仍然要求缅甸权贵亲自来京朝贡，并为此派兵护送怯烈出使缅甸。然而，怯烈尚未到达缅甸中心蒲甘，缅甸就发生了内乱。缅王被其庶子不速速古里所杀，贵族内部斗争异常激烈。

不久，不速速古里又在与诸兄弟的斗争中被杀。蒲甘王朝实际上已经解体。各地纷纷拥兵自立的贵族和部落首领为寻求政治上的支持，大多向元朝投降，接受了元朝任命的宣慰司等各种官职名号。1289 年，继位的缅王立普哇拿阿迪提牙也向元朝纳贡称臣，并派自己的儿子信合八到大都朝见元朝皇帝。次年，元成宗封立普哇拿阿迪提牙为缅国国王，信合八为缅国世子。

1290 年，元朝撤销了缅中行省，但之后的缅甸国王几乎都是元朝的傀儡。几年后，缅甸发生内乱。缅甸权臣、木连城长官阿散哥杀害缅王，另立其子邹聂为王。朝中大权尽操于阿散哥之手，缅王成为摆设。元成宗闻讯，决心派兵惩罚阿散哥。1300 年底，元朝亲王阔阔率兵进入缅甸，围攻木连城，遭到守军的顽强抵抗。次年 3 月，由于阿散哥以重金贿赂阔阔以下将校，元军将领以暑热难耐为借口撤兵回国。元军撤退后，阿散哥派弟弟者弟到上都请求宽恕。成宗赦免了他的弑君之罪，下诏停止征缅，默认了缅甸国内的现状。此后，直至元末，缅甸一直保持着对元朝的臣属关系。

征爪哇，中诡计，损失惨重

13 世纪下半叶，爪哇新柯沙里王朝国王哈只葛达那加剌称雄南洋，与中国有密切的贸易往来，遂成为元朝觊觎的首要目标……

在今天的印度尼西亚群岛中有一个面积只有十几万平方公里的岛屿——爪哇岛。古代爪哇岛曾有一个爪哇国。该国在印尼众多岛屿中战略位置非常重要，且火山最多，地震最为频繁，城镇和居民也比较多。

元朝建国之后，爪哇国一直与它保持着友好往来，两国之间经常互相派遣使节，彼此间长期相安无事。

1278 年 4 月，元世祖忽必烈下诏设立福建行省，该行省的主要任务之一就是招抚海外各国。次年，福建行省左丞唆都派赵玉出使爪哇。1280 年 10 月，元朝再派使节出使爪哇，爪哇也回派使节通好。忽必烈

要求爪哇国王亲自来华朝觐，遭到拒绝。其后，元朝虽又两次遣使爪哇，仍未达到目的。

1292 年 2 月，忽必烈又派他的右丞相孟琪拿着他的亲笔书信出使爪哇国。这位右丞相自恃天国来的大臣，说话口气很大，常常出言不逊，终于惹恼了爪哇国的国王。一时火起的国王下令：抓住元朝使臣，并在他的脸上刺上字，涂上墨。

这还了得，简直就是在太岁头上动土！这是对大元和忽必烈皇帝莫大的侮辱。忽必烈闻报后决定迅速出兵，尽快征服爪哇国！

当月，忽必烈任命史弼为统帅，亦黑迷失和高兴为副帅，让他们率领两万人马，千艘战船，渡海进攻爪哇国。经过了将近十个月的准备，该年 11 月，由福建、江西、湖广三省调集来的人马与战船在福建泉州港集结完毕。一个月后，船队正式由后渚港启航，向爪哇国方向进发。战船队航行时间不久，就进入了南海海域。该海域冬季经常风急浪涌，很容易造成舟颠船簸；因而船上大多数士兵呕吐不止，连续几日吃不下饭。皇帝的旨意是不能违抗的，于是船队仍继续向南进发。船队停靠的第一站是今天的越南占城，经过简单的加油补水，船队继续往南行驶，不久到达西沙群岛。时间转眼就到了第二年的一月，船队又穿过纳土纳群岛海域，进入南海海域；后又经过加里曼丹岛坤甸西面的橄榄屿，最后到达加里曼丹岛西南端附近的勾栏山。

史弼仔细研究了一番海图和当地地形图，认为这里远离大陆，自己手头的兵将并不算多，于是与两位副帅商定：船队先在勾栏山驻泊，稍事休整；同时命令士兵大量地砍树伐木建造小舟，以用于下一步在爪哇岛的登陆。

大兵压境，对爪哇国造成强大的威慑。主帅史弼觉得可以利用这个机会，劝说爪哇国王投降。于是他派宣慰史带领五百人、战船十艘到爪哇下诏谕，让爪哇国王投降。

形势虽然严峻，但爪哇国国王仍不愿意低头，依然做出要与元军决一死战的架势。

史弼知道，此时如果再不使用武力征服，这些岛国是不会俯首帖耳，乖乖顺服的。1293年2月，元军的登陆舟船已准备得差不多了。万事俱备，只等令下！

攻击令终于下达了。只见大批的元军登陆舟船浩浩荡荡直抵马威安岛，并在爪哇岛中部北岸的杜并足登陆成功。随后，元军兵分两路：一路走陆路，由副帅亦黑迷失和高兴率领马步军，赶往八节涧；另一路由主帅率领水军沿着近岸海域航行，经过苏腊巴亚港口顺泗水到八节涧，两路人马在此会合，发起最后的总攻。

然而事情很快就发生了突变。就在元军登岛上陆的时候，爪哇国与邻国葛郎关系恶化，爪哇国王被葛郎国王所杀。爪哇国王的女婿立即率兵攻打葛郎国，结果被杀得大败。

爪哇国腹背受敌，形势万分危急。此时，爪哇国的一位谋臣献上一计：不如先投降元军，等打败葛郎国之后，再图他谋。

爪哇国国王的女婿听后，觉得可行便采纳了。当天夜里，爪哇国国王的女婿派使臣向元军主帅史弼献上该国的户籍和大量的珍宝，以及葛郎国的详细地图，并要求元军为他的父王复仇。

史弼与部将商议后，认为接受投降再攻打葛郎国，可一举两得：既轻而易举地收复爪哇国，又可借机打败葛郎国，在周围国家中赢得更大的影响。

应当说，元军主帅史弼的主意不错，但是由于后来行动不慎重，对爪哇军行动不够警惕，最终导致了惨败。

1293年3月15日，元军兵分三路，直取葛郎的答哈，其中一路为水军，溯流而上。另两路走陆路，分别由高兴和亦黑迷失指挥。爪哇国王女婿则率领爪哇军作为后续部队。

四天后，各路人马到达答哈，葛郎国王随之出动十万大军迎敌。葛郎军虽然人数占优，但战斗力不强，双方鏖战了整整一天，结果葛郎军大败，仅淹死河中的就有数万人，被杀死的有五千多人，战船损失无数。葛郎国王带领残兵败将退至城中据守。杀红了眼的元军加紧围攻，城池

眼看不保，走投无路的葛郎国王只好出城投降。

葛郎国既已兵败城亡，爪哇国王的女婿便于当年4月2日，以更换正式的降表和准备向元军进贡珍宝为由，要求回国。元军的几位主帅已被胜利冲昏了头脑，并没有过多地考虑，就答应了他的要求。实际上，爪哇国王的女婿早就在秘密地调遣军队，准备驱逐元军。

一场阴谋正在秘密地策划之中。此时，尚蒙在鼓里的元军还派出了二百人的小队护送爪哇国王的女婿回国。这支人马刚走到一半，就被早已设伏的爪哇军全部杀害。接着，爪哇军又调集大量的兵马突袭元军主营。

沉浸在胜利喜悦中的元军哪里会想到爪哇军居然恩将仇报，因而毫无思想准备，迅速溃败下来。幸亏元军久经沙场，还有一定的作战经验和作战能力，得以边抵抗边退却，且战且退了三百里，勉强挨到了海边，狼狈地爬上船。此时的元军官兵再也无心恋战了，大队人马上完船后便迅速拔锚起航回国。船队在海上整整漂泊航行了六十八天，最后总算回到了福建泉州。此次元军远征爪哇国的代价是巨大的，共有官兵三千余人战死海域疆场。

元成宗元贞元年（1295年），爪哇国王派使节来华，主动恢复了友好关系。此后，两国的使臣、僧侣、商人来往不绝，保持了密切的经济、文化交流。

第七章　走马灯似的换皇帝

“守成”之君元成宗

元成宗（1265—1307），名铁穆耳，是元朝的第二位皇帝，元世祖忽必烈之孙、皇太子真金第三子。历史上对他的评价是：“守成之君”……

1294年正月二十二日，八十岁高龄的忽必烈在大都去世。两个多月后，他的孙子铁穆耳继位，庙号成宗。成宗继统，是忽必烈的遗愿，不过他真正得以登上皇位，还是靠了实力大臣的支持。

时间推回到1273年。当时，在汉人儒臣的推动下，忽必烈正式册立次子真金为皇太子，以后又让他参决朝政。真金为皇太子时，以中书省、枢密院的名义掌管中书令、枢密使，以后成为定例，立皇太子了，就由皇太子出任这两个机构的名义长官；未立皇太子，便不设这两个官职。

相比忽必烈，真金更为推崇汉文化。他礼贤汉儒，主张蒙古贵族的子弟都要学习汉文化，而且主张减轻赋役、清廉节俭。《元史》记载说，江西行省曾进献岁课羡余钞四十七万，他怒斥道：“百姓安，钱粮何患不足，百姓不安，钱粮虽多，安能自奉乎？”

可惜真金从政时，其父忽必烈已经对汉人疏远，宠幸阿合马，重用言利之臣卢世荣（卢世荣虽是汉人，但人们普遍认为他在效仿阿合马），但真金对这两人都很反感，也采取过一些抑制他们的措施，这让忽必烈感觉很不痛快。有人建议说忽必烈应该禅位给真金，这让忽必烈大为恼火；真金也很害怕，以致忧郁成疾，年底就去世了，年仅四十三岁。

按照汉族儒家的观点，真金太子的长子甘麻剌作为嫡长孙，自然是皇位最佳的继承人。甘麻剌与铁穆耳皆由真金太子妃阔阔真所生，自小由忽必烈皇后察必抚养长大，封晋王，长期在漠北统率军队。忽必烈在真金太子死后，并没有特意立“皇太孙”，可他专门为甘麻剌设置了“内史府”，似乎是倾向于把这位长孙当接班人来培养，但忽必烈对铁穆耳又同样寄予厚望。1287 年，诸王叛乱，忽必烈派铁穆耳统兵讨伐叛王。1293 年夏，忽必烈又派他镇守蒙古汗国故都和林，掌管北方防务。同时派开国四杰之一博尔术之孙、御史大夫玉昔贴木儿做他的助手。在玉昔贴木儿请求之下，忽必烈将原来属于真金的印玺皇太子宝授给铁穆耳，又似乎间接表明了传位给他的意图。

由于忽必烈生前并未明确指定接班人，因此他逝世后，蒙古诸王、贵族意欲按照蒙古人的传统，召开忽里勒台大会推选元朝皇帝。铁穆耳和随同出征的玉昔帖木儿赶回漠南。玉昔帖木儿遵照忽必烈的遗命，成为临时执政集团最核心的成员之一。

忽必烈死后两个月，忽里勒台大会在上都召开，与铁穆耳竞争帝位的最强有力对手，自然是他的胞兄甘麻剌。

辅佐铁穆耳的玉昔帖木儿劝谕甘麻剌放弃，但甘麻剌不情愿。虽然甘麻剌也是阔阔真的亲生儿子，但她对这个长子并没多少感情，而是更喜欢幼子铁穆耳。阔阔真于是提议两个儿子背诵成吉思汗的祖训，优胜者为蒙古大汗和元朝皇帝。结果因甘麻剌口吃，比赛输了，但诸王和贵族仍有人持异议。此时，忽必烈临死前任命的顾命大臣伯颜握剑立于殿上，声色俱厉地宣读了忽必烈的遗命和之所以立铁穆耳的原因。众人再也不敢言语。

就这样，在阔阔真与权臣伯颜、玉昔帖木儿等人的支持下，铁穆耳登上了元朝皇帝的宝座。

其实，忽必烈在世时之所以没有明确指定铁穆耳为皇位继承人，跟铁穆耳从小的作为有关。

据史书记载，年幼时的铁穆耳是个贪吃狂。忽必烈深知暴饮暴食的危害，为了督促他节制饮食，曾三次用杖责打小铁穆耳，同时还派数名御医专职监视他，只要觉得他吃够了，立刻以击杖两声为信号提醒，铁穆耳就不能再狂吃，每次都让小铁穆耳感觉非常不爽。

后来，皇宫来了一个人，他自称有秘方能治好铁穆耳的贪吃症。这人在忽必烈的默许下，领着铁穆耳去美美地喝了一顿美酒。铁穆耳感觉浑身舒畅，从此铁穆耳的贪吃症真的治好了，不过却患上了酒精依赖症，成了一个彻头彻尾的酒鬼。

几年以后，忽必烈见这个皇孙日渐消瘦，起了疑心，一打听才知道那人让他用酒戒食减肥的秘密，他暗中派人把此人杀掉，但是，青年铁穆耳的酒瘾却越来越大，直到继位为成宗后，才戒掉了这个坏毛病。

虽然曾经嗜酒贪食，但成宗在位期间尤其是前期还算干得不错。他放弃征伐日本、安南之役，减免了江南一部分赋税，重新核实纳税的民户，以减轻民众负担；同时设立义仓，赈济贫苦孤独之人；又令编辑整理律令等。这些措施使社会矛盾暂时有所缓和。

《元史》评价说："成宗承天下混一之后，垂拱而治，可谓善于守成者矣。惟其末年，连岁寝疾，凡国家政事，内则决于宫壶，外则委于宰臣；然其不至于废堕者，则以去世祖为未远，成宪俱在故也。"后世史家也多称其为"守成之君"。

而且，成宗也并非只是守成者，也有一些推陈出新的措施。如在位期间，他三令五申要求地方官员鼓励农桑，发展生产，还能够改革不合理的制度，在经济上实行轻徭薄赋，停止所有非急需必需的土木工程。另外，他还听从中书右司员外郎王约的建议，开办学校，培养人才。应当说，这些都是他的成功之处。

但是，为了酬谢拥立他的诸王贵戚，成宗几乎将忽必烈时期的储蓄全部用尽，财政形势变得恶化。由于国库用度不支，靠挪用钞本（宋元时发行交钞的后备金）来填补缺额，引发了恶性的通货膨胀，使百姓生活变得艰难。

另外，成宗的守成也存在很多的弊端。不仅仅出现了财政的危机，

在用人上也多有不察。官场官府冗员和官僚腐败现象严重，很多官员常用半年才能处理一件不重要的事务。很多官员因为受贿而被撤职，然而在短期内又被迅速启用。在其晚期重用伯颜、八都马辛等色目人。这些色目官僚内外勾结，贪污腐败，引起了百姓的极大不满。这些都为后来元朝政局的动荡埋下了根子。

讲“诚信”的酒色皇帝元武宗

元武宗海山是元朝第三位皇帝。虽然他在位期间，并没有将国家治理得多好，但他却算得上是一位守“诚信”的人，因为他死后并没有将皇位传于儿子，而是遵守了当初的约定……

1305 年，身体日益虚弱的元成宗知道自己已是“秋后的蚂蚱——蹦跶不了几天了”，于是在这年夏天立独生子德寿为皇太子。

安排好了接班人，解除了后顾之忧，成宗的心里踏实多了，精神也好转了。

然而，世事难料。没过多久，皇太子就病危了。皇后卜鲁罕请吐蕃僧来作法事，她困惑不解地问：“我们夫妇俩崇信佛法，敬你为师，就这么一个宝贝儿子，难道就没有办法延长他的寿命吗？”

吐蕃僧回答说：“佛法就像是灯笼，可以遮风避雨。可是一旦蜡烛烧尽了,就无济于事了。”回答得还真是“滴水不漏”。卜鲁罕无话可说。

到了冬天，皇太子去世了。成宗比他儿子多坚持了一年，在 1307 年正月驾崩。父子俩撒手西去，宝座空了。由于成宗在病故前没有再将皇位的继承人确定，这就使朝中诸权贵再次展开激斗。

当时皇位的争夺之战主要在两个人之间展开：一个是成宗之侄海山，一个是成宗堂弟阿难答。海山是成宗的二哥答剌麻八剌的长子，1299 年奉命北御海都，在朝廷重臣月赤察儿和名将床兀儿等人的协助下，为平定北方诸王之乱立下了大功，1304 年被封为怀宁王。

海山十分受成宗的重用，论功劳，论血统关系的亲疏，海山均比任何人更有资格作成宗的继位人，但他要想成为新皇帝也并不是那么地容易。

当时，蒙古权贵们争夺皇位的擂台，已经由漠北草原转移到了全国的政治中心大都。宫内掌握实权的是成宗皇后卜鲁罕，她在成宗末年已经控制了宫中大权。为了继续保有她的大权，1305 年 7 月，她和成宗把自己的儿子德寿立为皇太子。为了保证德寿能够平稳地继承帝位，宫廷中所有潜在的对手都被剔除。

卜鲁罕皇后是个权力欲很强的女人，在她代替成宗主持朝政期间，不断安插自己的亲信，这让大臣们非常不满。成宗刚去世时，卜鲁罕原本封锁了这个消息，但中书右丞相哈剌哈孙却立刻采取了行动。一方面，他派出密使，向海山和其弟爱育黎拔力八达及二人的生母答己发出信息，邀其兄弟火速赶到大都来。另一方面，则在大都收缴百官印信，令其机构无法行使职权。自己又借口有病，虽经卜鲁罕皇后多次催促，皆不予理会，以此拖延时间，等候海山兄弟的到来。

驻守怀州的爱育黎拔力八达和母亲答己先于驻守漠北的海山抵达大都，他们探知阿难答有称帝的打算后，便先行发动政变，逮捕了阿难答。

爱育黎拔力八达成功地清除了政敌，取得了对选举大会的控制权之后，剩下来便是召开传统的忽里勒台大会正式确定新的皇位继承人。当时，宗王阔阔出、牙忽都等人为防止再发生意外，皆请爱育黎拔力八达登基为帝，但爱育黎拔力八达不为所动，再遣使至漠北，请其兄海山南下，以即皇位。当年 5 月，海山和诸王都到了。海山随即被拥戴为新皇帝，是为元武宗。据史书记载，胜利的海山按照成吉思汗的口吻问道："大位应属于谁？"

众人齐声回答："忽必烈既立其子真金为皇储，仅命阿难答之父镇守一方，则大位应归海山。"

在"功劳总结会"上，因为爱育黎拔力八达在大都的宫廷政变中充任了重要角色，立有大功，又得到太后答己的钟爱，故而被立为"皇

太弟”。武宗与其约下了“兄终弟及、叔侄相传”的誓言。也就是说，武宗去世后，其皇帝之位由爱育黎拔力八达继承；爱育黎拔力八达去世后，其皇帝之位由武宗的儿子和世瓎继承。随后又废除了成宗皇后卜鲁罕之位，将其迁往东安州，并在半路将之处死。这真可谓成王败寇。

海山继位为武宗后，朝廷中枢用人，差不多都在西北从征的蒙古、色目将领中挑选。武宗又感悟到，成宗后期以来，元代社会政治和经济问题正逐步恶化，所以他开始调整成宗时期的做法，采取了“惟和惟新”的国策。

应当说，武宗执政时期的各项措施的出发点是好的，但他的才能似乎有些不足。他的所谓“惟和惟新”的政策，其实是想用大量赏赐笼络群臣，发行新钞，实行重利经济，以满足政治上的需要。这种政策一施行就出现了问题。比如，武宗主政不久，就开始对诸王大加赏赐，结果赏赐的朝臣还不到一半，国库的钱就已用光了。以后，请赏者仍络绎不绝，财赋不支，武宗只好用滥封爵位的办法作为补偿。忽必烈时非嫡系子孙从不封“一字王”（封号为一字的王爵，多为亲王）。武宗时，晋封一字王位的人多达十五六人，甚至驸马也被封了一字王。这一时期朝廷中官吏的数量增多，官职提高，朝纲混乱，名位不清。有记载说，“天子即位，加恩近臣，佩相印者以百数”。这一时期，什么道士、僧人、唱戏的名角，只要武宗高兴，都被授予左丞、平章、参政一类的官职。一时间国公、司徒、丞相满朝都是。当时人评价说：“自有国以来，名器之轻，无甚今日。”

这种选择官员的混乱必然会促成吏治的紊乱。朝廷制诏变更无常，地方官吏往往擅自离职，去经营自己的买卖。朝中正在讨论未决的事情，也经常泄漏到民间，甚至到了诏书的稿子还没写完，民间人士却已能倒背如流的地步。

武宗通过各种途径开辟财源，增加国家财政收入的做法与传统儒家中的注重节流的观点正好相悖。儒臣们一直通过各种方式批评和阻挠武宗错误的理财措施，但都毫无效果。1309 年 8 月，因元钞贬值发展到难以收拾的地步，武宗下诏立尚书省整顿财务，铸尚书省印，进行财政改革。可由于尚书省乱发“大银钞”，反而造成了更严重的通货膨胀。后来改发“至大通宝”，重新进行货币改革，才稳定住局势。

虽然国家治理得不怎么样，武宗却是一个讲“诚信”的人。他的亲信宠臣们三番五次劝说他废掉弟弟，改立儿子为皇位接班人。武宗却每次都教育他们做人要厚道，说话必须算数，终究不愿意食言。

和元成宗等人一样，武宗也终日沉迷于酒色之中。1311 年初，由于酒色无度，在位仅四年的武宗病死，享年三十一岁。他的弟弟爱育黎拔力八达顺理成章地登上了帝位，是为元仁宗。

爱静不爱动的元仁宗

元仁宗是元朝的第四位皇帝，在位期间，一定程度上推行了“以儒治国”政策，但程度有限。他虽然不好女色，但同样嗜酒。最终，他年纪轻轻就死在了酒上……

元武宗死后，他的弟弟爱育黎拔力八达其实早已做好了即位的准备，但他知道，“好事不在忙上”，所以没有着急即位，他在太子位上看够了那些他不爱看的人的嘴脸，他要把他们清理出朝廷，打扫进坟墓。和当初清除阿难答一样，上台之前，他打了一场有准备之仗，撤销了已经是祸国殃民的尚书省，杀掉了几个触犯过他利益的人。

一切准备停当后，1311 年的农历三月十八日，是为吉日，爱育黎拔力八达从容不迫地登上大宝，继承皇位，成为元仁宗。

元仁宗和南宋时期的宋度宗一样，用今天的话说，是标准的一位“宅男”。他好静，在元朝诸帝当中，绝对是一个不一样的皇帝。他不事游猎，不喜征伐，与他的蒙古族祖辈大相径庭。他崇德尚俭，穿着朴实，不崇货利，淡然无欲。对宗戚勋旧，始终以礼相待；对大臣亲老，时加恩赐；太官进奉膳食，一定分赐给近臣；对有司报上来的大辟之刑，他总是仔细审阅，尽可能缓期执行。他孜孜以求地治理国家，力图遵守世祖忽必

烈时期的宪章制度。仁宗的这些主张和做法，其思想核心，就是儒家提倡的“仁政”。

仁宗非常重视人才的培养和选拔。1313 年夏，他曾经和时任中书平章政事的李孟探讨用人之方。

李孟说：“人才的选拔，固然不止一条道路，然而汉、唐、宋、金，以科举得人才颇多。如今想选拔天下的贤能，如果用科举选取，较之多门而进要强。但只有首先注重德行，然后文辞，才能得到真正的贤才。”

仁宗十分认同李孟的观点，决定实行科举。

1313 年，仁宗颁诏并在其后的两年中首次实行了新考试制度，考试科目重经学而轻文学。它还指定朱熹集注的《四书》为所有参试者的标准用书，并以朱熹和其他宋儒注释的《五经》为汉人参试者增试科目的标准用书。

重经学而轻文学显然有利于理学家的观点，具有超出元代本身的历史意义。仁宗所拟定的科举制度及其实施细则，可以说是异常的具体、详细、周全，方方面面都作了认真的考虑和严密的防范。这一科举制度及其实施办法不仅是元代举行科举考试的指南，而且对明、清两代实行科举取士的办法也产生过较大的影响。

1315 年春，元朝实行科举制后的首场廷试在京城举行。仁宗亲自监考。另一位名儒元明善作副主考。经过这次笔试，共选聘出五十六人走上仕途。这些人在日后果然有所作为。

实行科举考试，既在政治上多少满足了汉人开仕途的要求，同时也适应了元朝统治者用儒图治的需要。

新的科举考试制度还有一些反映元朝统治下特有的民族歧视的特征。在新制度下，蒙古人和色目人的考试不仅比汉人、南人简单，他们还在种族制度下享有“同等席位”，面试过后，同等条件下优先录用，通过各省考试参加会试的名额，按照四等人的划分，每等七十五个名额。

为了不损害旧贵族家族的承袭特权和扰乱现存的官僚体制，登第殿试的名额控制在较低水平上，每次考试不超过一百人。此后元朝举行了十六次考试，考中进士的共计一千一百多人。这个数字，只比同时期文官总人数的百分之四稍多一点。因此，科举考试制度并不意味着对享有特权的贵族子弟利益有严重损害。

元仁宗恢复科举考试制度，既有文化意义，也有社会和政治意义。把儒家学说作为甄选精英的标准，给汉族士人入仕提供了一条正常的道路，这对江南的士人更为有利。

江南的士人以前多被排除在官场之外。科举恢复后，给了他们当官的机会。此外，考试制度也鼓励蒙古人和色目人学习汉学，特别是那些不属于贵族家族的人，并由此加速了征服者向汉族人生活等方面的转化，只是这种汉化来得有点晚，程度也不够。

总之，仁宗的统治可说是对武宗时期的一个纠正。可惜因为仁宗性格过于稳重，缺少主见，始终摆脱不了权臣的迷惑，使他的统治后期出现了奸臣铁木迭儿。

仁宗不好色，信佛，也不喜欢发动战争，对各种宗教能采取宽容政策，并且生活节俭，不兴盖宫殿庙宇。只是，他和窝阔台等人一样，是一个嗜酒的男人，最后也死在了酒上……

想做大事却瞬间离世的元英宗

在元朝的历史上，有一位年轻皇帝，资质不差，而且从谏如流，立志想做一番大事。可惜，天不遂人意。他年纪轻轻就死于非命，令人唏嘘不已……

元仁宗是一个愿意推行“汉化”的皇帝，但是他的母亲答己是一个守旧的女人，因此对仁宗越来越不满。她和她的亲信铁木迭儿、失烈门等人勾结在一起，总想干涉仁宗的政策。可是，由于仁宗已经羽毛丰满，底下有许多亲信大臣，答己太后不能对他怎么样，于是就想办法要控制皇太子。

本来，按照当初的约定，仁宗即位后，应该立武宗的儿子和世瓎为皇太子。可是答己太后却认为和世瓎已长大成人，怕将来不好控制，而仁宗的儿子硕德八剌年轻，只有十三岁，加之他性格懦弱，将来肯定会乖乖地听话，于是就劝仁宗立硕德八剌为皇太子。

仁宗一开始不同意，不想违背跟哥哥立下的誓言，但大臣铁木迭儿很会花言巧语，他对仁宗说："皇位是皇上您夺得后让给兄长的，现在再传给自己的儿子，这是理所当然的事，谁敢反对呢？"

毕竟，人都是有私心的。仁宗一听，对呀，就下诏立硕德八剌为太子，又封和世瓎为周王，送到云南去镇守。

硕德八剌虽然年纪尚轻，但成为太子后，经常与身边的儒生们议论时政和治理国家的良策，希望依据儒家的理想把国家治理好。

一晃几年过去了。1320年3月，三十六岁的仁宗嗜酒过度去世后，他母亲答己太后迫不及待地任命铁木迭儿为中书右丞相。铁木迭儿一掌权，立即把先前曾弹劾过自己的御史中丞杨朵儿只和中书平章萧拜住二人处死，对异己分子发起了疯狂报复，同时把自己的亲信全都安排到了朝廷关键岗位上。

1320年4月，时年十七岁的元仁宗的嫡长子硕德八剌正式即帝位，是为元英宗。元英宗刚即位，他祖母就又下旨晋封铁木迭儿为上柱国、太师。

元英宗一上台就发了一封书信诏告天下。信中盛赞了祖母养育父亲（仁宗）和伯父（武宗）的莫大功劳，又饱含感激之情地赞美了祖母对自己无微不至的慈爱，并给他祖母上尊号曰"仪天兴圣慈仁昭懿寿元合德泰宁福庆徽文崇佑太皇太后"。这具体是什么意思，很难解释清楚，总之是如何贤德、如何能干、如何仁慈、一定会长命百岁、青史留名之类的意思。

见乖孙子这么温顺懂事，答己太后乐得合不拢嘴，看来当初选择扶植这孩子坐上宝座是明智之举。然而，老太太实在没有想到的是，自己心目中原本乖巧听话的孙子其实既不乖巧又不听话。

说来也是，英宗原本和父亲一样，想用汉法来治理国家，这与祖母的意见自然相左。因此，祖孙之间出现争执和矛盾是必然的。有一次，铁木迭儿有一个亲信犯了罪，铁木迭儿请答己太皇太后去讲情，可是英宗说："刑罚是祖宗定下来的，不能随便更改，该打就得打。"答己太皇太后见小皇帝不听话，就后悔不该让他当皇帝。

过了两个月，答己的亲信失烈门和平章政事合散，阴谋发动政变，要杀死英宗皇帝。这个行动让英宗知道了，他很快就派人逮捕了失烈门和合散等人，这时他才知道这一切都是太皇太后指使的。但英宗不敢追查，匆匆忙忙把失烈门等人杀掉了事。

英宗看到自己处于十分不利的政治环境中，就任命木华黎的曾孙拜住做左丞相，让他主管朝中大事，借以架空铁木迭儿。正当双方矛盾进一步发展的时候，在1322年的秋天，铁木迭儿和答己先后死去了。

铁木迭儿和答己一死，英宗就将权力全部交给拜住，推行"新政"。他大量起用汉族知识分子，淘汰官僚，实行"助役法"，从地主那里收取助役费，用来补贴农民，完善货币制度，采取了一些政治改革。

接着，英宗又下令追查铁木迭儿的罪行，把他的儿子八里吉等人处死，将他的另一个儿子锁南撤职，并把他的家产全部没收。在这个过程中，铁木迭儿的义子铁失因为与皇家联姻，幸免于被清洗，英宗这一仁义的举动终为自己引来了杀身之祸。

铁失是掌握禁卫军的御史大夫，他一心想找机会杀死英宗皇帝。

很快，机会被他逮住了。

1322年夏天，正在上都避暑的英宗，忽然觉得心中很不安，就想做佛事。拜住说："现在国家钱财不多，还是不要做吧。"

那些受铁失指使的喇嘛，却怂恿英宗做，还要实行大赦。拜住听了非常生气，说："你们光想捞钱财还不满足，还要包庇罪行！"

铁失和他的亲信一听，以为拜住还要追查他们的罪行，就决定发动政变。

在政变还没发生之前，铁失派人到北方去，想劝晋王也孙铁木儿做

皇帝。也孙铁木儿是真金的长孙，驻守在北边。晋王一听，马上变了脸色，骂道："你敢叫我谋杀皇帝？这种奸贼，留着有什么用，赶快给我杀了！"

左右的亲信连忙说："王爷！杀了他也没用，不如把他送到大都，让皇上处治，也好让皇上知道您的忠心。"

晋王一听，也是，就命人把此人送到大都去。其实，也孙铁木儿也想当皇帝，只是怕政变不成功，连自己的脑袋也保不住。

这年 8 月 5 日，英宗从上都回大都，走到南坡店（上都西南三十里）时，因天近黄昏就停下来，扎营过夜。

这天晚上，铁失派他的亲信站岗，自己和锁南等十六人闯进英宗和拜住的大帐。拜住听到外边有人声，出来查看是怎么回事。他一见铁失等人手里拿着明晃晃的大刀闯进了大帐，急忙大吼一声："你们想干什么？"可是话音未落，拜住就被锁南一刀砍死。

这时，英宗听到拜住的吼声，正要披衣下床，铁失闯了进来，将他一刀杀死。这就是历史上的"南坡之变"。

说起来，在元朝的皇帝中，英宗还算不赖。他即位后，为了达到富国强兵的目的，除了实施一系列新政外，还善于虚心纳谏。

《元史》相关传记曾记载了元英宗一些虚心纳谏的故事和情节，比如他曾任命宦官为太常署令，大臣认为宦官不能参加祭拜，他便收回了委任状；他上台后曾像其祖先那样大赏功臣贵族，中书诸臣提议因财政困难，应该节制赏赐，他立即予以采纳。

有一年元旦，英宗非常想在宫中张灯结彩，庆祝一番。御史中丞张养浩上殿进谏说："当今国库空虚，黄河泛滥，灾民遍野，臣以为宫中之用应该节省。"

英宗听后很高兴，但表面上却故作生气，说："朕登基以来，上承天命，下恤百姓。万民同乐，天下太平。值此佳节，不应该庆祝一番吗？"

张养浩面不改色，据理力争。

元英宗对群臣说："我朝有张爱卿这样的大臣，朕还有什么忧虑的呢？自今以后，朕凡是出现过错，不仅台臣应谏诤，众人都可以提意见，这叫作战胜于朝廷。”

御史台臣请求英宗降诏规定台纲纪律，英宗说：“卿等只管守职尽言，正确的朕一定采纳实行，不正确的也不会向大家问罪。”不久，英宗又将此诏令颁行天下，致使不少人直接到皇帝面前提建议。

拜住等人建议说：“如今上封事者，不少人直进御前，多为不便。希望设置一个机构，对于提建议者先过滤一遍，能解决的当时就解决，解决不了的，然后再入奏。”

英宗说：“给朝廷提建议者可以直接到我跟前，如果是细民的诉讼之事，则可禁止直达朝廷，应由相关部门解决！”

有一次英宗对拜住说：“朕认为天下之大，非朕一人思虑所及。你是我的左右臂膀，千万不要忘记建言献策，以帮助朕纠正各种失误。”

拜住说：“古代尧舜为君，每遇到一件事都要征求众人的意见，别人说得正确则舍己从人，故而万世称他们为圣人。”

接着，拜住又说：“桀、纣做国君时，拒绝别人提意见，自以为贤能，只喜欢别人服从自己，好亲近小人，故而国家灭亡而不能自保，世人直到今天还称其为无道之主。臣等仰仗陛下洪恩，哪敢不竭忠尽力以报效朝廷呢！然而凡事言之则易，行之则难。只要陛下身体力行，臣等若不及时谏诤，则是臣下之罪！”

英宗对此大为赞同。

英宗要求宰相和各级官员不仅要忠于职守，而且要努力荐贤进谏。英宗专门颁发了一份诏书，规定：“监察御史、廉访司每年都要推举可任守令者二人。其中七品以上者，有伟画长策可以济世安民者，实封上之。士有隐居行义，明治体，不求闻达者，有司具状以闻。”

也就是说，不论现任官员还是民间种田能手，大家都可以推荐。对那些不推荐贤能、搞不正之风的则严厉批评。如英宗即位之初，有人曾通过近臣进献七宝玉带，以示祝贺。

英宗很生气，说：“朕刚登基不久，百废待兴，需要的是文武贤才和米粟布帛，你们作为近臣，不去荐贤举善，却替人进献玉带，岂不是

用利引诱朕走邪路吗？”

年轻的元英宗如此从谏如流，一时间朝野震荡，认为大元朝振兴有望。

然而，天不遂人愿。可怜的元英宗，刚想做点大事，却瞬间离世，年仅二十来岁。

历史，有时就是这样让人惆怅。

换皇帝如换衣服

元朝进入中期以后，由于多种因素的影响，换皇帝比换衣服还勤。真可谓“皇帝轮流做，明年到我家”。元王朝就在这样的折腾中，走向了它的末年……

铁失等人杀了拜住和英宗后，拥立也孙铁木儿做皇帝，是为元泰定帝。

泰定帝登基不久，心想，铁失这些人连皇帝都敢杀，没准儿哪天也会杀我，一定不能将他们留下。于是，他先封拥立他的人做大官，稳住他们。一个月后，又以谋杀皇帝的罪名，把铁失等人全部杀死了。

泰定帝是元朝第六位皇帝,其名字也孙铁木儿的蒙古语意为“九铁”，然而他的生命却一点也不“铁”，而且还很脆弱。

泰定帝在位时间不长，总共只有五年时间。他即位后，为预防身后的皇位再次发生争夺，刚登基几个月，就将自己五岁的儿子阿速吉八立为了太子。

在他统治期间，保留了英宗改革的一些成果。因为他笃信佛教，朝中事情全交给亲信倒剌沙处理。

倒剌沙被泰定帝任命为中书左丞后，开始培植亲信，排除异己，引起了蒙古贵族的不满。怀王图帖睦尔是武宗海山的次子，本住在今江苏南京。1328 年，怀王的卫士也先捏向倒剌沙报告说：“怀王有夺帝位的野心，不可不防。”于是倒剌沙得到了泰定帝的命令，将怀王图帖睦尔迁到今湖北境内。也就在这一年的 8 月，时年三十六岁的泰定帝病逝了。

虽然泰定帝对他身后的皇位问题做了预防，可他用人不当，最终酿成了更大的祸端。

泰定帝死后，倒剌沙迟迟不肯让阿速吉八即位，这引起了文武百官的不满。留守在京师大都的燕铁木儿就乘机发难。然而，这位发难者的心意却不在阿速吉八身上。

燕铁木儿是武宗朝的旧臣，曾担任过武宗的警卫，后被提拔为禁军的首领。在泰定帝时，燕铁木儿已成为元朝最高军事机构枢密院的检枢密院事，可说是手握重兵的权臣。此人有谋略且生性多疑，跟曹操一个风格，晚上睡个觉也要换好几处地方，连心腹都搞不清楚他究竟住在何处。

燕铁木儿认为泰定帝参与“南坡之变”弑君夺权，帝位来路不正，应该将皇位归还给武宗后人。

一天，文武百官聚集在大都兴圣宫议事，不料燕铁木儿率十七名勇士手执利刃冲进来，二话不说直接把十二名朝廷要员绑起来，投进大牢。然后，把百官的印章收缴回来，征调军队守卫京师，控制住了京师的局势。

当时，元武宗的两个儿子，被封为周王的和世瑓远在漠北，短期内赶不回来，而怀王图帖睦尔在离大都不太远的江陵（今湖北省江陵县）。于是燕铁木儿派人密迎怀王。怀王很会拉拢人心，还在半路上往回赶呢，就事先下令升任燕铁木儿为知枢密院事，统领军政实权。

1328 年 9 月，图帖睦尔在大都即位，改元天历，是为元文宗。

文宗深知自己的实力远不及哥哥和世瑓，自己有幸坐到龙椅上纯属偶然，所以在登基大典上就明确表示：“宝座是我大哥的，我丝毫没有要坐的意思。那么我为什么要坐呢，完全是出于稳住我方阵营和人心、共同对抗敌人的政治需要。我先替大哥把这皇位焐热，等他一来就立即让位。”

在上都的中书左丞倒剌沙与泰定帝的皇后八不罕听到大都有人抢先

登基，才手忙脚乱地将皇太子阿剌吉八升级为皇帝，改元天顺，是为天顺帝。

至此，元文宗和天顺帝分别在大都和上都即位。一个天上同时出现了两个“太阳”，这怎么行？于是开始了历史上所谓的“两都之战”。

当时，就实力而言，上都军占有人数上的优势，但是上都军家属多在大都，所以作战时他们军心有些涣散。战争开始后的一个多月内，双方难分胜负。

大都军人数少，燕铁木儿在山海关、居庸关、古北口、紫荆关间来回奔跑。“两都之战”开始后，国内差不多有半数的行省卷入内战的漩涡，有的支持大都，有的支持上都，也有的消极观望。上都方面的严重失策是，他们把主要兵力都投入到了南方战场，守卫上都本身的兵力已经很少。而燕铁木儿的叔父领有一支军队驻守在辽东，这支军队乘上都空虚无备之际突袭了上都。1328年10月中旬，上都官员奉皇帝玉玺出降，即位才一个月的九岁的天顺帝则不知所终。

上都的失败立即导致支持上都的诸路军瓦解，一场声势浩大的皇位争夺战意外地迅速结束。随着两都之战上都方的失败，以燕铁木儿为首的钦察人集团地位变得显赫起来。

史料记载，上都克复后，元文宗图帖睦尔鉴于成宗死后皇位争夺的教训，遣人去西北往迎兄长和世㻋。和世㻋怀着与乃父当年同样坚定的信心，飘飘然地从阿尔泰山启程，不过他身边只有不到两千名卫士，而昔日海山过来时则有扈从三万精兵。

1329年2月，和世㻋抵和林之北。他在这里即皇帝位，是为元明宗。4月，携玉玺北迎和世㻋的燕铁木儿，至明宗南下的行帐入觐，明宗明确告知他要立图帖睦尔为皇太弟。武宗、仁宗间的“兄终弟及”故事似乎就要重演。

当年8月，明宗和图帖睦尔兄弟二人相会于武宗建立的中都行宫，相谈甚欢。然而仅仅过了五天，三十岁的明宗便突然“暴崩”。后来，明宗之子元顺帝追究这件事时公开颁诏，指出明宗之死乃由图帖睦尔和燕铁木儿合谋毒害。

明宗既死，图帖睦尔携皇帝玉玺返还上都。当年9月，于上都再次继位为元文宗。

两次即位的元文宗是元朝历史上最博学的皇帝，也最多才多艺。他很早就显示出了广博的知识和艺术爱好，在1325年至1328年任怀王时，身边就有很多著名的汉人文学家和艺术家。文宗有极好的汉文和历史知识，在诗歌、书法和绘画等许多方面都颇有造诣。

文宗也很识时务，知道笼络读书人。他用加封儒学先圣先贤的办法来提高儒学的地位。如：1329年，文宗派遣官员前往曲阜代祀孔子；1330年，皇帝本人亲自参加了祭天的郊祀，这是元朝皇帝第一次参加此项中原王朝传统的重要祭祀；为发扬儒家道德，宫廷每年都表彰许多孝子与节妇。

为阻止"文化返祖"，也就是汉人追随蒙古人和非儒家习俗，文宗于1330年下诏："诸人非其本俗，敢有弟收其嫂、子收庶母者，坐罪。"第二年，又下令汉人和南人严禁实行收继婚制。同时，鼓励蒙古人和色目人接受汉人的习俗，蒙古和色目官员在1329年准许按汉人习俗为父母守丧三年。

在文化方面，文宗作出了一定的贡献。他在位期间，创建奎章阁，编修《经世大典》，为研究元朝的历史提供了一笔宝贵的财富，但元文宗崇尚佛教，滥做佛事，耗资巨大；而且僧尼可免一切差徭，还时常干预朝政。此外，文宗重用的燕铁木儿等人擅权恣纵，显现出了不少弊端，贵族统治集团内部的矛盾也一直很尖锐。

文宗在位五年，于1332年病死。在病危时，他立下诏书，传位给哥哥明宗的儿子。明宗有两个儿子，长子妥懽帖睦尔，十三岁。因明宗生前曾说过长子"非己所生"而作罢。次子懿璘质班，当时只有七岁。文宗死后，懿璘质班即位，是为元宁宗。可是这位小皇帝只坐了五十三天龙椅，就病死了。随后在燕铁木儿的支持下，要立文宗的儿子燕帖古思为帝，但文宗皇后以秉承文宗的遗愿为由没有同意，主

张让明宗“非己所生”的儿子，即妥懽帖睦尔即位。在文宗皇后的全力支持下，燕铁木儿派人把妥懽帖睦尔从静江接到了京城。不久，燕铁木儿就病逝了。

燕铁木儿死后，1333 年 6 月，妥懽帖睦尔即位，他就是元朝在位时间最长(三十六年),也是最后一位统治中原地区的皇帝——元顺帝(即元惠宗)。元惠宗之所以又被称为元顺帝,是因为后来在明军攻打大都时，元惠宗不进行抵抗，仅带部分家眷逃往上都，后又逃至应昌，因为没有进行大规模的抵抗，明朝史官认为他顺应天意，故在明朝史书中都以元顺帝称呼元惠宗。

就这样,元中期近四十年间,走马灯似的换了九个皇帝（不算顺帝),简直比换衣服还勤。其中有六个是在激烈争吵或武装冲突后登基的，有两位被杀，一位失踪。这固然与每一个皇帝寿命都不长有关，另一方面也说明中原王朝式的皇位继承制度，其实难以被蒙古人接受。传统的宗王、贵族等靠忽里勒台共选大汗（皇帝）方式，依然对元朝皇位的继承有直接影响。拥有实力的大臣的向背，更是一个至关重要的因素，没有一个新皇帝是在老皇帝刚刚去世时就登基的，即便是仁宗、英宗这两位事先被确定好的皇位继承人，也是如此。

由于频繁换皇帝，每位皇帝的在位时间很短，有的恐怕连大臣都没认完就结束了，这样又如何能真正执掌朝政呢？因此，中期的元朝多由权臣摆弄下诏或颁布诏令。皇帝成为傀儡，不能决策大事。宫廷纷争连续不断，尔虞我诈时时出现。再加上经济落后，广大百姓处于水深火热之中，中原地区农民尤其悲惨，饥寒交迫，其严重程度已达到再也不能忍受的地步。这样，百姓被迫起来反抗，农民起义不断。元朝也就即将走向了终点……

第八章　王朝的幻灭

久乱思治，一度“回光返照”

元顺帝在执政的前些年，打击权臣伯颜，重用脱脱等人，采取了一些改革措施，终于使元王朝呈现出一些“中兴”的气象。可惜，一切都来得太晚了……

遍观中国历史，王朝由盛而衰是难逃的宿命，但中国的好几个朝代也曾出现过“中兴”时期，让王朝步入第二春。在元朝也曾出现过一抹曙光，那就是在元顺帝统治的时候。只可惜，这抹曙光太短暂了，可以说是转瞬即逝。不过，元顺帝本人的寿命和皇帝生涯相比他的祖先们来说，却是够长的了。

《元史》关于元朝帝王的本纪一共四十七卷，而顺帝一个人就占了十卷，接近四分之一的篇幅。比起元朝其他的短命皇帝来说，元顺帝坐宝座的时间非常长。元朝一百多年的历史中共有十一个皇帝，第一个皇帝世祖忽必烈从称帝之日算起，在位三十四年，此后的九个皇帝一共只经历了三十八年，而元顺帝却在位三十五年之久。

要说元顺帝也不容易，自即位时起，身边便时常出现把持大权的重臣。

自从世祖忽必烈之后，元朝只有一个皇帝即顺帝的祖父元武宗海山以赫赫战功稳坐龙廷。武宗解除了元王朝在西北部的威胁，也成就了手下的三个部属，即燕帖木儿、康里脱脱和伯颜（非忽必烈时期的大将伯

颜，为同名另一人）。康里脱脱早死，燕帖木儿和伯颜则成为影响了几朝的权臣，着实让顺帝头疼不已。

燕帖木儿死后，其子唐其势也加入了夺权之战，为了压制燕帖木儿家族的势力，顺帝大力提拔伯颜。有人说，政治也就是那么回事，不是东风压倒了西风，就是西风压倒了东风。顺帝是真的领悟了这句话的威力。他清除了唐其势等燕帖木儿家族的残余势力后，伯颜的气焰又日渐高涨。

早在元武宗时期就为朝廷重臣的伯颜是一个极端狭隘的人，特别仇视汉人。顺帝即位后，因其拥戴有功，加封他为中书右丞相、上柱国、太师、奎章阁大学士、秦王等一口气难以说完的官职。大权在握的伯颜极力主张废除科举考试，他对顺帝说："陛下日后生了太子，千万别让他读汉人的书，那些东西就会胡扯八道蛊惑人心。原先臣手下有个汉人马夫，招呼也不打就消失了，追问他老婆，支支吾吾地说他出外参加科举考试去了。哼，连这种人也混进应考队伍里去了！"

据说有一个吐蕃巫婆曾预言说，伯颜将死于"南人"之手。为了避免预言成真，伯颜想出一个"好主意"：杀光全天下张、王、刘、李、赵五大汉姓人。当然，伯颜也不可能傻乎乎地直通通说出真实原因。他上书说："臣对大元建立以来全国各地历次叛乱者的名单进行了认真分析研究，发现一条惊人的规律——众叛乱者以'张、王、刘、李、赵'这五个姓氏最多。所以强烈要求杀光这五个姓的汉人！"

听了伯颜的话，顺帝不知说什么好，用今天的话说，就是"无语"了。

这回伯颜倒是没敢擅自以皇帝名义下诏杀光五姓汉人，只是下令禁止汉人、南人、高丽人执持军器，并把他们拥有的马匹全都充公。

此外，伯颜不仅在朝中遍植党羽，还特意任命侄子脱脱为禁宫侍卫长，负责监视皇帝的一举一动。可是他连做梦都没有想到，正是这个自己安插在皇帝身边的眼线，会掉转头来不遗余力地帮皇帝要了他的命。

随着伯颜越来越嚣张，越来越不把皇帝放在眼里，以至于天下人都知有伯颜而不知有皇帝，这当然让顺帝很生气。但顺帝还真沉得住气，仍旧不动声色地不断给伯颜加官晋爵，后来伯颜的官爵居然长达二百四十六个字，愣是比被他干掉的大权臣燕铁木儿还多出近二百字。伯颜见皇帝好欺负，干脆密谋准备废掉顺帝，拥立文宗之子燕帖古思为帝。

1340 年初，伯颜带着燕帖古思出城去柳林打猎，并派人邀请顺帝一起参加，企图趁游猎之机发动政变。顺帝回话说不去。第二天清早，伯颜邀请燕帖古思一起吃早餐，手下满头大汗地跑来报告说，昨天后半夜有人潜入军营把燕帖古思给偷走了。

伯颜只得返城。回来一看，城门紧闭，他火气“嗖”地一下就蹿起来了，仰起头刚准备朝城楼开骂，这才看见自己的亲侄子脱脱高立城上，板着脸一本正经地高喊道：“传圣上口谕，伯颜大逆不道试图谋反，随从者皆赦无罪，即时解散各还本卫所。罪者唯伯颜一人。贬伯颜为‘河南行省左丞相’，不得进京，即刻启程赴任去吧。”

接到诏书后，伯颜知道自己大势已去，只好南下。没走多远，又接到了朝廷的诏书，将他贬到了更远的广东省。在郁愤交加中，伯颜刚走到江西，就被顺帝派人毒死了。

伯颜死后，脱脱取代了伯颜在朝中的位置。1341 年，顺帝开始起用脱脱当政，改元至正，希望能使元朝中兴。脱脱在这国家存亡的关键时刻，开始施行他的改革措施。历史上把这次改革称为“脱脱更化”，可见还是取得了一些成就的。

脱脱改革的内容主要是：首先，为取得儒士的支持，恢复了被伯颜废除的科举制，置宣文阁，恢复太庙的祭祀。接着开始平反昭雪一批冤案，这就使得满朝惊恐不安的人心得到了稳定，进而得到了众多朝臣的支持。对待百姓，脱脱下令免除百姓拖欠的各种税收，放宽了对汉人、南人的政策。这样就在一定条件下缓解了阶级矛盾。

脱脱的“更化”不只表现在政治上，也体现在文化上。正是在这一时期，元人完成了对前代历史的编修工作。在脱脱的主持下，编成了宋、辽、金三史。自元朝建立以后，宋、辽、金代历史的编修就一直因以谁

为正统这一点而争持不下。脱脱用汉族史学家欧阳玄，畏兀儿族人廉惠山海牙、沙刺班，唐兀人余阙，蒙古人泰不花等一起修史，并决定宋、辽、金三朝皆为正统，结束了这长达几十年的争论，且开创了各族史家合作修史的先例。

正所谓“久乱思治”，脱脱在四年多时间里，由于改革得当，使元朝末年的昏暗政治一度转为清明，取得了可人的成就。只不过，这一切来得太晚，更像是“回光返照”。

“开河变钞祸根源”

“开河”“变钞”，虽然脱脱等人殚精竭虑地为延续元王朝的寿命而努力着，但此时的元朝已是积重难返，病入膏肓……

脱脱虽然给元朝带来了一丝“中兴”的希望，但那希望更像是一个“肥皂泡”。不久，政治纷争又开始了。脱脱执政不到四年，便因政敌的攻击，于1344年被迫辞相。之后的五年中，元朝的政治机体日益腐化，问题丛生。而自然灾害，也是一个接着一个。元顺帝不得不于至正九年（1349年）再次任命脱脱为相。

二次为相后，脱脱面临的是个更加难以收拾的烂摊子，而他自身的短板也暴露无遗。其中的“开河”与“变钞”两项举措，看似英明，实为败笔。以至有史学家认为，如果说元末农民起义是元朝社会矛盾发展的必然结果，那么，开河和变钞就是这次大起义的导火线。

开河缘于黄河的水患。1344年，黄河在曹州、汴梁、白茅堤（今河南兰考东北）、金堤（今山东梁山一带的古堤）等地多处决口，洪水如同出笼的猛兽，越阡度陌，北侵安山，溢入运河，继续向东北流去，又淹了沿河的盐场。曹、濮、济、兖都多地受灾，无数百姓流离失所，沦为灾民。另外，温州发生了海啸和地震，莒州蒙阴、汉阳、东平也发生了地震，数以万计的百姓失去家园。

脱脱重新为相后，元朝已连续五年不能彻底堵住黄河决口，两岸百姓深受其害。脱脱决定采用水利专家贾鲁的方案堵截决口，并亲自担任总指挥，同时布告天下：“皇上心忧天下百姓，我们臣民应该替陛下分担忧愁。只是天下有些事情很难办，就像有的病很难治好一样，自古黄河水患贻害无穷，是难治之疾，现在我一定要尽全力治理黄河，消除水患。”

当时很多人都说长道短，大谈治理黄河之难，然而脱脱毫不在乎，他相信自己有能力治理好黄河水患。于是他奏请皇上，任命贾鲁为工部尚书，总理治河的一切事务。

不久，元顺帝听从脱脱的建议，征发汴梁、大名（今河北大名南）等黄河南北十三路十五万民夫及庐州（今安徽合肥）等地两万多军队上黄河大堤当河工，服劳役。

却说这十五万民夫，他们本来是贫苦的灾民，如今又被强征为河工，在军队的监视下做苦工，怨愤之情，绝望之心，反抗之意，在这些人的心里酝酿，就像一个巨大无比的炸药包，搁在了黄河边上，只要有人引爆，另一场洪水必然爆发，直接冲荡和席卷元顺帝的龙廷。

此外，元顺帝时期，元朝的末世情态已经处处显现，朝臣互相倾轧，上下贪赃成风，政治更加黑暗，经济几近崩溃，政局动荡，民心思变。当时有一曲《醉太平》的小令，唱道：

堂堂大元，奸佞专权，开河变钞祸根源，惹红巾万千。官法滥，刑法重，黎民怨。

人吃人，钞买钞，何曾见？贼做官，官做贼，混贤愚。哀哉可怜！

曲词里的“开河”，就是指上述元朝廷强征民夫开挖河道。而“变钞”，则是指发行新纸钞。

从元世祖忽必烈后期以来，国库严重空虚，入不敷出，财政渐见拮据，纸币发行量猛增。几代皇帝积累的纸币印量到了元顺帝至正年间（1341—1370）濒临崩溃，加之伪钞横行，钞法几被破坏殆尽。至正十年（1350 年），在脱脱的大力支持下，开始变更钞法。

具体做法是，用旧日的中统交钞加盖“至正交钞”字样，新钞一贯合铜钱一千文或至元宝钞两贯，两种钞并行通用，而中统交钞的价值比至元宝钞提高一倍。《元史·食货志五》中记载：“每日印造，不可计数。舟车装运，轴护相接，交料之散满人间者，无处无之，昏软者不复行用。”

这一举措造成的后果可想而知：恶性通货膨胀。《元史·食货志五》为此记载说：“京师料钞十锭易斗粟不可得……所在郡县，皆以物货相易，公私所积之钞，遂俱不行。”

到至正十六年（1356年）时，纸币“绝不用，交易唯用铜钱耳。钱之弊亦甚……且钱之小者，薄者，易失坏，愈久愈减耳”。这种以“钞买钞”，治标不治本的方法，非但没能解决问题，还使得社会愈加动荡不安。

就在变钞如火如荼地展开之时，黄河的治理取得了成功。黄河南北两岸十多万民工经过数月时间的努力，终于补筑决口，让黄河恢复了故道。元顺帝为了嘉奖脱脱，赏赐他世袭答剌罕（元时代的一种崇高封号）的荣誉。

脱脱非常高兴，原本以为自己可以借此成就千古美名，谁曾想，就在这个节骨眼上出了事，一场起义掀起了高潮。

希望的肥皂泡很快就要破灭了……

石人一出天下反

元朝末年，政治腐败，天灾人祸，民不聊生，终于酿成了大规模的红巾军起义。虽然这次起义最终失败了，但却从根本上摧毁了元王朝的腐朽统治……

元朝末年，在河南、江淮一带有一种民间广传的宗教，叫白莲教。他们信奉阿弥陀佛，宣扬“弥勒佛下生”和“明王出世”，认为天下将要大乱，光明就在眼前，并以此作为宣传和发动起义的工具。在当时的历史条件下，这些宣传唤起了生活在黑暗社会中的广大劳动农民对美好生活的希望，成了动员广大群众参加起义的有力口号。

1351 年，元末农民大起义终于大规模爆发了。当时 15 万修治黄河的民夫由于受到官吏的克扣，使得他们饥寒交迫，怨声载道。白莲教首领韩山童、刘福通等人认为起义时机已到。他们偷偷地在工地上埋下一个独眼的石人，并在石人背后刻了一句话，然后到处传播一句民谣："石人一只眼，挑动黄河天下反。"

民夫们不懂这歌谣是什么意思，但是听到有"天下反"三个字，就觉得好日子快要到来了。不久，开河开到了黄陵冈（今山东曹县西南废黄河北岸），有几个民夫忽然挖出一个石人来。大家好奇地聚拢一瞧，只见石人脸上正是一只眼，不禁呆住了。这件新鲜事很快在十几万民夫中传开来，大家心里都想，既然石人出来，天下造反的日子自然来到了。

刘福通见石人被挖掘出后群情激昂，于是揭竿而起，号召起义。一时间，前来响应的农民达到了三千人。然而就在起义的前夕，没想到消息走漏，被元军察觉。元军很快包围了这些人，刘福通激战后杀出重围，但韩山童却不幸战死了。他的妻子杨氏和儿子韩林儿等逃脱。

刘福通等率领起义军余部继续战斗，占领了颍州（今安徽阜阳），不久又攻占了今河南东部的一些州、县，如罗山（今河南罗山县）、上蔡（今河南上蔡县）、真阳（今河南正阳县）、确山（今河南确山县），势头很猛。队伍很快发展到十几万人。

因为这支起义军人人头包红巾，所以称为红巾军；又因他们烧香拜弥勒佛，也称香军。

在红巾军的鼓舞下，全国各地的农民不断响应起义。其中，蕲水（今湖北浠水）徐寿辉部、萧县（今安徽萧县西北）芝麻李部、南阳布王三部、荆樊孟海马部、濠州（今安徽凤阳东）郭子兴部等势力较大。

1355 年，刘福通领兵占领亳州，立韩山童的儿子韩林儿为小明王，国号大宋，定年号为龙凤。刘福通掌握了实际的军政大权。

立国之后，刘福通指挥义军于 1357 年着手北伐。他派出三路大军，

各路大军一路摧枯拉朽，所向披靡，不断得胜，创造了“府官四散躲，红军府上坐”的大好局面。

在三路大军转战各地的时候，刘福通领兵在 1358 年夏天占领开封，并定都于此。

之后，起义军声势更大，从东南到西北，放眼天下，各处皆是红巾军。在红巾军的冲击下，元朝统治摇摇欲坠。

为了解除红巾军的威胁，元朝统治者曾下令要把汉人一概捕杀，并把“诸蒙古、色目因迁谪在外者皆召还京师”。后来看到汉族地主也敌视红巾军，就宣告免除南人、北人的界限，凡起兵镇压红巾军的人都给以万户、千户、百户的爵赏。元朝还赐本属反元起义军的方国珍、张士诚以龙衣、御酒，给以官号，收买他们为蒙古统治者效力。方国珍、张士诚接受了元朝的官号，转而与红巾军为敌。

元朝派大将察罕帖木儿、李思齐、答失八都鲁等起兵进攻红巾军。答失八都鲁的军队被刘福通歼灭，但察罕帖木儿得到元朝统治者的大力支持，军容日盛。1358 年，察罕帖木儿用兵分镇关陕、荆州、河洛、江淮四地，又以重兵屯太行山，成为红巾军最凶恶的敌人。

汉族地主阶级在农民起义的过程中，一部分人始终对元朝效忠，坚决与起义军为敌。另一部分人则不愿做蒙古人的奴才，结寨自保，观变待机。也有一小部分人参加了农民起义军，这是由于汉族地主与蒙古统治者之间还存在着尖锐的民族矛盾，有的人则是迫于农民起义军的威力。

在联合夹击下，刘福通领导的红巾军逐渐处于不利的形势。尽管红巾军作战勇猛，但是由于分兵作战，力量减弱，加之起义军并未受过正规训练，缺乏战斗经验和详细的作战计划，因此在与元军的对抗中开始败下阵来。

1363 年，刘福通在安丰（今江苏省兴化市安丰镇）被曾经反元、后又降元的张士诚攻击，最后牺牲。小明王被赶来解围的朱元璋军队救走。南方许多起义队伍虽然还承认龙凤年号，但都各自为政，没有人再真正听小明王的号令了。北方各地起义的烈火渐渐熄灭下来，这距首次起义的日子已有十二个年头。

红巾军起义虽然失败了，但是红巾军征战了大半个中国，持续斗争了十多年，沉重打击了元朝的统治，加速了它的灭亡。

丧钟终于敲响

当元顺帝借修炼佛法之名纵情淫乐的时候，当他在艺术的领域尽情挥洒着自己才华的时候，大元王朝的丧钟已然敲响……

红巾军起义爆发后，元王朝一边忙着平叛，忙着肃乱，一边也忙着窝里斗，忙得不亦乐乎。

1352 年夏，脱脱上书奏请亲自征讨当时占领徐州的芝麻李的红巾军。元顺帝本就赏识脱脱的军事才干，自然欣然准奏。于是脱脱任命逯鲁曾为淮南宣慰使，招募盐丁以及城中游民共两万人，与自己所率正规部队一齐向徐州进发。9 月，元军到达徐州，脱脱集中兵力进攻西门。芝麻李出城应战，搭箭拉弓，“嗖”的一声，一支铁翎箭以迅雷不及掩耳之势射中脱脱的马首。

脱脱还真是临危不乱，稳稳当当地坐在马背上，毫不惊慌，指挥军队奋力冲杀，最后大败芝麻李的部队，并且占据徐州的外城。第二天，脱脱集中全部兵力进攻，内城起义军抵挡不住，内城很快被攻破，芝麻李率领残余部队逃出徐州。

徐州一役，脱脱获军资器械无数，令将其积聚城中，全部烧毁，并派兵追赶芝麻李，将擒拿的起义军全部杀掉。

脱脱回京后，风光无限，受到了元顺帝的重赏。然而，正所谓“福兮，祸之所伏”，一场导致他政治生涯结束的厄运很快降临到他头上。

1355 年，就在脱脱又忙着领兵攻打起义军的时候，毫无主见的元顺帝在不满脱脱的皇太子和宠臣哈麻等人三番五次的怂恿下，下诏指责脱脱“劳师费财，坐视寇盗”，命令削其官爵，安置淮安。但哈麻等人

认为对脱脱的处罚太轻，顺帝于是又下诏把脱脱流放到云南大理宣慰司镇西路。这年 12 月，哈麻矫诏，派人用药酒毒杀了脱脱。脱脱死时年仅四十二岁。

脱脱的死，使得他殚精竭虑修补的元王朝统治堤坝再度崩塌，此时，它离毁灭已经不远了。

那么，在这“山河破碎风飘絮”的时刻，元军当年平定四方的气势哪里去了？元顺帝又在做些什么呢？

其实，顺帝也很忙。

除了沉迷女色之外，顺帝还是个一流的建筑设计师。没事干的时候，他亲自设计房屋样式，自削木构，制作模型，然后交给工匠，按他设计的样式造出来。为此，当时京城百姓戏称他为“鲁班天子”。

更为难得的是，顺帝在“艺术”创造方面很谦虚，时常向人征询对自己“作品”的意见。如有人指出了错误和瑕疵，他认为说得有理，就会立即动手毁掉重建。

据《元史》记载，顺帝曾亲自造过龙船和宫漏（报时装置），并且相当成功。比如，他自己设计制作的宫漏高约六七尺，长度是高度的一半。各种漏壶都隐藏在一个特制的木柜中，柜子上还设置有三圣殿。据说，柜腰一侧立有一位身姿绰约的玉女，手捧着时刻筹，随着时间的推移而不时浮出水面。另外一侧立有两位身着金甲的神人，一位悬挂着钲，另一位悬挂着钟，两位神人夜间就能够按照更点准时击钲鸣钟，没有半点差错。每当钟钲齐鸣时，柜上的狮凤便翩翩起舞。木柜的两侧，有六位日月宫飞仙立于宫前，每当子午时至，飞仙就会双双前行，飞渡仙桥，到达三圣殿。由于文献记载比较含糊，不是十分准确，今天的人们对顺帝制造的这个宫漏其构造没有一个非常明晰的了解，但他设计制作的宫漏增添了各种自动报时装置，显得精巧绝伦，则应当是不争的事实。

只可惜，艺术上的才华并不等同于治国的才华。由于兴趣爱好与职业的严重错位，元顺帝在治国理政方面乏善可陈。在他执政的后期，当他醉心于制作、心系“佛法修炼”的时候，农民起义的烽火早已燃遍大江南北。在群雄争霸中，朱元璋脱颖而出，先后歼灭割据势力，于

1368 年正月即皇帝位，建国号为明，年号洪武。

1367 年 10 月，朱元璋命大将徐达、常遇春率军北伐。1368 年春，明军会集在德州，分水陆两路沿运河北上，占长芦，克青州，到达直沽，进逼大都。当年 7 月 26 日夜，元顺帝放弃了防御坚固的元大都，仓皇北逃。8 月，徐达率明军兵不血刃进入大都。

元顺帝逃出大都后，于 1370 年 4 月病死在应昌，皇太子爱猷识理达腊继位，是为元昭宗。逃到漠北的蒙古人虽然仍沿用“大元”的国号，但由于元朝在中国的统治实际上早已经结束，所以历史上称这个流亡政权为“北元”。

从 1368 年到 1374 年，明朝对北元多次用兵，尽管将北元军逐出了陕、甘、宁一线，但明军也付出了死伤四十余万人的惨重代价。所以，明太祖朱元璋深感平定北元不易，于是，逐渐改变了对北元的战略方针，以战略防御为主。朱元璋分别遣将在山西、北平（1368 年 9 月，大都更名为北平府）等处练兵备边，防范元军南进，同时遣还元昭宗之子麦德里巴勒，与元人议和，暂时休战，从而稳定了北方。然后，他将目光转移到了国内的经济恢复与政局的稳定上。

经过十余年的休养生息，明朝的内部政治已稳定下来，经过长期战乱破坏的经济生产也得到了一定的恢复，朱元璋的目光便又移向了北方，他决定彻底消除北元的威胁。1387 年，朱元璋派遣冯胜、傅友德和蓝玉等率领二十万大军北伐。明军绕道庆州，包围了纳哈楚军队驻地。纳哈楚在得到明军的许诺后，率十余万北元兵将投降，明军得胜回朝。不久，冯胜获罪，明军的军事指挥权转移到了蓝玉身上。1388 年，蓝玉率领明军北上，在捕鱼儿海（今内蒙古贝尔湖）彻底击败了元军。北元脱古思帖木儿汗仅与数十骑逃遁，途中被阿里不哥的后代也速迭儿杀死。结束了忽必烈后代对蒙古大汗的承袭。随后也速迭儿自立为汗。至此，元朝以及其残存势力——北元彻底完结。

没想到忽必烈与阿里不哥自 1258 年开始的汗位争夺，直到这时才由他们的后人画上了一个句号！

历史的吊诡，真是让人难以捉摸。

第九章　短命王朝的世俗百态

“偷情”有理？且看元宫中的一则风流韵事

俗话说“捉贼见赃，捉奸见双”，如果“捉奸”时只见到一人，全无另一个“奸贼”的踪影，怎么办？恐怕就有可能“偷鸡不成反蚀一把米”，让自己灰头土脸下不来台。如果不信，就请看元朝太子妃阔阔真的故事……

元世祖忽必烈的太子真金的老婆名叫阔阔真，原是一户贫苦人家的女儿。她之所以能成为太子妃，还有一段故事。

据说，忽必烈曾经外出狩猎，口渴后走进一家牧人的帐房讨马奶喝，阔阔真正好在帐房外搓毛线，见客人来到便很有礼貌地迎接，并向忽必烈表示歉意说：“家里虽然有马奶，可是父母兄长都不在家，我一个女子不便接待客人。”忽必烈听后觉得很有道理，便转身上马。阔阔真连忙叫住他，说家人很快就能回来，让客人稍等。果然不久家人返回，热情地接待了忽必烈。忽必烈离去后，盛赞这个姑娘：“若娶得此女为家妇，岂不美哉！”

此后，这个姑娘的身影一直在忽必烈的头脑中晃动。到了为太子真金选妃的时候，大臣们提了许多美貌佳人，忽必烈都不同意。众大臣都不知忽必烈意欲何为。只有一个当时随同出猎的老臣，想起了忽必烈对那个姑娘的称赞，知道一定是属意于她。打听得那姑娘还没有许嫁，就向忽必烈提出。忽必烈当即答允，于是真金就娶了阔阔真为太子妃。阔

阔真进宫后，果然性情贤淑，孝事翁姑，不离左右。忽必烈很满意。

元世祖忽必烈一共有十个儿子，朵儿只虽是长子但属庶出。嫡子当中，真金居长，所以被忽必烈立为太子。

但朵儿只并不甘心，认为自己的太子之位是被真金所夺，便时刻寻找时机联合朝中一些与太子真金不和的官吏想要诬陷除掉太子，夺回自己失去的太子之位。

当时真金太子力主实行汉法，在朝臣中结下了许多仇怨。譬如真金对当时正被重用但阻挠汉法推行的阿合马非常痛恨，每次见面都怒目而视。阿合马虽然专横跋扈，权势炙手可热，但唯独对真金十分畏惧。后来阿合马被诛，余党卢世荣专权，真金对卢世荣同样非常痛恨，卢世荣自然对太子耿耿于怀。于是朵儿只就和卢世荣合谋设计了一计：唆使大臣们让忽必烈禅位给太子真金。

由于太子真金平素一向以仁孝著称，奉命总理朝廷庶务时，明于听断，优礼人才，内外归心，再加之忽必烈年事已高，而太子又深得人心，所以朝中众多大臣在朵儿只和卢世荣的唆使下，便纷纷上疏奏请忽必烈禅位给太子。太子真金闻知此事，惊恐异常。他深知父皇的为人，断不会在有生之日弃权让位，而且还会怀疑是他在背后唆使，图谋大位。那样，他不但做不成皇帝，恐怕连太子也没得做了。于是他马上知会中书省，不要把这些奏章送上。中书省也觉得忽必烈年事虽高，但精神矍铄，勤于政事，断不会准奏，于是就将奏章压下了。

朵儿只一看机会来了，就指使自己的手下将此事奏明了父皇，忽必烈果然大怒。不过他念真金素来仁孝，只是责怪并没有加罪于他。但受此一吓，太子真金却忧惧成疾，竟致一病不起，很快就死去了。

按说朵儿只的计谋既已得逞，本应就此罢手。谁知他不但不收手，反而邪念又生。他平日垂涎太子妃阔阔真容貌出众，现在太子已死，正可遂他愿，于是就打起太子妃阔阔真的主意来。

再说这个太子妃，虽然待人接物、应对言谈非常得体，对忽必烈和他的皇后更是百般殷勤，很得公婆的欢心，但毕竟正值盛年丈夫就舍她而去，每当夜晚来临，孤衾独眠，回想起从前的种种幸福，便不免哀从中来。朵儿只抓住这个时机，乘虚而入，每日到东宫这位弟媳面前，嘘寒问暖，百般抚慰。初时，太子妃阔阔真还能守身自持，按礼而行。时间久了，她心中便冉冉升起那种莫名的渴望来，她逐渐架不住朵儿只的百般逗引、千般诱惑，二人终于成就了好事。

但终究纸里包不住火，时间一长，这秘密便传到了朵儿只的妃子奇儿乞的耳中。奇儿乞一听醋意大发。这阔阔真虽说是太子妃，但毕竟是过时的太子妃，奇儿乞已不再怕她。奇儿乞不惜重金买通了朵儿只的侍卫，让其监督朵儿只与太子妃阔阔真的行踪。一天，就在朵儿只刚刚起身前往东宫时，奇儿乞随后就接到了侍卫的通风报信。

奇儿乞即刻带领女侍,气势汹汹往东宫而来。她认为此事不怕闹大，闹得越大，越能出太子妃的丑，越能泄自己心中这股怨气，但她没想到，侍卫们各为其主。东宫的侍女卫士见奇儿乞大兴问罪之师，直闯东宫，拦阻不住，急急通报进去。太子妃阔阔真倒很沉着，他让朵儿只先从后门回府，由她来应付。

这时奇儿乞一边大叫，一边将自己的发髻抓乱，披头散发地骂将进来，准备将这对“狗男女”抓个“现行”。岂知进到内宫一看，只有太子妃一人，朵儿只连个影儿也不见。而太子妃见她进来后，全不似往日那般彬彬有礼，不但不起身相迎，反而拍案怒喝奇儿乞身为王妃，无故大闹东宫，平白诬陷太子妃，实在是欺人太甚，应当到父皇处讲理去。

这个架势倒把奇儿乞吓住了。她知道父皇平日对太子妃赞赏有加，而自己又毫无把柄，这个官司如何能打得赢?

此时的奇儿乞真是欲闹无凭，欲退不能，内心既恼又慌且羞，临来时的那股胆气早已飞到九霄云外去了，怔在那里，竟不知如何是好。幸好这时朵儿只派来的人已到达东宫，向太子妃说道:“王爷知王妃来此胡闹，触犯娘娘，不胜愤怒，特使我前来请罪，望娘娘念骨肉之情，饶恕这一次，以后定当重谢!”

太子妃阔阔真心里本就有鬼，也不是真心要去父皇面前评理，只不

过是玩弄以攻为守的手法罢了。见此情状，她觉得应该适可而止，便放了奇儿乞回去。

奇儿乞回到家中，又被朵儿只声色俱厉地责骂了一顿。此时的奇儿乞明知其中有鬼，但苦于没有证据，就是浑身是嘴，也辩驳不过。但这口恶气如何咽得下？当夜思前想后，她竟拿了一条白练，系于梁下，将头伸了进去，想要借此解脱这世间无尽的烦恼。幸亏被侍女发现得早，最终她被解救下来。朵儿只见事情闹到这个地步，再加上此事确实是自己的不是，于是良心发现，不觉念起了夫妻之情，也好言相劝了几句，打消了她自尽的念头，这事才算平息下来。此后，朵儿只与太子妃虽然旧情未了，来往不断，但也敛迹不少，不敢肆无忌惮了。

太子妃阔阔真的风流韵事就这样被掩埋了起来，由此可见阔阔真虽性情贤淑但绝非等闲之辈。不过，奇怪的是，后世之人往往将阔阔真称作“德貌双优”之人，让人实在不明所以。“貌优”是实情，“德优”又从何说起呢？“偷情”难道也有理？这真是让人感叹世风难料。

聪明管道升巧防丈夫“出轨”

可以说，几乎每个女人都极其痛恨自己的丈夫出轨。然而女人们的应对方法大多不过是“一哭二闹三上吊”，可是效果往往差强人意。或许，我们不妨借鉴一下管道升的做法……

爱情从来都是自私的，即便是在古代一夫多妻合法化的情况下，很多女性也会用尽各种办法笼络夫君，阻止相公出轨。元朝时，管道升巧妙制止丈夫赵孟頫出轨的故事堪称一段佳话。

管道升，浙江吴兴人，元代书画家赵孟頫之妻。管道升琴棋书画样样精通，是史上公认的才女。她的丈夫赵孟頫，字子昂，号松雪道人等，是宋太祖赵匡胤的第十一世孙，在第四世祖时被赐居浙江湖州，所以赵孟頫是湖州人。

赵孟頫生于南宋末年，从小就非常聪明好学，十四岁时就被选出做官。宋朝灭亡以后，赵孟頫一段时间内闲住在家。元朝皇帝为了缓和当时的矛盾，制定了一切礼节、文化制度都以汉人的制度为标准的政策，在全国各地寻找南宋留下来的读书人。

至元二十三年（1286 年），元朝的行台御史程钜夫奉元世祖忽必烈的命令到江南去寻找宋朝遗民，于第二年将赵孟頫推荐给皇帝。忽必烈非常喜欢，让赵孟頫代自己发了一道诏书，通告天下。

诏书写成以后，忽必烈看了极为称赞，说他把自己想说的话全都写出来了。从此对赵孟頫非常器重，不断提拔他的官阶，一直提拔到翰林学士承旨、荣禄大夫的高位。一时间，赵孟頫成了全国闻名的重要人物。

赵孟頫的出名，当然并不仅仅是因为他的官做得大，而是因为他的书法和绘画在当时的影响特别大，对当时和后代产生了深远的影响。

赵孟頫的书法成就非常高，是当时和后代的书法家们公认的大家。明代的大书法家董其昌认为赵孟頫的书法艺术已经超过了唐朝的水平，可以直接和晋代的王羲之、王献之相提并论，有的人还说他的书法就连王羲之都超过了。

赵孟頫学书法，早年从学王羲之、王献之入手，行书、草书的章法、结构大多取法二王，从赵孟頫临写的《兰亭序》字帖中可以看出这一特点来。赵孟頫的篆书是学石鼓文的，隶书则多是学习魏国太傅钟繇的。赵孟頫练书法非常勤苦，每天坚持写，对字的笔画、结构都非常熟悉，写起字来，速度极快，据说他写正楷字，一天能写一万多字。赵孟頫的书法手迹在当时已经被天下人视为珍宝，连日本、天竺等国家都把他的书法作品当作珍品收藏起来。

赵孟頫的绘画成就和书法一样，他对各种题材的画法都很精通，既擅长画山水，也精通人物、花鸟、鞍马、竹石等。

从南宋末年到元朝初年，画坛上风行的是南宋学院派画风，以夏圭、马远的山水画为规范，大家都去学“马夏”的画法，形成了一种呆板的

缺乏创造的绘画风气。赵孟頫以自己的绘画成就改变了这一风气，这正是赵孟頫对绘画艺术的最大贡献。

赵孟頫提出了“师古”的口号，号召人们在学习绘画时要有“古意”。所谓“师古”“古意”，就是说不要把眼光盯在南宋以来形成的画院传统上，要向大自然学习，要有个人的独创性。学习古人，应该创造出超越古人的东西来，这才是根本，赵孟頫自己的绘画成就恰好就说明了这个道理。所以，他的影响力也非常大。

由于赵孟頫也是个大书法家，精通书法艺术，他在作画时，往往把书法的技法也带进来。他提倡绘画要有书法的笔墨趣味，认为书法和绘画所用的材料是相同的，其中所蕴含的道理也是相同的，二者应该相互借鉴。赵孟頫的这一理论，从今天来看，仍然是很有意义的。

除了书法和绘画以外，赵孟頫的诗文创作成就也是非常大的，尤其是他的七言诗，技巧纯熟，流转自如。后人评价他的诗歌成就时，认为完全可以和“延祐四大家”相比（延祐是元仁宗的年号，延祐四大家是虞集、杨载、范椁和揭傒斯），只是因为他的书画名气太大，盖过了自己的诗名。

赵孟頫的夫人管道升也不是普通的女子，除了精通琴棋书画外，还美貌异常。两人可谓才子佳人，千古绝配。

由于二人既门当户对，又都有共同的爱好，结婚后也算是琴瑟相和，其乐融融。他们虽然伉俪情深，但随着时间延长和赵孟頫官位越来越高，管道升却越来越年老色衰，他们之间的感情也渐渐出现了裂痕。

赵孟頫五十多岁时，一次偶然的机会，爱上了一位年轻漂亮的女子，想像当时的很多达官贵人一样纳妾。他不好意思向管道升明说，于是就写了一首词放在书桌上，故意让管道升看见，以便投石问路。词曰：

我学士，尔夫人。岂不闻：陶学士有桃叶、桃根，苏学士有朝云、暮云。我便娶几个吴姬、越女，也无过分。你年纪已过四旬，只管占住玉堂春。

赵孟頫的意思是说：我是翰林学士，你是夫人。陶谷有桃叶、桃根两个小妾，苏轼也有朝云、暮云两个小妾。我就是多纳几个妻妾，也不过分，你已经四十多岁了，只管当你的正房夫人就行。

管道升看到这首词后，心中一阵失落，对丈夫的请求，她满心不愿意，但她没有大哭大闹，也没有寻着上吊，而是不动声色地写了一首《我侬词》放在书桌上，以此来回应赵孟頫。词曰：

你侬我侬，忒煞情多，情多处，热如火！把一块泥，捏一个你，塑一个我；忽然欢喜啊！将咱俩一齐打破；重新加水，再搅再揉再调和；再捏一个你，再塑一个我；我泥中有你，你泥中有我；我与你生同一个衾，死同一个椁！

管道升这一首《我侬词》，譬喻生动，遣词直白，委婉地表达了自己的委屈和不满。赵孟頫看到这首词后，感到非常惭愧，便打消了纳妾的念头。

纳妾风波过后，不管宦海沉浮、风雨阴晴，管道升和赵孟頫情感再无间隙。晚年的赵孟頫被封为魏国公，管道升被封为魏国夫人。管夫人五十八岁时病逝，三年后赵孟頫追随而去，两人合葬于浙江德清县千秋乡，真应验了《我侬词》中的那句："与你生同一个衾，死同一个椁。"

人间织女织绸彩：伟大的棉纺织家黄道婆

假如没有衣服穿，这世界会怎样？所以，后世的中国人一定要记住一个闪光的名字——黄道婆。虽然她不过是一个小小的棉纺织家，然而她却让后世的中国人有越来越多的衣服穿，穿得越来越漂亮……

黄道婆（约 1245—1330），宋末元初知名的棉纺织家，又名黄婆、黄母，松江府乌泥泾镇（今上海市华泾镇）人。她一生钻研纺织技术，大力改革纺织工具，促进了松江地区纺织业的发展，时有"松郡棉布，衣被天下"之谚。作为一个技术革新家，她所作出的贡献一直被世人称颂。

黄道婆出身于一个贫苦农民家庭，她出生的年代正是宋元更替、兵

荒马乱之际。蒙古军队锋芒直指南宋都城临安，山河破碎的南宋王朝，君庸臣腐，出卖民族利益。朝野富人都是披金挂玉，依然吃得脑满肠肥，置民族存亡于不顾。可是，包括黄道婆一家在内的江南劳苦大众，不仅受尽了官府的盘剥压榨，又遭到蒙古贵族铁蹄蹂躏威胁，还连年为天灾所袭击，使富庶的江南地区，竟成了“人家如破寺，十室九空”的败落景象。

由于世道多难、家境贫寒，而且很小就失去了全部骨肉亲人，孤苦无依，黄道婆不得不在十二三岁的时候就给人家当了童养媳。白天她下地干活，晚上她纺线织布到深夜，还要遭受公婆、丈夫的非人虐待。就在这种苦难的煎熬下，黄道婆渐渐长大了。

然而，又一场灾难悄悄降临了。

这一年，正遇上朝廷招雇官妓，地保见黄道婆已长大成人，便同她婆母商定身价。这消息被隔壁三婶偷听到了，好心的三婶可怜这个小女孩，偷偷告诉她说：“你快点逃吧，你婆婆要把你卖给官家。”

在苦难里长大的黄道婆没有流泪。生活的沉重和对未来的恐惧让她义无反顾地逃离了。

一天傍晚，黄道婆趁着婆婆外出未归，就逃离了镇子。她拼命地跑，来到了黄浦江边，只见江水翻滚，白浪滔天，天马上就要黑了。可是，眼前没有摆渡船，时间一分一秒地过去了，一种极度的恐惧深深地袭来了。她知道婆婆马上会赶来把她抓回去，到那时候，她就再也没有逃脱的机会了。望着汹涌的黄浦江她终于号啕大哭起来，十几年的辛酸苦痛在一瞬间决堤了。

正所谓“天无绝人之路”，就在黄道婆几乎绝望的时候，奇迹出现了。一艘客船出现在她的眼前。老船主听黄道婆哭诉了痛苦遭遇，看着她一身破衣烂衫，满脸血痕泪水，不由得同情起来，便点头答应了她的要求，把她送到了江对岸。

渡过黄浦江的黄道婆漫无目的地奔跑着。在她的心里每前进一步便离苦难远了一步。当她筋疲力尽时，一抬头，一座道观映入了她的眼帘。

她敲开了道观的门，也开启了自己的另一场人生。从此道观多了一位道女。也正是这个原因，后世正式称她为“黄道婆”。

做了道姑的黄道婆，并没觉得自己脱离了苦海。道观离婆家只有一江之隔，自己随时都有被发现的可能。万一被婆家找到，非但自己会受罪，还可能会连累道观。她的每一天都过得提心吊胆。

一天，道院里来了一位妇女，黄道婆匆匆躲进了房里。可是老师太叫她拜见新来的那位师姨。黄道婆这时才知道，这位师姨是从海南岛崖州来的。黄道婆听师姨谈论海南风光，听出了神。特别听说崖州盛产棉花、棉布，又看见师姨穿的一身衣衫，的确同本地棉花不同。她想起自己当初用手剥棉籽，剥得脱指甲的情景，很想去看看崖州百姓是怎样种棉织布的！她盘算着如果自己要是去崖州，既可避开婆家的追寻，又能学到种棉织布的本领，那该有多好啊！她把这个想法向师姨提了出来，师姨也欣然同意。

在师姨的帮助下，黄道婆顺利地来到了海南崖州。她放眼一看，确实另有一番天地。于是她以师姨的道观为家，很快就和当地黎家姐妹结下了友情，和她们一起种棉、摘棉、轧棉、纺纱、染色、织布。黎家姐妹织出的五彩缤纷的“黎锦”花被，她更是爱不释手。后来还同姐妹们共同研究改进纺织技术……

弹指一挥间，黄道婆在崖州一住就是三十多年，一年春天，她在地里种棉花，突然有人叫了声：“黄道婆，你看呀！天上那些鸟儿飞得多整齐呀！”黄道婆抬头一看，见一群大雁结队向北飞去，顿时勾起了她思乡之情。“唉，树高千丈，叶落归根！现在我该回去看看家乡了。”她主意打定，告别了黎族姐妹，往故乡赶。

这时，已经灭亡南宋的元朝设立了“江南木棉提举司”，大量征收棉布，松江一带已广种棉花。

回到乌泥泾的黄道婆看到家乡的纺织技术依然这么落后，不禁难过地掉下泪来。她感到提高家乡百姓的纺织技术是自己应尽的责任，便把自己几十年时间练就的精湛的织造技术毫无保留地传授给了故乡百姓。

她一边教家乡妇女学习黎族的棉纺织技术，一边还着手改革出一套擀、弹、纺、织的工具：去籽搅车、弹棉椎弓、三锭脚踏纺纱车……

在黄道婆的悉心指导下，松江成了纺织业的核心基地。当时许多生产棉花的地区都纷纷效仿这种先进的纺织技术。很快一场纺织技术的重大改革风靡全国。

黄道婆一生刻苦学习研究、辛勤劳动实践，有力地影响和推动了我国棉纺织业的发展。她的业绩在我国纺织史上灿然发光。人们热爱她、崇敬她，在她逝世的时候，大家怀着悲痛心情，纷纷捐资把她安葬在上海曹行。上海群众曾不断地为她兴立祠庙，其中规模宏大的先棉祠，每年四月黄道婆的诞辰，都有人接踵赶来致祭。多少年来，人们感念黄道婆的歌谣，一直传颂不止：黄婆婆，黄婆婆，教我纱，教我布，两只筒子两匹布。

黄道婆的事迹也再次证明了“逆境出人才”这句话。如果你也正处于逆境中，为什么不能像黄道婆那样，干出一番事业呢？

万贞儿助夫成大业

一提起关汉卿、《窦娥冤》，相信许多人都听说过，但要说起万贞儿，恐怕就没有几个人知晓了。其实，作为元曲大家关汉卿的结发妻子，关汉卿的“军功章”里也有她的一半……

如果有人问，元朝人最喜爱的娱乐活动是什么？那一定是欣赏元曲。

元曲包括散曲和杂剧，散曲是由诗词发展而来的新诗体，杂剧是一种包括歌唱、音乐、舞蹈和完整故事情节的歌剧。通常所说的元曲，主要是指杂剧。

元杂剧是继汉赋、唐诗、宋词之后中国文学、戏剧史上的又一枝奇葩。它是综合了初期的歌舞剧、滑稽剧和讲唱文艺等重要元素而形成的一种综合性舞台艺术，是中国戏剧正式形成的标志。

我国唐朝时已经有了戏剧的雏形。到了宋、金时期又有了进一步发展，宋代的一些城市里已经有许多民间艺人在戏院里进行说唱表演。宋金时期盛行一种“诸宫调”，就是有说有唱而以唱为主的演出形式，唱的部分是把多种宫调连缀在一起。元杂剧就是在这一基础上发展起来的。

元杂剧是一种综合的戏剧艺术，它把歌曲、宾白、舞蹈动作结合在一起，歌曲按一定的宫调和曲牌歌唱，是按规定韵律、富有抒情性的新诗体；宾白包括人物的对白、独白，一般都用当时通俗的口语；动作叫“科”，是角色的动作表情。曲词一般由一个演员（男的称“正末”，女的称“正旦”）演唱，通过它抒发主人公的心情，表现主人公的思想性格，描绘环境，渲染气氛。反面人物和次要人物靠简短的宾白来勾画面目。元杂剧大部分有四折（或加一楔子）来演完一个完整的故事。

元杂剧的作者大部分是下层知识分子。元朝前期没有科举制度，他们失去了通过科举当官的希望，于是从事话本、诸宫调、杂剧的创作和演出。因为他们组织创作的专业团体叫“书会”，这些剧作家也就被称为“书会才人”。他们的社会地位较低，生活在城市市民中，作品中充满了生活气息，很受广大市民欢迎。

据记载，元代一共创作了杂剧五百多本，现在保存下来的有一百三十六本。见于记载的剧作家有二百多人，最著名的有关汉卿、马致远、王实甫、白朴、郑光祖等人。而关汉卿更是被称为“杂剧班头”。

关汉卿（约1220—1300），号已斋、已斋叟，原籍山西解州（今山西省运城市西南），后流寓河北祁州（今河北省安国市）。传说其曾任元朝太医院尹，还有传说说他为金国遗民。

关汉卿毕生致力于戏剧活动，常自编、自导，甚至亲自参加演出，具有丰富的舞台经验。他善于从民间汲取生活素材和语言词汇。因此，他的戏剧内容充实，艺术技巧运用娴熟，创作杂剧六十余种，占金、元杂剧现知剧目十分之一，后人将其列为元曲四大家之首。其剧作通过现实主义的艺术手法，广泛而又深入地反映出元朝统治下的极端黑暗混乱

的历史环境和不合理的社会制度，塑造了众多性格典型的人物形象，反映了百姓特别是妇女的苦难生活和思想感情。现存杂剧十三种，其中以《窦娥冤》影响最为广泛。

七百年来，一曲《窦娥冤》，赚得多少观众泪。《窦娥冤》的全名是《感天动地窦娥冤》，取材于汉代流传下来的"东海孝妇"民间故事，但剧本反映的时代生活与人物遭遇，却以元代冤狱繁多的社会现实为依据。

在戏剧中，窦娥因家贫被卖给蔡家做童养媳，丈夫早死，婆媳相依为命。流氓张驴儿闯入这个家庭，胁迫窦娥婆媳嫁给他们父子为妻，遭到窦娥严词拒绝。张驴儿欲毒死蔡婆，结果反毒死了自己的父亲，便嫁祸给窦娥。昏聩的太守严刑逼供，在公堂上，窦娥因不忍见婆婆被拷打而承担了被诬陷的罪名，临赴刑场时，还怕婆婆见到伤心，特意请刽子手绕道而行。最终，违法的人并未得到制裁，守法的人却被"法纪"送了性命。

戏剧的锋芒直指酷虐的封建统治。当幻想破灭时，这个弱女子愤怒地呼喊出：

有日月朝暮悬，有鬼神掌着生死权。

天地也，只合把清浊分辨，可怎生糊突了盗跖、颜渊！

为善的受贫穷更命短；造恶的享富贵又寿延。

天地也，做得个怕硬欺软，却原来也这般顺水推船。

地也，你不分好歹何为地？

天也，你错勘贤愚枉做天！

哎，只落得两泪涟涟。

一曲《窦娥冤》充溢着愤懑的情绪，关汉卿借窦娥之口责天问地，发泄了他对现实世界的强烈不满。社会对于弱者从来就是不公平的，作者对天地不公的诘难自然会引起无数受压迫的大众的共鸣。

其实，关汉卿之所以能写出如此打动人心的《窦娥冤》，还有其妻万贞儿的一份功劳。

据说关汉卿的岳父万一颚曾是金国的官员，出身大户人家的万贞儿嫁给关汉卿之后的生活却有些贫寒。关汉卿身为“娱乐圈”中的“大腕”级人物，生活自然是多姿多彩的。用他自己的话说：“我玩的是梁园月，饮的是东京酒，赏的是洛阳花，攀的是章台柳；我也会围棋，会打围，会插科，会歌舞，会吹弹，会写作，会吟诗，会双陆；你便是落了我的牙、瘸了我的腿、折了我的手、天赐我这般歹症候，尚兀自不肯休；除却是阎王亲自来唤，小鬼亲自来勾，三魂归地府，七魄丧幽冥，天哪！那期间才不向烟花路上走！”

读来，确实风流无比，潇洒无比。不过，在关汉卿风流潇洒、无比风光的背后，万贞儿不得不默默操持家务，抚养儿女长大。

对于丈夫的业余爱好，万贞儿不仅没有干涉和阻止，相反给予了诸多的帮助。此外，万贞儿不仅是丈夫作品最为忠实的读者，还提出了许多宝贵的意见。据说在撰写《窦娥冤》第一稿时，关汉卿觉得窦娥的身世太可怜了，剧情如果一路悲悲戚戚地发展下去，未免太过于凄怆，本想安排一个“先苦后甜”的大团圆结局。万贞儿却说：“自古戏曲都脱不了‘先离后合’‘苦尽甘来’的老套路，你何妨以悲剧结尾，以此才不落前人窠臼，更能给观众巨大的震撼力。”关汉卿听取了妻子的这一建议，最终使《窦娥冤》成为流传千古的经典悲剧。

《窦娥冤》火了，关汉卿对万贞儿的才华很敬重。此后，所有曲目写完都要让万贞儿吟唱修改了才拿出来发表。

但敬重归敬重，关汉卿仍然多情悦色。就在他的事业达到巅峰的同时，万贞儿却不得不开始一场情感上的决战。

一次偶然的机会，万贞儿发现了丈夫所写的一首小令：

鬓鸦，脸霞，屈杀了在陪嫁；规模全似大人家，不在红娘下；巧笑迎人，娓娓回话，真如解语花；若咱得了她，倒却葡萄架。

聪明的万贞儿知道，丈夫所指的陪嫁红娘应当是自己身边的丫鬟，而“倒却葡萄架”多半指的是西门庆与潘金莲醉闹葡萄架之后的风流事。线索如此明显，万贞儿自然将目光转向了自己仅有的贴身丫鬟。

她注意到，随着时光的流逝，当年随她陪嫁的丫鬟喜儿渐渐地由黄

毛丫头，出落得亭亭玉立了。她还注意到，丈夫最近在这丫鬟端茶送水、递衣摇扇的时候，眼中露出了一丝暧昧的神情。

一切都已明了。万贞儿心中酸酸的，但她什么都没说。

吃晚饭的时候，她悄悄地问丈夫，这一首小令是为谁写的？她是十分巧妙地以玩笑的口气问的，想不到她一问，丈夫却乘机提出要纳喜儿为妾的要求，终于引起了一场争吵。关汉卿最后撂下一句：“我知道，你轻视我是个只会吟诗谱曲的无用书生，怨恨我碌碌半生，没能为你争一个夫贵妻荣！”说罢，一挥手，把一只碗碰到地上，打得粉碎，随即和万贞儿打起了冷战。

万贞儿暗自伤心流泪，表面上却丝毫不曾露出怨恨之情。一位名门千金，深明闺训，恪守“三从四德”，怎么能为一个丫鬟争风吃醋呢！况且，在当时的社会，男人纳姬买妾，寻花问柳，本是常事；何况关汉卿生性多情，过去也曾依红偎翠，拈花惹草，做过一些风流的事，但每次都能悬崖勒马。因此她想，她和关汉卿是患难相共、贫贱相守的恩爱夫妻，这次丈夫也一定能理解她。

于是一天晚饭后，万贞儿写了一首小诗让丫鬟送给丈夫。诗云：

闻君偷看美人图，不似关羽大丈夫。

金屋若将阿娇贮，为君喝彻醋葫芦。

关汉卿写过《单刀会》，想来对民间传说中不贪恋女色的三国名将关羽还是佩服的。“金屋藏娇”的典故更是在提醒关汉卿不要见异思迁，只闻新人笑不见旧人哭。因此，关汉卿在读完妻子的诗作之后，很快打消了纳妾的念头。

后来，关汉卿又写了一出《救风尘》。快完稿时，他遵照原来的习惯，读一遍给万贞儿听，以便听从她的建议。其中有一段唱道：

［混江龙］：我想这姻缘匹配，少一时一刻强难为。如何可意，怎地相知？怕不便脚踏着脑构成事早，怎知他手拍胸脯悔后迟！寻前程，觅下梢，恰便是黑海也似难寻觅。料的来人心不问，天理难欺。

［油葫芦］：姻缘簿全凭我共你？谁不待拣个称意的？他每都拣来拣

去百千回。待嫁一个老实的，又怕尽世儿难成对；待嫁一个聪俊的，又怕半路里轻抛弃。遮莫向狗溺处藏，遮不向牛屎里堆，忽地便吃了一个合扑地，那时节睁眼怨他谁！

［脱布衫］：我更是的不待饶人，我为甚不敢明闻；肋底下插柴自忍，怎见你便打他一顿？

［小梁州］：可不道一夜夫妻百夜恩，你可便息怒停填。你村时节背地里使些村，对着我合思忖：那一个双同叔打杀俏红裙？

关汉卿一边唱着一边深情地看着妻子，万贞儿一边听着一边双眼已噙满了泪水……

万贞儿对一代文豪的成功究竟起了多大的助力，我们不得而知。但是，这个故事也再次佐证了那句俗语：一个成功男人的背后都有一个女人。

那些“另类”的文人们

元朝时期，是一个令中国的知识分子无比郁闷的时代。这一时期，也出现了一些“另类”的文人，他们的所作所为，为我们全面看待元朝社会提供了多元的素材……

元朝时期，在今天的苏杭一带，由于经济富庶，文化人士较多。“学而优则仕”是中国人的文化传统,但在元朝尤其是元初,这条路却被堵死。政治上的难有作为和生活上的无忧，促使这些文人有的去从事传之名山的学术事业，有的兴之所至地写写诗文、创作创作书画作品，还有些呢，则干脆“离经叛道”,做出了一些让常人觉得匪夷所思的事。在这些“另类”的文人中，顾瑛和杨维桢最为典型。他们反常的行为，对后世该地的文化面貌有着比较深远的影响。

顾瑛（1310—1369），一名阿瑛，又名德辉，字仲瑛，昆山（今属江苏）人。据说其曾祖父大概做过宋朝的一个低级官，祖父则做过元朝的官员，父亲终生未仕。不过史书上很难找到顾家曾有人为官的记载，

也找不到顾氏家族有丰厚田产的迹象。但民间一直传说顾家家业豪富，这从顾瑛日后的挥霍程度也能看出。那么他们家挥霍不尽的财富是从哪儿来的呢？有人猜测，顾氏家族可能是一个航海世家，从事海上贸易给这个家族带来了巨额的收益，可以供顾瑛奢侈花费，这种猜测不能说没有可能，但无真凭实据。

顾瑛出生于元武宗年间，自幼喜好读书，而且文采非凡，但十六岁时却不知为何辍了学。有说法认为，他十六岁时就外出在京师经商，曾官至会稽教谕，但他力辞不就，隐居于嘉兴合溪，整日与朋友游山玩水，饮酒作乐，过着优越闲适的生活。

到了三十岁时，顾瑛不知何故，又弃商从文，拾起了丢弃多年的旧书，日日与文人儒士饮酒赋诗，且迷恋于赏鉴古玩。到了近四十岁的时候，顾瑛在故居旧地，筑了一座名叫“玉山佳处”的园林。从 1348 到 1350 年，这个园林内先后落成了二十多个景点，成为文人墨客以诗会友、游玩聚会的场所。

玉山佳处规模宏大，二十多个亭馆特色各具：有的用以迎春，有的用以消夏，有的用以送秋，有的用以赏雪；有的用以品评书画，有的用以吟诗联句；有的用以观花，有的用以对月，有的则用来饮宴。亭馆匾额均出自当代名家之手。这些豪华奢侈的亭馆，又被顾瑛总称为“玉山草堂”，一时远近闻名。

顾瑛豪爽多金，又喜交友。当时，东南以至天下文人名士，如杨维桢、于彦成、张雨（道士）、赵奕（赵孟頫之子）、柯九思、陈旅、黄溍、倪瓒、王蒙等，都曾参加过顾瑛主持的草堂聚会，杨维桢、于彦成等人则更是玉山草堂的常客。他们在玉山草堂对酒吟诗、赏景狎妓，玩得不亦乐乎。顾瑛把这种文人聚会称作“草堂雅集”。

当时类似草堂雅集这样的文人聚会，在江浙地区还有一些。如著名画家倪瓒在浙西吴中也办了个名为“云林隐居”的文人活动中心。不过还是以顾瑛的草堂雅集最为有名，影响最大，很多文人都以被顾瑛邀请而自豪。

1348到1354年，是草堂雅集的黄金时期。这期间，顾瑛受到元朝地方官府官员的邀请，希望他出来做官，但都被他辞掉了。1354年后，江南地区开始陷入战乱，顾瑛家中许多珍贵的书画都失于战乱。几年后，张士诚逐渐稳定了当地局势，并请顾瑛为官，顾瑛不从，遂削发在家为僧，自称金粟道人。张士诚对顾瑛很尊重，玉山草堂也受到张士诚势力的保护。一直到1365年，草堂雅集仍在时断时续地进行，虽然没有之前那么频繁，规模也没有以前那么盛大，但格调则始终如一：有名士美姬，有醇酒美景，有佳题诗咏。

到了朱元璋和张士诚战争期间，玉山草堂遭到彻底的破坏，顾瑛只好携全家避居外地。其间几次返回昆山，联络故旧，凭吊草堂遗址。1368年，明朝建国后，顾瑛全家被明朝廷迁徙到朱元璋的老家一带。第二年，顾瑛去世，享年六十岁。

综观顾瑛主持的草堂雅集，应当说这种文人聚会，表面上灯红酒绿，热闹欢快，但狂欢的背后，却掩饰不了这些文人墨客的内心失落。

顾瑛一生著有《玉山璞稿》两卷，《玉山逸稿》四卷、续补一卷、附录一卷。品读这些书籍以及其他草堂文人的诗篇，有三种情感让人格外唏嘘不已。第一种情感是他们普遍感受到生命短暂、生命没有什么意义，于是只想享受当下。他们的及时行乐，实际上表示着对生命终极价值的怀疑。第二种情感是他们普遍感到世事无常，未来难以预料，自己的命运无法把握。第三种情感是他们普遍感到知己友人聚难散易。

草堂上有不少方外之士，他们似乎也没有超然物外的胸襟，一样在感喟“人生欢会之难，未知明年又在何处”。草堂主人顾瑛虽曾削发为僧，自称“三生已悟身如寄，一死须教子便埋”，但他又说自己“儒衣僧帽道人鞋，天下青山骨可埋。若说向时豪侠处，五陵鞍马洛阳街”。他的削发，看来只是一种显示自己异于常人的姿态，并不表示他是一位虔诚的看破红尘的佛教信徒。

四十九岁的时候，顾瑛给自己写了篇墓志铭：“夫生之有归，犹会

之有离。譬彼朝露，日出则晞。予生也于予弗光，予死也于予何伤。”读起这段悲情独白，我们体会不到顾瑛超然物外的旷达，却感受到他对人生归宿的彻底绝望。另外，在有关玉山草堂的记载中，我们看到的几乎都是尽情尽兴狂饮沉醉的情绪，却难以寻找到传统文人那种忧国忧民，一心想治国平天下的文字。这些文人是真的对救世不感兴趣，还是对此心灰意冷？应该说，后者的可能性更大。在这方面，他们同样是心里放不下，但又觉得无能为力、无可奈何。

是什么造成了顾瑛等人的这种生活态度呢？是与元朝特殊的社会环境有关，与当地的文化传统有关，还是与中国传统文人的生活习性以及他们的文化素养、心理素质有关？或许，与这些因素都有关联吧。

当然，若说顾瑛一生只为享乐，于政治丝毫不感兴趣，或从不涉及政治，也不全是事实。他也曾参加过镇压农民起义军的战斗，其诗歌中也时常表现出对农民起义军的对立态度。

此外，顾瑛有时也还能跳出自己的生活圈子，对社会现实有所关注。比如在《张仲举待制以京口海上口号见寄，瑛以吴下时事答之》一诗中，他说：

和籴粮船去若飞，兼春带夏未曾归。

用钱赠米该加七，纳户身悬百结衣。

诗中，对底层百姓生活的困苦，也表露了一丝同情，尽管这种同情是那么的轻淡。

除顾瑛外，元代的另一位“异类”文人是杨维桢。杨维桢（1296—1370），字廉夫，号铁笛道人、梅花道人等，会稽（今浙江诸暨）人，与陆居仁、钱惟善合称为“元末三高士”。

杨维桢出身仕宦之家，自幼聪颖。除了文采非凡，是元末明初著名诗人、文学家、书画家和戏曲家外，还喜欢音乐，能弹吹乐器。30 多岁时，通过科举，曾做过元朝的地方官员，后因为民请命不成，挂印而去，在家里闲居了十年。元顺帝初年，他在杭州一带做了几种低级的地方官，直到五十岁时，也没在官场混出什么名堂，于是弃官而去，在浙西一带浪迹山水。

应当说，前半生的杨维桢是一个典型的“学而优则仕”的文人和文人官员，通过科举走上仕途，兢兢业业地做好本职工作。他为人宽厚，待人以诚。对出身贫贱而有才德的人，礼之如师傅；对无才德的人，则即使是王公贵族也白眼相对。平素乐于助人，尤不计人小过。特别是对学有长进的青年人，即使对方有一文之美，一诗之工，必为批点，贴于屋壁，以示来客。远近的人都称道杨维桢是一个忠厚长者。杨维桢性格狷直，行为放达，不善于逢迎，所以他的仕途一直不顺。他又有强烈的责任感，想为国家、为社会做点事，为此屡屡给地位高的人写信，希望他们引荐自己，但也处处碰壁。

五十岁以后的杨维桢，则变成了另外一个人，在剩下的二十多年时光里，他成了一个“风流浪子”，终日沉湎于两件事情：一是和一帮年轻美貌的歌姬舞伎乘着画舫弹唱歌舞，旁若无人地招摇过市。杨维桢毫不讳言自己酷嗜声色。他说，生活中有“声”有“色”之人，乃天地间有福之人。杨维桢七十岁时居住于松江（今属上海），身边一直有四妾相陪，而且她们皆是声乐高手。杨维桢以七十岁之躯终日和她们恣意所为，令时人难以置信。

然而，杨维桢公然好女色，不仅为他的朋友所理解，甚至还为一些人所羡慕。著名画家倪瓒有诗赠他：

我欲载美酒，长歌东向津。

渔舟狎鸥鸟，花下访秦人。

“秦人”就是指这位耽好声色、占尽人间风流的老翁杨维桢。

杨维桢也是玉山草堂的常客。每去玉山草堂，顾瑛都会为他准备好花船歌伎。本来，文人好声色并不稀奇，文人与善歌舞、善诗词的歌姬舞伎互赠诗篇，还经常成为人们同情甚至赞颂的风流趣事，但像杨维桢这样，人到古稀之年，仍狂热地醉心迷恋于声色之乐，就未免显得很另类、很放浪形骸了。

除了纵情声色，杨维桢的另一爱好，是写“艳诗”。文人写艳诗，

常常遭人指责，但杨维桢却将其当作一件正经事去做。他说，艳诗要有华丽的辞藻，不能写成“村学究语”，也不能堆砌典故。

比写艳诗更“雷人”的是，杨维桢“每于筵间见歌儿舞女有缠足纤小者，则脱其鞋载盏以行酒，谓之金莲杯”。也就是说，杨维桢还有特殊的“癖好”，喜欢将酒杯放在小脚女人的鞋中盛上酒狂饮。我们实在不知道，杨维桢究竟是喜欢这种喝酒的方式呢，还是喜欢这种酒的别有“风味”。他的这一实在异乎寻常的癖好，连他的好朋友倪瓒都“以为秽，每见之辄大呼避席去”，而杨维桢依然乐此不疲。

人们实在很难理解五十岁以后的杨维桢是怎么了，是他心思变了，还是看穿了世事变得玩世不恭？

不过，五十岁以后的杨维桢依然有一些闪光的特性。他在徜徉于山水女色之时，仍然如年轻时般常常致书地方官员，希望他们救民于水火。张士诚占据江南后，屡遣人招聘杨维桢，均不赴，并致书张士诚，希望他一心一意忠诚元朝。当众多的东南文人依附张士诚时，杨维桢不仅不去投靠这个很尊重他、当时看起来前途无量的东吴王，相反却屡屡作诗讥讽张士诚兄弟对元朝怀有二心。元亡之后，明太祖朱元璋招他到南京做官，他作《老客妇谣》，说：

少年嫁夫甚分明，夫死犹存旧箕帚。

南山阿妹北山姨，劝我再嫁我力辞。

朱元璋说他故作姿态，不过也没有强迫他。杨维桢回到松江，在生命的最后两年里，居家不再出门，在门上写着：“客至不下楼，恕老懒；见客不答礼，恕老病；客问事不对，恕老默；发言无所避，恕老迂；饮酒不辍乐，恕老狂。”

有学者对此分析：“如果说他此前携歌儿舞女去游历名山胜水，沉湎于友朋唱和、妓妾歌舞，多少掩盖了他内心的落寞的话，那么，当他没有了精力和情绪去发泄，把自己关在楼上时，就只剩下了孤寂。”

1370 年，七十五岁的杨维桢去世，从此世间再无这位“奇男子”。